業精于勤

书德自强相正
刘诗白

▲ 图片说明：刘诗白教授和我在一起

著名经济学家刘诗白教授是我学习经济学的启蒙老师。1957年秋，他给我们班讲授"政治经济学（资本主义部分）"，讲授的部分都是马克思《资本论》的内容。诗白老师不仅学问精深，知识面也非常广泛。

▲ 图片说明：汪孝德

　　1957年秋，考入四川财经学院会计专业学习四年。1978年复校后，在我的老师的再三鼓动下，我乘改革开放的春风，重返母校任教。前后算起来，我已在光华园待了40多年。40多年来，我非常热爱光华园，也非常开心，原因就在于：光华是福地，光华是沃土，光华是航标，光华精神永立潮头。

　　我还想多活几年，目睹西财的新生代在创建"双一流"进程中更上一层楼。

▲ 图片说明：我和财税学院领导班子部分成员在一起

　　财税学院2016—2020年度共承担国家级高层次课题22项，其中，国家自科基金课题3项，国家社科基金课题12项（含国家社科重大招标课题1项、国家社科重点课题1项），教育部人文社科课题7项；中央高校基本科研业务费项目55项；承担国家级高层次课题数量较"十二五"时期有显著提升。

　　2016—2020年度，财税学院在*Journal of Labor Economics*、*American Journal of Agricultural Economics*等顶级期刊发表外文论文8篇，在*Social Choice and Welfare*、*Journal of Comparative Economics*、*International Tax and Public Finance*、*China Economic Review*等发表外文论文23篇；在《经济研究》《管理世界》《中国工业经济》《世界经济》《金融研究》等核心期刊发表论文100余篇。其中，高质量外文论文、与学科密切相关的高质量论文发表数量较"十二五"时期有显著提升。

　　财税学院在全国学科排名上有所提升，财政学由原来的第14名提升为第7名，税收学由原来的第7名提升为第6名。

　　作为财税学院的老教师，我为财税学院这些年来取得的优异成绩感到特别欣慰和自豪。正道是："进入新时代，开启新征程；共圆中国梦，自有后来人。"

▲ 图片说明：怀念我的母亲

　　我大学刚毕业不久，我的父亲就离开我们了。我们家三弟兄、四姊妹，我是老大。那时，我们家的经济状况不好，吃饭都是问题。我的一个妹妹和两个弟弟正在念书，全靠我的外婆和母亲起早摸黑，含辛茹苦，挣点小钱维持生活，撑起这个家。

　　我的母亲守了50年的寡，勤劳和孤独的日子之艰辛无以言表。我在外地工作，很少见着她。我退休后，也没有好好陪她说说话、拉拉家常，而今我非常后悔，实在对不起她老人家。我希望全天下的儿女在父母在世时，好好孝顺父母，有空就多陪父母说说话，不要留下终生遗憾。

▲ 图片说明：我和邓中坚共同主持会议

　　2008年8月，中国WTO研究院组织北京、上海、江西、河南、广东和四川专门研究WTO问题的教授赴台湾参加"两岸经贸与教育合作论坛"，由我任学术代表团团长，与台湾政治大学国际关系系邓中坚主任共同主持会议，并互赠礼品。在台湾政治大学，在领导再三鼓动下，我以"如何加强两岸教育合作与学术交流"为题给该校工商学院的师生做了演讲，又与师生代表做了交流。会场气氛热烈。

▲ 图片说明：我在慕尼黑

　　为了思考和研究习近平总书记提出的"一带一路"倡议，我于2018年5月去欧洲一些国家走了一趟。我在德国待了整整48小时，其中在德国南部城市慕尼黑参访了两个地方。一是位于市中心的宝马总部。宝马是名牌汽车，中国人喜欢它，在中国大地上飞驰的原装宝马就是从德国进口的。二是宝马总部街对面赫赫有名的奥林匹克公园。

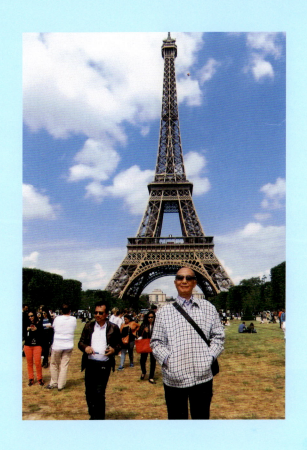

▲ 图片说明：我在巴黎埃菲尔铁塔前留影

　　巍然屹立在法国巴黎塞纳河畔的埃菲尔铁塔，于1889年建成，得名于设计它的工程师古斯塔夫·埃菲尔。铁塔分为三层，分别在离地面57.6米、115.7米和276.1米处，其中一、二层设有餐厅，三层建有观景台。客观地说，埃菲尔铁塔是法国人民的骄傲。

▲ 图片说明：我和王中举

　　王中举是《西南财大报》的记者与编辑，毕业于西南师范大学中文系，是一位有志气、有才气、有灵气的新生代文学家。他与西财多方人士都谈得拢、合得来，大家都称他"举哥"。他和我也是多年的好朋友，尽管我比他的父亲年龄还大，但没有一点"代沟"的感觉。他称我"老爷子"，我称他"举哥"，彼此称谓充满了浓浓的亲切感。"举哥"在报刊发表的诗作和散文，我都要仔细品读，越品越有味道。我很想向"举哥"请教一些文学方面的问题，比如"唐宋八大家"在中国文学史上的地位与评价问题等。

▲ 图片说明：我和好友潘文忠

　　2019年春节之后，在成都市青羊区政府供职的好友潘文忠主任夫妇的盛情邀请下，我们从成都出发专程去自贡观看灯会，还参观了恐龙博物馆。次日，我们又从自贡到达内江，我们怀着敬仰的心情参观了位于沱江边上西林寺山上的张大千美术馆。

　　我好多年没有去过自贡和内江了。这次的两地行给我的深刻印象是这两座川南城市建设得非常漂亮，这是改革开放成果的缩影。自贡和内江人杰地灵，从古到今，这里孕育了不少名扬天下的才俊。

　　我和好友潘文忠以及他的外孙女在张大千美术馆前面广场的合影，就是想沾点灵气，让自己也变得更聪慧和艺术一点。

▲ 图片说明：我家三代人挑起欢快的《祝姑九点半》

　　2020年是极其特殊的一年。春节前夕，新冠肺炎疫情暴发。在以习近平同志为核心的党中央英明领导下，我们国家采取了一系列果断措施。全国人民上下一心，众志成城。

　　由海南省派出的以儋州人民医院为主的医疗队在完成跨省援助任务返回前的头天晚上，医护人员不由自主地跳起了节奏欢快的儋州小调《祝姑九点半》。这支小调一时间成为全国"网红"。我和我的家人心情激动，三代人手握五星红旗在家里也兴高采烈跳起了《祝姑九点半》。

自序：退休之后

退休之后是人生中的重要阶段。退休之后的生活如何安排？如何让退休之后的日子过得丰富多彩？如何继续发挥正能量？这一系列问题都是退休与即将退休的同志们需要思考的实际问题。

20世纪60年代，我从四川财经学院会计专业本科毕业后分配至北京，到位于北京西四大街的地质部人事司报到后即领到了我的第一个月的实习工资，金额46元。我先后在国家地质部门和地方轻工部门的政府机关从事财务会计工作，当了20年的公务员。自改革开放之后，我乘改革东风，重返母校怀抱，在光华园从事教学、科研以及研究生教育等工作，一干就是20年，一直到62岁时退休。

我的一生非常简单，可以用四个"平"来概括——平常、平淡、平顺、平安。在职40多年，我先后到过三个单位，没有犯过错误，连我的领导都没有批评过我；在职40多年，我也为人民做过一些有益的事情。在这期间，人民也给了我相应的荣誉和实惠，我非常满意、非常满足，知足者常乐。

（一）

退休之后，我很不习惯地休整了一年多。在这期间，我在成都租了一个铺面开了一家餐厅，雇了厨师和服务员，我当起了老板。不妙，"非典"来了，几个月赚来的几万元在短期内赔了个精光。之后不久，学校聘请了十位退休老教师担任学校研究生教育督导工作，我有幸在这十人之列。随后没几天，学校召开了研究生教育启动工作会议，当时分管学校研究生教育的党委常委、副校长赵德武莅临会议并给受聘者颁发了聘书。会上，赵德武副校长就启动研究生教育督导工作的宗旨、目标与需要做的事情做了部署和安排。

提升研究生的培养质量是全面提升人才培养质量的重要环节，应当引起足够重视，采取相应举措，并付诸实践。学校启动研究生教育督导工作就是在新形势下的明智之举，应当给予充分肯定。

学校聘请的十位督导教师，都是"科班"出身，即都是财经专业毕业的。他们都有比较完整的知识积累和知识结构，加上一贯认真负责的工作态度以及相对丰富的经历和经验，在课堂上听课时完全"镇得住"，讲课教师一般不敢也不会糊弄这些听课的督导教师。

督导教师在认真听课之后，还要对授课教师给出书面评价并评分。书面评价和评分的材料直接送交学校研究生院，这种做法也促使授课教师认真讲授。

督导教师除经常听课之外，还要参与每学期第一节课的检查工作，检查任课教师和学生是否进了课堂，此外还要参与研究生复试和毕业论文的开题。帮助提高课堂的教学质量是督导教师的重要任务。我一般采用两种方法：一是与教师和学生面对面一起讨论如何提高教学质量；二是不让教师参加，由督导教师与学生直接交谈，之后由督导教师出面与授课教师交换意见。我有时还根据需要有的放矢地找几位学生座谈，对授课教师做出比较客观的评价，事后再向授课教师转达。事实表明，这种做法能够收到较好的效果，任课教师也能接受。

提升研究生课堂教学质量，除了观察学生是否认真听课外，特别重要的是观察授课教师是否认真备课，是否在课堂上凸显主讲教师精湛的业务水平和高超的学术水平。西方经济学对研究生来说是一门非常重要的基础理论课。担任这门课授课任务的有七八位教师，可以称之为一支"团队"。为了提升西方经济学教学的总体水平，学校研究生院特意组织几位督导教师对该课程开展调研，梳理成绩与问题，就如何进一步提升该课程的整体水平提出若干建议，最后形成一份拿得出手的调研报告，供学校参考并予以采纳。我是参与者之一。通过参与此项任务，我也受益匪浅。

我在督导教师岗位干到第九个年头，时任学校研究生院常务副院长的毛洪涛号召督导教师总结经验以利再战。为此，我写了一篇《爱我光华：九年记忆》的文章，不久发表在《西南财大报》上。在这篇文章中，我讲到了"四个互动"的问题，即督导成员分别与研究生、任课教师、学院领导、研究生院的相互配合。事实证明，"四个互动"是成功的，也可以说是我从事研究生教育督导工作九年来的一点体会吧。

（二）

2013 年秋天，中国国家主席习近平在哈萨克斯坦和印度尼西亚访问时提出共建丝绸之路经济带和 21 世纪海上丝绸之路，即"一带一路"倡议。习近平总书记高瞻远瞩，放眼世界，为构建人类命运共同体而贡献中国力量。习近平总书记提出"一带一路"倡议后，即刻就鼓动了我、吸引了我。作为一名老共产党员、一名财税理论专家，我应当积极响应习近平总书记的号召，对"一带一路"问题做些思考与研究。我曾比较系统地学习过中国古代史、近代史，特别对汉唐两个朝代的历史学习得比较好。同时，我还比较系统地学习过中国和外国的经济地理与自然地理。我对张骞出访西域和中国古代丝绸之路并不感到陌生。习近平总书记于21世纪提出了"一带一路"倡议，我非常拥护。习近平总书记赋予了"一带一路"倡议非常丰富的内涵，将之与构建人类命运共同体融合在一起，其展现的大国担当和大国风范令我感动。

为了将"一带一路"倡议学习得好一点、领会得深一点、收获得多一点，我决定去欧洲走一圈，到"一带一路"的终端——欧洲去实地游历与考察，希望做一番经济学意义上的走访与考察。从成都出发前，我用心画出了一幅形象而直观的"一带一路"图示，地图中的实线，醒目地代表着丝绸之路经济带，虚线则代表着21世纪海上丝绸之路。

赴欧洲前，我将亲手绘制的"一带一路"图示复印了若干份。所到之处，我就把随身携带的手绘地图热情地分发给身边的人，包括少许的外国人，并向他们宣讲中国的"一带一路"倡议。为了对"一带一路"倡议能有一个更深入的理解，我还多次去过东南亚国家，包括泰国、越南等。由于历史和地缘的特殊原因，我们在推动"一带一路"建设进程中，应当特别重视发展与东南亚国家的特殊关系，让"一带一路"倡议在东盟国家开出更多的花，结出更多的果。远亲不如近邻。我在东南亚国家的参访过程中，利用这些国家华侨华人占比较高的有利条件，与这些国家的华侨华人就"一带一路"问题交流获得了不少收获，也拓展了我的思路。我在《"10+1"与"一带一路"倡议联想》一文中，就中国与东盟10个国家的经济交往合作关系做了比较论述，大胆地提出了一些建议。在越南胡志明市，我与一个姓阮的大老板交谈时，从他的言辞中可以感觉到，他对中国提出的"一带一路"倡议颇有兴趣，他还表示原本想投向他处的一笔数目可观的投资决定改为投向中国。借此机会，我作为财税理论专家，就中国的投资环境问题向阮老板做了比较详细的介绍。对此，他非常满意，表示他想和我这个老专家交朋友。

我在《"10+1"与"一带一路"倡议联想》一文中，关于推进"一带一路"建设进程的问题，特别强调中国要与东南亚、南亚加强全方位合作。强化中国与上述国家的全方位的紧密联系与合作，无论是从近期还是从远期来考量，其战略意义都不可低估。

我在《欧洲见闻与思考——兼论习近平"一带一路"倡议》一文中，非常乐观地写下了我对"一带一路"倡议的理论展望：随着时间的推移，"一带一路"倡议无论是内涵还是外延，都将会呈现出更加丰富的内容和更加广阔的空间。"一带一路"倡议是立足长远的大计，没有时间界限，长期深入推进，世界格局将会随之改观，构建人类命运共同体的美好愿望一定能够实现。

（三）

退休之后，我还受邀参加了一些级别较高的会议。自中国加入世界贸易组织（WTO）后，中国 WTO 研究院在北京举办了第一次国际性年会，西南财经大学的纪尽善教授和我受邀参加。按要求，参会者必须提交论文。我提交的论文《加入世界贸易组织与中国税制调整》荣获一等奖的第一名，还入选了公开出版的会议论文集。在这次会议上，我被中国 WTO 研究院聘请为客座研究员，还当场给我颁发了聘书。从此之后，几乎每年的年会我都在受邀之列，每次都按规定提交了论文，并每次都选入了公开出版的会议论文集。我借着参会的机会，认识了不少朋友，除我国高校和科研单位的朋友外，我还结识了美国、英国、澳大利亚、印度的朋友和专家。借这些机会，我实事求是地宣传我的母校——西南财经大学。值得一提的是台湾政治大学的刘德海教授。经常观看中央四台（CCTV4）《海峡两岸》栏目的朋友对刘德海不会感到陌生，他以嘉宾的身份在《海峡两岸》栏目中出现并发言。2008 年秋，中国 WTO 研究院组织北京、上海、河南、江西和广东的一部分专门研究 WTO 问题的教授赴台湾参加"两岸经贸与教育合作论坛"。我任学术代表团团长，与台湾政治大学国际关系系邓中坚主任共同主持会议，并互赠礼物。在台北期间，刘德海作为台湾政治大学知名教授全力配合邓中坚主任的接待工作，邓主任和刘教授的热情与精心安排，给我留下了深刻的印象，"两岸一家亲"的氛围十分浓厚。

在台湾政治大学，在领导的再三鼓动下，我以《如何加强两岸教育合作与学术交流》为题给该校师生做了演讲，继而又与少数师生代表做了交流，还当场回答了他们提出的问题，气氛热烈，难以言表。

（四）

改革开放 40 多年来，随着我国经济的快速发展，人民生活水平的不断提高，我国的文化旅游产业发展迅猛。文化旅游产业已经是我国国民经济的重要组成部分。在国外，到处都可以见到中国人的身影，到处都能听到说汉语的家乡人。这也是改革开放取得的重要成果之一。如今，我国的文化旅游已由当初的"走马观花"发展到眼下的"康养游""休闲游"，找一个好地方住下来就是一两个月。这是中国人民对美好生活的向往与追求，这又要归功于改革开放，它给中国人民带来了幸福与实惠。

世界上相当多的国家和地区对来自中国的游客都非常欢迎并热情接待，特别注意提供优质服务。他们非常明白，中国人多，钱也不少，而且中国人舍得花钱购物，热情接待中国游客千值万值。

我从小就喜欢青山绿水、花花草草，特别喜欢美丽的大自然。我无论是在国内旅游，还是去国外观光，都必须携带地图，这是我的习惯。出发前，我还要备些功课，比如事前对我要去的国家的自然地理和经济地理大体有些了解，同时对该国的历史变迁和风土人情也要略知一二。在法国巴黎时，领队兼导游是四川师范大学旅游英语系的毕业生，他在大巴车上给我们讲述法国路易十四、路易十五和路易十六那段历史时，我即发现有一处他讲错了。回酒店后，我单独告诉他，有个地方讲错了。他当场查阅资料后，非常感谢我。从此，每次上下车时，他都非常热情地帮我提拿行李，我相信这位30多岁的年轻领队在将来会发展得更好。

如今，世界上不少国家的政府与中国建立了文化旅游合作关系，有的国家还允许"免签"，给中国游客带来更多方便。有的国家由政府出面，鼓励海关人员努力学习汉语。有一次，我去韩国旅游，在仁川机场过海关检查时，我用简单的英语与对方交流，这位韩国海关人员却用汉语与我对话。我夸奖他的汉语说得还可以时，他说这是政府半强制性的要求，因为来韩国的观光客中国人占比为60%~70%。我每次外出旅游都比较"用心"，用心观赏沿途风光和美景，用心听导游和讲解员的解说与介绍，没有听懂的地方就提问。参观过程中，我偶尔拍几张照片，有时在随身携带的小本本上记上几句。用心观看和用心听讲，绝大部分内容都装在我的脑海里了。回家后，略加回忆和梳理，我的"游记"就写出来了，稍加润色就可以交报社发表与读者分享。

（五）

西南财经大学有一个常设机构——离退休工作处，领导和工作人员既要管理少量的离休老干部，又要管理大量的退休干部。学校非常重视老龄工作，精选了有能力、有水平、有耐心的书记和正副处长，还配备了优秀的工作人员。学校领导经常前来宣讲中央文件精神，还随时向老同志们通报学校情况及工作安排。学校离退休工作处设有宽敞的老同志活动室，开辟有乒乓球室、棋牌室、歌咏室、健身房、书法室、歌舞排练室，还有党员活动室、图书室以及比较大型的会议室等。

在这样的环境中活动和休息，我相信绝大多数老干部、老专家、老教授以及大量的离退休同志一定会感到非常开心和满足。

退休后，我有时也要到此活动，寻求开心，联络感情，增进同志友情。相当一部分同志喜欢打麻将，有时我也参与其中。我们打的是"两元钱的麻将"，纯粹是娱乐。过去，我很少打牌，与自己的同事共娱乐，赢也开心，输也开心。我写过几句顺口溜："排列组合优，走马上成都；麻将老麻我，十有九回输。"

我非常热爱光华园。我喝的是光华水，用的是光华餐，有了光华园的殊荣，才有我硬气的今天。我一向维护和支持学校工作，同样也维护和支持学校离退休工作处的工作。他们安排我去什么地方开会，我就准时赴会；他们安排我讲点什么，我就用心备课。自党的十九大后，离退休工作处安排我给工商管理学院的本科、硕士、博士学生党员专门讲解党的十九大报告中的"一带一路"问题；离退休工作处还安排我给通识教育学院的学生讲解中国改革开放40多年的几个理论与实践问题。我非常喜欢和各类学生打交道，因为他们是祖国的未来，民族复兴的希望要靠他去实现。我非常喜欢跟学生互动。一次课，我最多用2/3的时间由自己主讲，留下1/3的时间由学生来讲，哪怕是三言两语。我还留足时间由学生向我提问，我知道的而且是有把握的，就毫无保留地回答。如果个别学生提出了非常敏感且非常尖锐的问题，我就因势利导，因为我是一位中共党员。

2019年10月1日，我们伟大的祖国母亲70周年华诞。艳阳高照，红旗招展，张灯结彩，华夏儿女举国欢腾，喜庆祖国母亲70华诞。为此，学校离退休工作处根据上级精神，开展了"我和我的祖国"的大型征文活动。我在何刚书记的鼓励下，撰写了一篇《我和我的祖国：新中国70年教育事业改革与发展的历史见证》的文章。之后，离退休工作处请来了四川省社科院的专家参与评审所收到的全部文稿，我的拙作被评为一等奖的第一名。专家建议我将文章扩大篇幅、增加内容，并将在四川省社科院主办的《当代史资料》全文发表，目的是给后人研究新中国历史提供一点第一手资料。之后，学校离退休工作处又将我的这篇征文报送了中共四川省委老干部局评审，该篇文章被评为一等奖。

　　"尊老敬老"是中华传统美德，也是中国儒家文化的重要内容。中国共产党是以人为本、全心全意为人民谋福祉的先进政党。改革开放40多年来，在党的领导下，我国大力发展经济，努力改善民生，人民大众已经感受到了改革开放带来的幸福感、安全感与获得感。如今全面脱贫攻坚的任务也已完成，给国际社会树立了榜样。

　　中国已经进入老龄化社会，如何做好老龄工作，已经是摆在各级党组织和政府面前的重要任务。党的十八大以来，党和国家将老龄工作提到了重要议事日程上来，采取了若干重要措施，投入了大量资金，高水平的康养基地大量涌现。冬天来了，北方老人飞往南方避寒已经比较普遍了。

　　14亿人口的中国有近3亿老年人，老龄工作做得如此之好，在外国人看来是不可想象的事情。中国做到了，还将做得更好。我们老同志发自内心感谢共产党，感谢习近平同志为核心的党中央的英明领导。

　　我们的老年生活应当设法过得丰富多彩、有滋有味。老同志中人才济济，爱好广泛。在职时想做而没有做的事情，如今可以设法补起来。喜爱书法的老同志再下点功夫，完全可以成为书法家。喜欢音乐舞蹈的老同志可以随着节奏欢快的音乐唱起来、跳起来。喜欢旅游的老同志，在身体还行的条件下，可以到国内外走一走、看一看。喜欢与别人交谈的老同志，可以在校园广场和别人交流心得，中间还可以说点俏皮话、风趣话、幽默话，笑一笑，百年少。腿脚不方便的老同志，上下楼要把好"扶手"，切记不能跌倒。老同志之间说话时，切记不要有意无意地用言语伤害他人，切记要学会互相尊重，尊重他人，就是尊重自己。说话太随意，确实不可取，有时在语言上伤害他人后，可能自己都不知道。

　　祝愿老同志们过得更加开心，过得更加幸福。祝愿老同志们健康长寿，喜迎更加美丽的春天。

汪孝德

2021 年 6 月

再序：美好的回忆

（一）

20世纪60年代末期，《青海日报》在《革命群众论坛》栏目中发表了我的政论性文章《"肉烂在锅里"的论调必须批判》。

20世纪70年代，在全国关于真理标准问题大讨论的推动下，我冲破禁区，运用马克思《资本论》中的经济学原理，撰写了一篇《论竞争》的文章，全文刊发在《财经论丛》1979年第三期和第四期合刊上。

《青海日报》发表我的那篇文章时，我还是一个不满30岁的小伙子。《财经论丛》发表我的那篇文章时，我还尚未进入不惑之年。可以说，我思考和研究经济学问题的起步时间是比较早的，探讨问题的思路是比较开阔的，发表文章的质量是比较高的。这些都要归功于时代的进步、思想的解放和我对新生事物的感受，当然也应当感激光华园亲自给我上过课的老师们，是他们直接向我传授了经济学的基础理论和相关的经济学专业知识。这些都是我决定舍弃公务员工作而重返光华园任教的直接动因。我有信心在重返光华园后以搞好教学、科研和指导好研究生的实际行动来报答光华园的老师们。

（二）

1982 年春节后，我从四川省内江市调回母校四川财经学院。经过一学期的准备，我于当年 9 月为 80 级会计专业本科学生讲授了 72 学时的"财政与信贷"。经过一段时间的刻苦学习，在搞好课堂教学的前提下，我决定将一部分时间和精力投向科研领域。我是中国改革开放的拥护者，故而我的研究重心是思考和研究我国经济体制改革和财税体制改革问题。

（三）

回校后的 20 年，是我人生中的关键阶段，是我报效国家和人民的重要时期，是党圆我教授梦、专家梦的重要时期。

在科研方面，从 20 世纪 80 年代末开始，我将更多精力投向"税制模式"问题的研究领域。十年汗水没有白流，十年奋战取得了积极的效果。

（1）那段时间，中国人民大学主办的"人大复印资料"全文转载复印了我的不少文章。西南财经大学财税学院尹音频教授就说过："看样子，'人大复印资料'是在跟踪汪老师。"

（2）20 世纪 90 年代中期，时任中华人民共和国财政部部长项怀诚同志前来西南财经大学调研。在光华楼学校党委会议室的专家座谈会上，项部长在讲话中讲到了"双主体"税制模式问题时，坐在我旁边的西南财经大学财税学院刘蓉教授即拍我的肩膀说："汪老师，项部长在讲你的

'双主体'"。会议结束时，我送给项部长一本由我领著的《中国税制模式设计、预测与运行研究》。

（3）大概是 20 世纪 90 年代末期，公开出版发行的《经济学辞典》的"税收"部分中，第一次出现了"税制模式"词条。"税制模式"的定义就是我的原话，即税制模式就是一个国家在一定时期内，税收制度改革的基本方向和所要达到的基本格局，也就是税制的总体结构。

（4）2001 年 3 月，我领到了由四川省卫生厅签发的"特约医疗证"，此证可以在四川省人民医院和四川省第三人民医院干部病房长期使用。最近几年，我在四川省人民医院"川港康复中心"23 楼住了两次院，享受了"离休干部"的医疗待遇，我要感谢政府对我所做工作的认可。

（5）国内中青年专家、四川省财税学科学术带头人周克清教授在《税收经济研究》2014 年第 2 期发表的《汪孝德教授"税制模式论"学术思想评介》长文的"内容提要"中指出："汪孝德教授是我国较早进行税制模式研究的学者，他在 20 世纪 90 年代对税制模式进行长达 10 年的持续性跟踪研究，取得了较为丰硕的成果，在国内学界是较为少见的。他在三本著作和十余篇论文中，较为全面地阐释了税制模式的内涵与外延，分析了税制模式的选择及影响因素，并进而提出了我国税制模式发展的'三段式'演变规律，明确提出了我国税制的近期模式、中期模式与目标模式，奠定了国内税制模式研究的基本框架。"该文系 2013 年度教育部人文社科研究规划基金项目"税制结构的收入分配效应研究"（项目编号：BYJA790165）的阶段性成果。

（6）2014 年 9 月，著名经济学家刘诗白教授写了一段评语："汪孝德教授从上世纪九十年代初开始，深入系统地研究我国税制模式问题，他的'税制模式论'学术思想，已经历实践检验，表明作者的真知卓识。"

（7）那段时间，我指导的硕士研究生在确定毕业论文选题时打算将"税制模式"问题作为选题方向。在讨论会上，同组的郭复初教授就特别指出："希望研究生另选方向，因为短时间内在'税制模式'问题的研究领域不太可能突破汪老师的架构思维，不太可能写出新意。"

30 多年过去了。30 年前我提出的"税制模式论"的学术思想、学术理论和学术见解等是否经受住了实践的检验？我国税制改革的运行轨迹与我 30 年前提出的我国税制模式发展的"三段式"演变规律是否合拍？学术界和实务界的同仁会做出实事求是的客观评价。

（8）20 世纪 90 年代，长春税务学院（今吉林财经大学）主办的《税务与经济》、浙江财经学院（今浙江财经大学）主办的《财经论丛》、四川省社科联主办的《天府新论》等刊物，每期都会赠送于我。我的文章寄给他们后几乎"百发百中"。我还向他们推荐过我校年轻教师的文章。杨丹博士公开发表的第一篇文章，就是我直接推荐的。另外，我还曾是《内蒙古财经学院学报》等刊物的特约撰稿人。

（四）

2001 年初冬，中国 WTO 研究院在北京举办第一届 WTO 与中国国际学术年会。这次年会规模空前，参会者近 1 000 人，提交论文 600 多篇，应邀者包括国务院相关部委领导同志，国内知名高校和科研单位的专家学者以及实业界高管等，西南财经大学纪尽善和我亦在受邀之列。

我给年会提交了《加入世界贸易组织与中国税制调整》的长篇论文。该文被评为一等奖第一名。大会主席在总结报告中特别提到，600 多篇论文经过专家认真阅评，一等奖第一名授予西南财经大学的一位学者。在大会闭幕式上，大会主席还给我颁发了中国 WTO 研究院客座研究员的聘书。回校后，我向财税学院陈顺刚书记做了汇报，陈书记非常高兴，并说"感谢您为学校争了光"。

回首往事，历历在目。我回忆的是往昔点滴美好，更是在记述一段历史。

汪孝德

2021 年 12 月

前言

2021 年 7 月 1 日，是中国共产党建党 100 周年纪念日。《汪孝德文集：经济与财税问题探索》（以下简称《文集》）交出版社准备出版发行。作为一名老党员，这本书就是我献给党 100 岁生日的一个小礼物。

我的老师——著名经济学家刘诗白教授为《文集》题写了书名。刘诗白教授是我学习经济学的启蒙恩师，是他为我从事经济领域实际工作、教学和研究打下了比较坚实的理论基础。刘诗白教授作为西南财经大学的名誉校长，仍然关心和支持学校的改革与发展。在这位 95 岁高龄大家的面前，我是他的学生，是他给我注入了力量并给予鼓励，让我真正感受到"恩师"的深刻内涵。

《文集》包括"70 年与 40 年""'一带一路'的思考""经济问题探索""财税理论与实践问题研究""'税制模式'问题探析"等内容。从内容上讲，主要的还是我的本行，即一生从事的经济学问题研究。少数作品在我 2014 年 12 月出版的《汪孝德文集》中出现过，大多作品均是我近年来的辛勤劳作，绝大部分没有发表过。

七年前，公开出版发行的《汪孝德文集》中的"自序"是"改革漫话"，我写了"四个为什么"，那是我当时对改革开放近 40 年的体会与感受。我经过认真思考，决定这次即将出版发行的《文集》中的"自序"就写"退休之后"和"美好的回忆"。这是我的亲身经历，容易写出感情。人口老龄化问题是党和国家非常重视的大问题。对个人来讲，退休之后是人生的重要阶段。退休以后的生活如何安排？如何让退休之后的日子过得丰富多彩、津津有味？如何继续发挥正能量？如何与党和人民同呼吸共命运？这一系列问题都是退休与即将退休的同志们需要思考的实际问题。如果我在"自序"中讲到的感受和想法，能够得到更多老同志的支持和产生共鸣，我就感到非常欣慰了。

《文集》成书过程中，得到了西南财经大学、财税学院和离退休工作处的大力支持与帮助，我从内心深处深深感谢他们。离退休工作处的三位领导和全体工作人员都帮助过我。他们帮我下载资料，复印文稿。何刚书记还非常认真地帮我修改"自序"中的语言和文字，我决定全部采纳。

我还要感谢我的学长——著名经济学家曾康霖教授。在《文集》的写作过程中，他不仅为我下载相关资料，而且还帮我修改《文集》的"目录"，这些都让我非常感动。

我的夫人非常能干，家务事做得井井有条，有时还帮我做了一些原本应该属于男人操持的事情并取得了实实在在的收获，我和我的儿孙辈都应当铭记在心。她里里外外一把手，减少了我的后顾之忧，让我静下心来做我愿意做的事情。

汪孝德

2021 年 12 月于光华园

目录

第五篇 "税制模式"问题探析

附录

后记

第一篇　70年与40年

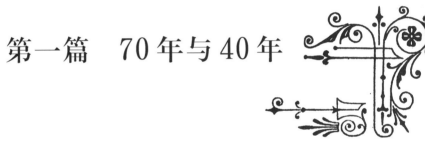

我和我的祖国：
新中国70年教育事业改革与发展的历史见证

艳阳高照，红旗招展，中华儿女喜庆祖国母亲 70 华诞。教育强，国家强；教育兴，民族兴。70 年来，在中国共产党领导下，我国教育战线和全国各条战线取得的辉煌成就，有目共睹，举世公认，必将载入史册。我是新中国教育事业改革与发展的见证者，也是新中国教育事业改革与发展的受益者和参与者。在祖国母亲 70 华诞之际，感触良多，心潮起伏，肺腑之言时刻涌现心头。

（一）

自第一次鸦片战争之后，西方列强大肆入侵中国，加之清朝政府的腐败无能，导致中国沦为半殖民地半封建社会。经济落后，民不聊生；教育跟不上，民众半文盲；科技更落后，时刻被人欺，这就是 1840—1949 年 100 多年的中国近代史写照。

1949 年新中国成立前夕，人口大省四川省的省会成都，除了四川大学、华西大学、成华大学之外，尚有"高工""高农""音专""体专""纺专"等几所专科学校。高校数量少，就读学生少，这也是旧中国教育落后的历史写照。

新中国成立后，党和政府面临旧中国遗留下来的千疮百孔、百废待兴的客观现实。如何面对现实，如何知难而进，如何治理这个曾经辉煌且有 5 000 年悠久历史的文明古国，是摆在党和政府以及中华儿女面前的异常艰巨的伟大历史任务。

新中国成立后，党和政府把发展和振兴新中国教育事业提上了重要日程，摆在了重要位置，采取了重要举措。仅就成都来说，1952年，成都将市属中学统一命名为"成都市第一中学""成都市第二中学"……"私立"中学转"公办"，由政府统一管理并负担教育经费，比如位于宁夏街的"私立"树德中学转为"公办"的成都市第九中学，位于蜀华街的"私立"蜀华中学转为"公办"的成都市第十四中学，位于西胜街的"私立"清协联中转为"成都市第二十八中学"，等等。成都还新增了几所大学，即1956年，新增了位于南郊磨子桥的成都工学院，位于东郊建设路的成都电讯工程学院，位于东郊狮子山的四川师范学院，位于南郊浆洗街斜对面的西南民族学院，位于东郊十里店的成都地质学院；1958年，位子郫县犀浦的四川农机学院也新建落成并招生。

在学校数量增加的同时，政府又着手狠抓各级各类学校教学质量，并将其摆在十分重要的位置上。

新中国成立时，我开始步入小学五年级，是一个在红旗下成长起来的农家子弟。虽然我的父母念书不多，但他们节衣缩食，想方设法让我去读教学质量上乘的好学校，旨在让我学好本事，报效祖国。我还有点争气，小学没毕业就考上了初中，之后又在全省范围内"硬"考进入了成都石室中学。新中国成立不久，政府就在全国范围内吹响了"向科学进军"的冲锋号角。"向科学进军"的重要内涵就是在"政治挂帅"的指引下，全面提高各级各类学校的教学质量。

我就读的石室中学的师生在"向科学进军"精神的鼓舞下，干劲十足、决心倍增，教师上课认真，学生攻读刻苦。石室中学历史悠久，办学经验丰富，师资力量雄厚。我在石室中学高一第一学期时，给我们班上课的就有数学老师黄天倪、物理老师代良平、化学老师解子宜、语文老师陶亮生等名师。学校和老师对学生的要求非常严格，课堂上老师向学生随时随机提问并要求当场做出回答的有效方法，迫使学生在听课时开不得半点"小差"。课后举办的全校性的各种竞赛，比如数学竞赛等在石室中学已成家常便饭，目的是为一部分"尖子生"展现才华提供有效的平台。

石室中学成立了不少社团，包括体育和文艺两个方面的社团，供不同兴趣喜好的学生选择。学生的课余活动非常充实精彩，校园氛围非常活跃热烈。石室中学不乏多才多艺的老师，他们直接或间接地影响和推动学生课外活动的开展，潜移默化的作用十分明显。个头不是很高的黄校长就拉得一手好二胡，教导主任吴老师拉得一手好提琴。在此气氛下，我加入了川剧社团，在折子戏《做文章》中扮演了纨绔子弟的角色。至今我对川剧的兴趣仍不减，高兴时还要吼几句"高腔"。我至今都没有忘记在石室中学读高中的那段时间。成都市中学生歌舞团的团员们每个星期三的下午都要汇聚石室中学大成殿前的院坝内练习和排演歌舞与器乐节目。小学是基础，中学是关键，中小学教育质量的全面提升，加上对学生素质教育的推进，无疑就为大学选拔和输送更多"好苗子"奠定了坚实的基础并创造了有利的条件。

1957年，我同样经过"硬"考进入了美丽的光华园。光华园的称谓源于1925年在上海创办的光华大学。自抗战全面爆发后，上海光华大学内迁至成都西郊杜甫草堂斜对面的新校址。抗战胜利后光华大学的部分又迁回上海，余下的部分就改名为成华大学。新中国成立后，经过1952年的全国院系调整，当时更名为四川财经学院的这所老牌学校汇聚了来自祖国大西南的财经名师，诸如彭迪先、杨佑之、许廷星、刘洪康等。在光华园攻读会计专业本科的四年中，我就聆听了许多具有真才实学的知名专家教诲，诸如刘诗白、黄伯愚、吴忠观、吴世经、高成庄、王德中、刘开扬等。他们都为我之后从事财经工作和财经教学与研究积累了特别有用的相关知识，也为我之后能够为人民做些有益的事情奠定了比较扎实的财经理论基础。这些老师不仅学问深、讲得好，而且对学生的要求也十分严格。记得大一第一学期，刘诗白老师给我们讲授"政治经济学（资本主义部分）"课程，期末考试就采用当场抽题当场回答的"口试"方式，迫使学生试前必须全面复习、全面掌握，容不得半点侥幸。

念大学的几年，基本上能决定一个人的未来走向，大体上也能决定一个人的人生价值将如何实现。

我在四川财经学院念了四年"财经"，在政府机关干了近20年"财经"。42岁时，我重返母校又从事起了财经教学与财经研究的工作。我和

"财经"结下了不解之缘。难怪我的一些朋友送了我一个"汪财经"的雅号。

自新中国成立至"文化大革命"前夕，党和政府对我国教育事业改革与发展采取了若干有效措施，取得了令人民满意的若干成绩。在"向科学进军"口号的鼓舞下，全国各级各类学校全面提高教学质量，在学生中推行素质教育，推进全面发展，为新中国的社会主义革命和社会主义建设培养与造就了一大批优秀人才。后来的事实证明，这批分布在祖国各条战线上的优秀人才，是1976年粉碎"四人帮"之后活跃在各条战线上并取得了优异成绩的主力军，也是参与和推进中国"改革开放"不断向纵深发展的主力军。事实胜于雄辩，从新中国成立到"文化大革命"前夕的约17年，在中国共产党的领导下，全国教育事业不断取得突破和发展，中国知识分子倍感鼓舞，各类学生努力增强本领和才干。

（二）

我在小时候就有一个当大学教授的理想。1961年秋，我在四川财经学院会计专业本科毕业后被分配至北京，先后在国家地质部门和四川地方轻工业部门的政府机关从事财会工作。邓小平同志第三次复出后，冲破"两个凡是"的束缚，恢复"高考"，采用"不推荐、不政审、放宽年龄、自愿报名"的招生办法，为"老三届"的下乡知青提供了与其他考生平等竞争的机会。

难忘1978年，春风又绿光华园。四川财经学院经历"文化大革命"时期的停办，于1978年重新招生，300多名学子相继进入光华园。四川财经学院恢复招生，光华园迎来第二个春天。恢复招生40多年来，四川财经学院为国家培养了数以万计的高层次经济管理人才。78级进校的300多名学子中有相当部分都是"老三届"，具有"文史地"和"数理化"的全面基础知识。在这之后招收的考生中，基本上都具有高中毕业的正规学历，都具有比较深厚的文化科学基础知识。经过大学四年的培养和学习，他们中的相当部分都成为国家的栋梁之材。

后来的事实表明，当年稚嫩幼苗的一部分，已成为四川省乃至全国叫得响的知名专家，比如丁任重、卓志、杨丹、周克清等就属于这类人物。有的进入党政机关，经过磨炼和考察，担任重要领导职务的亦大有人在，比如钟勉、陈文华、刘家强等省部级干部就属于这类人物。有的毕业后留校工作。留校中的一部分青年骨干不仅教学科研能力强，而且具有较强的管理能力，即所谓的"双肩挑"。他们做事有章有法、有条有理、有板有眼，比如涂文涛、封希德、赵德武等就属于这类人物。而今，学校还引进了一批"海归"，他们和国内学者在教学科研领域相互借鉴、共谋发展，推动了西方经济学和中国经济学的巧妙融合，很有可能会发现和产生新的"元素"。作为老师，我对他们的进步和优秀而感到高兴与自豪。

复校40多年来，学校由"省管"至1985年划归中国人民银行管理后，不断扩大规模，基建花销有了可靠的经费来源。西财人不能忘记时任国务院副总理兼中国人民银行行长的朱镕基同志以及后任中国人民银行行长戴相龙同志对西南财经大学改革与发展的贡献。40多年来，学校在中共四川省委和上级主管部门的领导、关心与支持下，经过全校师生的共同打拼，在"211工程""985工程"优势学科创新平台建设中取得了社会公认的优良成绩。在此基础上，学校又向更高更远的目标奋勇前进。

复校初期的一段时间，学校师资紧缺，处于"青黄不接"的困难境地，那时我正在四川内江地区轻工业部门效力。我借经常来成都开会的机会，看望了我的老师刘诗白教授，在光华园还碰见了财政系的黄卓夫老师。他们都动员我回母校任教。1980年秋，学校派了黄卓夫、黄先明来内江商谈我的人事调动事宜。这时内江对我开出优厚条件并许下承诺，对我予以挽留。开弓没有回头箭，好事多磨整两年，最终是在时任中共内江地委副秘书长郝孚迈老革命的帮助下，1982年春节后，我终于重返光华园。两年花了学校四个进入指标，头一年的两个指标白白作废。事后我一再叮嘱自己，如果我回校后干得不好，确实对不起学校领导对我的期望。

回校后，经过一学期的准备，我于当年9月就为会计专业本科80级学生讲授了72个学时的"财政与信贷"。由于我有老师教过我的"理论经济学"的基础功底，我运用马克思主义经济学原理，包括马克思的社会再生产理论去琢磨和思考处于分配环节的财税和金融问题。经过一段时间的思考与琢磨，如何来讲好"财政与信贷"这门课，我就有一些想法了。之后，在学校教务处的安排下，我先后接受了来自四川农学院、西北农学院、贵州财经学院派来进修的老师听我讲授"财政与信贷"课程。那段时间，我还接受深圳大学的邀请，在学校财政系时任教研室主任谭本源教授的精心安排下，前往深圳大学讲授"西财版"的"财政与信贷"。

回校几年后，全国职称评定工作"解冻"，我被学校评为首批副教授，当时我不在学校而是在广东支援深圳大学。事后不久，学校会计系毛伯林和工业经济系文宝瑛二位老师多次亲临寒舍，动员我加入民建后即到四川省监察厅任副厅长。他们说，这是中共四川省委组织部和省委统战部的决定，这个副厅长人选必须在西南财经大学的民建支部产生并输出。当时学校的毛伯林老师是成都市政协副主席，文宝瑛也是德高望重的老教师，还被誉为"社会活动家"。我经过再三考量，只能婉言谢绝二位好老师。我的原因有二：一是我干过20年的公务员工作，深知公务员工作的艰辛；二是如果我离开学校去当官，实在对不起学校领导、老师和同学。回想当初学校调我回校任教是花了"本钱"的，花了学校四个进入指标，我必须知恩图报。

回校任职的20多年中，在学校、学院的关心、培养和支持下，我做了一些有益的事情，也取得了一些成绩。为专科、本科、研究生讲授过四五门课程，教学效果还将就；指导过20多名硕士研究生，培养质量还可以。我要感谢郭复初教授，作为他的博士生指导小组成员，他让我增添了不少本事。我还取得了包括教材、专著、论文等近100项文字成果。在财税领域中，我尤其为关于"税制模式"问题的研究方面在全国范围内还有我的一席之地而感到欣慰。

回校任职的20多年中，我一些成绩的取得，客观地说，除了我自身的刻苦努力外，我的老师对我的长期教诲、指点迷津和及时指导有着十分重要的作用。对我帮助和影响最大的是许廷星教授和刘诗白教授。

1982年回校后，我就去了财政系从事财税教学与研究工作。当时许廷星教授是财政系系主任，是著名财政学家，是提出"国家分配论"的第一人，学术造诣颇深。许老对我非常关心和支持，为了让我尽快掌握和熟悉财税业务而煞费苦心。他经常派我参加一些地区性和全国性的学术会议，让我从中吸取营养，拓展知识领域，使财税专业知识不断深化。我在业务上的进取和进步几乎都得到了许老的肯定与鼓励。1994年，《财经科学》第2期发表了我的《税利分流的理论依据及其现实意义》的论文。我在文中提出了"两种属性的分配关系才是税利分流最深层次的理论依据"的学术观点。许老看完这篇文章后非常高兴，并将它推荐给他的博士生研读。

刘诗白教授是我攻读财经类专业的启蒙老师。从1957年9月第一次聆听他的课堂讲授算起，至今已从未间断地维系了60多年的师生情缘，我想这在人世间不是普遍存在的。前几天当我撰写的"我和我的祖国"主题征文荣获一等奖第一名的荣誉后，我立即通过刘诗白教授的女儿转达这个信息，让94岁高龄的老师分享79岁学生的荣誉。1982年重返母校后，刘诗白教授就一直关心、关注我在业务上的表现。当我取得成绩时，他就及时鼓励我。比如，当我在税收领域研究中取得了比较丰硕的成果后，他就亲笔写了一段评语："汪孝德教授从上世纪九十年代初开始，深入系统地研究我国税制模式问题，他的'税制模式论'学术思想，已经历实践检验，表明作者的真知卓识。"

没有新中国教育事业改革与发展的70年，就没有西南财经大学生机勃勃的发展，有了西财的70年，才有我"教授梦"的实现。

（三）

奋斗70载，辉煌新中国。奋斗带来辉煌，辉煌鼓舞明天。新中国70年教育事业改革与发展的巨大成就的集中体现，就是为新中国的社会主义革命和社会主义建设培养了大批优秀人才。这批优秀人才在祖国各条战线上大显身手，直接推动了国民经济事业与社会发展事业的全面创新和发展。

历经70年奋战，我们可爱的祖国已经完成从教育弱国到教育大国的历史转变。只就高等教育而言，眼下全国有 1 212 所本科院校；高职高专院校也蓬勃发展。我国高等教育的学校数量和在校生数量无疑是全球第一，公派留学生数量无疑也是全球第一，高校拥有的国有资产数量恐怕也是全球第一。有了数量，还要有质量。我国高校的教学质量以及高校推出的科研成果的质量如何？在全球范围内的地位如何？这些都是值得关注的问题。

70 年来最重要的一条经验就是狠抓质量，一抓到底，抓住不放，抓出成效。2018 年 5 月，西南财经大学校长、党委副书记卓志教授率校办艾鸿主任来寒舍看望我时，我就今后西南财经大学改革与发展问题谈了我的看法，提了我的建议。质量包括教学质量、科研成果质量和人才培养质量等内核。教学质量涵盖本科、硕士、博士以及博士后各阶段和各环节，其中本科教学质量的提升是极其重要的基础工程。检验科研成果质量的标准，就是成果运用能否带来社会经济发展和推动人类文明进步。对于创建"双一流"的研究型大学来讲，除了重视"应用理论"研究外的同时，也要重视"基础理论"的研究。

为什么西南财经大学在全国范围内能够较早地进入"211 工程"建设的行列？为什么西南财经大学能够成建制地划归教育部管辖？为什么西南财经大学的高考招生提档分数线越来越高？这与西南财经大学长期狠抓质量有着很大的关系。今后，在创建"双一流"的研究型大学进程中西南财经大学也应该继续狠抓质量。抓科研成果质量，就要抓"笔杆子"。学校要抓"笔杆子"，学院和科研院所也要抓"笔杆子"。

学术腐败是高校的最大腐败。这是一个带有普遍性的问题，只是程度不同而已，必须引起重视。学术腐败的表现多种多样，如剽窃他人成果、抄袭他人文字、将别人的成果偷换为自己的成果以及将别人的学术思想、学术理论、学术观点、学术见解偷换为自己所有。还有就是侵占合作者劳动成果、滥用"官帽"权力等。学术腐败与我们倡导的狠抓质量的主张背道而驰、格格不入，它是摧毁人体的毒药与腐蚀剂，必须引起高度警惕。

西财复校 40 年来，经过几代光华人的努力打拼，从不太起眼的一般省管大学首批进入"211 工程"建设行列，继续又向前冲进"985 工程"优势学科创新平台，而今又迈入"双一流"建设之列。从复校开启的第二次创业到而今的第三次创业，西财顺利完成了真正意义上的"新老"交接。

近十多年来，西南财经大学财税学院在刘蓉院长、何加明书记的领导下，在教学科研以及研究生培养诸多方面亦取得了令人满意的成绩。财税学院的主要学科在全国的排名均有提升。

壮丽 70 年，奋斗新时代。

祝愿祖国母亲的明天更加辉煌灿烂。在习近平新时代中国特色社会主义思想指引下，中国梦追逐民族复兴的目标将发出更加耀眼的光芒，教育大国向教育强国迈进的目标一定能尽早实现。

祝愿母校遵循习近平新时代中国特色社会主义思想，在"双一流"建设的新征程中，在学校第三次创业的全过程中，做出更多的时代贡献。

祝愿财税学院在学校的领导下，在"双一流"建设的新征程中，取得优异成绩。

——2019 年 7 月于光华园

原文载于四川省社科院《当代史资料》2019 年第 4 期。原文略有修改。

关于继续深化我国经济体制改革的几个理论与实践问题
——纪念中国改革开放40年

一、关于"三农"与"三农"改革问题

（一）改革开放前中国"三农"问题的点滴回顾

农业是基础，农村是前沿，农民是关键。自盘古开天地，当地球有了人类之后，首先呈现在人世间的就是农业、农村和农民，尽管原始，实质无异。当代社会，人们将农业称为"一产"，"一产"之后还有"二产""三产"。随着人类社会的进步和科技发展的推进，"四产""五产"的出现都有可能。农业，首先是种植业，种植的收获是维系人类生命的源泉，"吃饭"是生命体延续的第一需要。毛泽东同志说过："农业是基础，粮食是基础的基础。"这是一句名言，适合古今中外。就中国而言，自1949年建立新中国至今的70年间，我们对"三农"问题的认识、认知、认可经历了一个比较不平坦的过程。其间，既有经验，也有教训，既有欢欣，也有悲伤。从新中国成立到改革开放的前几年，从总体上来讲，中国人民的温饱问题是没有得到解决的。仅就这一点来说，就需要总结反思，就需要认真总结经验和吸取教训。马克思主义哲学有一条基本原理：生产力决定生产关系，经济基础决定上层建筑；生产关系对生产力、上层建筑对经济基础具有反作用。理论和实践一再提醒和告诫人们，如果过分看着和强调它们的反作用，就迟早要出问题，而且出的是大问题。新中国成立后不久，全国实行"土改"，将没收地主的土地和征收富农的土地分给无地的农民耕种，其土地所有权归农民。农民有了属于自己的土地，高兴劲儿无

以言表。有了土地的农民倍感欢欣鼓舞，奔走相告："你有地，我有田，干上三五年，有吃又有穿。"就在这三五年和更久一点的时间内，中国的广阔农村就完成了农民拥有土地→互助组→初级社→高级社→人民公社的时代飞跃和历史转变，实现了农民拥有土地的私有制到政社合一的人民公社的集体所有制的农业社会主义改造。

毛泽东同志说过："历史的经验值得注意。"走过的路，回头来看，如果我们将那几年发生的那些事纳入新中国70年变迁的历史长河中来考量，有没有值得总结和注意的地方呢？如果农民土地私有制多维持10~15年，待生产力有了一定程度的发展后，再过渡到农村土地的集体所有，将会给社会进步带来什么好的或坏的结果呢？不到十年时间，完成了对农业的社会主义改造，其步伐是否显得太急太快了一些呢？

中国农村土地所有权和经营权变革效果好坏的衡量标准就是一条：广大农民从事农业生产的积极性是否真正被调动了起来。

（二）改革开放以来的中国"三农"问题礼赞

尊重农民选择，顺应民心所愿，是解决"三农"问题的重要遵循，也是治国理政的重要内容。改革开放前夕，安徽省凤阳县小岗村村民按手印秘密签下"包产到户"，即"土地承包责任制"的君子协定。四川省广汉县向阳乡的干部和农民摘下了"向阳人民公社"的牌子，取而代之的是"向阳乡乡政府"牌子。这两起案例，在全国均属第一次，开启了划时代的先河，均得到了当时中央高层的及时肯定与支持，特别是得到邓小平同志的支持。安徽凤阳和四川向阳确实"阳"得好，"阳"得漂亮，"阳"出了光亮，"阳"出了方向。这两地不仅喜获了连年丰收，人民心情也越发舒畅。"要吃米，找万里；要吃粮，找紫阳"，几句"顺口溜"道出了当时民众的心声。

从1979年1月起，中国进入改革开放时期。改革开放不到十年，中国大地经济发展，民生改善，城乡居民使用的多种"票证"统统进入历史博物馆。从此，中国人民的吃饭问题不仅得到了解决，而且日子过得越来越红火。究其原因，就是以邓小平、江泽民、胡锦涛和习近平为代表的中央高层高度重视"三农"问题直接带来的丰硕成果。

改革开放 40 年期间，中央非常重视"三农"问题，长期以来，每年中央一号文件都是关注"三农"问题。

对中国传统农业的改造与创新，"大农业"思维与概念在中国大地的落地生根，是中国农业的里程碑式的进步，也是"三农"问题的重要内容。运用"大农业"的思维和概念，发展农业不仅要大力发展种植业，还要大力发展养殖业、畜牧业，还要包括林果花卉和乡镇企业的发展等。

中央十分重视农业科技的研发与运用，十分重视对农技专家的培养和支持，十分重视对"三农"发展的财政投入。袁隆平杂交水稻的培育成功和推广，实现了水稻的高产，在解决我国粮食安全问题和中国人以及一部分外国人的吃饭问题起到了重要作用。

农民富，中国富，只有农民富起来，才算中国人真正地富起来。在中国较长的时间长河中，中国的农民是真正的弱势群体。想当初，农民首先拿起枪杆子，农村包围城市，解放全中国。看当代，农民按手印秘密签下"包产到户"，即"大包干"的君子协定，起到了示范带头作用，开启了划时代的先河。大批农民进城打工，为城市现代化建设做出了积极贡献。如今，城市如何反哺农村？如何保护农民工的合法权益？如何增加农民和农民工的收益？这些问题都还需要深入思考并予以落实。

改革开放 40 年来，历届中央高层都十分重视"三农"问题，理论指导实践，积累了丰富的经验，取得了显著的成绩。自党的十八大之后，党中央对"三农"问题的推进和解决更是采取了若干有效举措，取得了更加令国人称道的显著成效。

习近平总书记"精准扶贫"指示的提出和加速推进全面小康社会建设具有十分重要的意义，是解决"三农"问题的创新与发展。中央提出的"城乡一体化"和乡村振兴战略更是解决"三农"问题的又一重大决策。

"三农"问题的解决是一个推进人类文明进步的长期命题，只有进行时，没有过去时。随着时间的推移，我们还会产生和面对若干新情况新问题。眼下一段时间，就有几个问题需要引起重视和解决。

第一，耕地占用过多的问题。14 亿人民的吃饭问题必须自己解决，如果靠从国外输入粮食来解决，肯定要出问题，而且要出大问题。

第二，乡村农民共同富裕的问题。我国应在坚持农村土地集体所有的前提下，探索和实验多样合作方式，解决乡村农民共同富裕问题。

第三，农民进城后的地位、权益与待遇问题。

二、关于国企与国企改革问题

新中国成立前后，人民政权没收的官僚资本就构成了新中国归全体人民所有的全民所有制资本，包括矿山、铁路、码头、工厂等实体。新中国成立之后，中国人民经历千辛万苦，通过人民群众的辛勤劳作，为国家积累了巨额国有资产。

国有资产在社会主义建设过程中不断发展壮大，它的发展壮大又推进和加速了社会主义建设的步伐。1949 年新中国成立后，经过 3 年时间的恢复，全国步入了工业化发展道路，1953 年开始了第一个"五年计划"。新中国成立后不久，苏联帮助中国建设 156 个项目。这 156 个项目，布局在中国的东西南北中，基本上属于大中型骨干项目，相当部分属重工业项目，还有一些轻工业项目。它们的建成投产，一方面显示了中国具有比较完整的工业体系和工业结构，另一方面显示了中国拥有的国企的价值和数量的不断增多，这些都是新中国和中国人民的"家底"，是全民所有的国家财富。

苏联的援助，在一定程度上确实帮了我们，对新中国国力的增长起到了积极作用。同时，我们从苏联学习和"输入"的经济体制运作模式，确实也"影响"了我们。计划经济体制时期，由于"统收统支""吃大锅饭"的现象盛行，国企和国有资产的优越性并未完全释放出来。

20 世纪 80 年代，改革开放初期，为了激活国企，政府采取了一些旨在克服"统收统支""吃大锅饭"的政策措施，选择少量国企先行试点，扩大企业自主权，开启了国企改革的第一步。

之后不久，政府又推行"利改税"，即改变以往国企利润全部或绝大部分上缴财政而以征收企业所得税的方式，由政府出面参与国企一部分利润的分配。这一改革举措的目的是，要进一步调动国企的积极性，创造更多的剩余产品价值。"利改税"的推行，凸现了国家具有双重权力的身份：一是以政治权力代表者的身份，采用税收的形式，参与国企的分配；二是以所有者权力的身份，参与国企税后利润的分配。这也是"税利分流"的理论依据。我们再深一步研究就会发现，两种属性的分配，方是"税利分流"最深层次的理论依据。

同样在20世纪80年代，中国社会科学院蒋一韦先生提出了"企业本位论"的新鲜观点。这一概念指明了国企应当是"独立核算、自负盈亏"的经济实体。新中国成立以后一段相当长的时间里，我们称国有企业为国营企业。应该说，"国有"是指所有权，"国营"是指经营权。所有权和经营权在少数情况下是趋于"合一"的，大多数场合是"分离"的，产权理论对指引国企的健康运作具有重要意义。"统收统支""吃大锅饭"是计划经济的产物。100年来，世界上有20~30个国家实行过计划经济体制的运作模式。实践证明，几乎没有任何国家走通过。

为了推进国企改革，之后政府还运用"破产""改制"等手段，为国企"轻装上阵"创造良好的条件，让国企为人民创造更多有使用价值的社会财富。在"破产"与"改制"的过程中，出现了两种状况：一是一部分国企职工"下岗"而沦为"失业"，有的职工提前退休回家待业；二是个别国企高管与他人搞起了"钱权交易"，而让国有资产莫名其妙地"流失"了。

改革开放40余年来，中国人民对国企，特别是大型国企的深化改革非常关心、关切和关注。他们出谋划策、设计方案、潜心研究，其敬业精神难能可贵。他们当中包括决策层、专家学者、企业管理人员以及广大职工等。可以说，探索的点子不少，推出的实施办法也不少，获得的成效不少，产生的问题也不少。新中国成立以来，中国人民经过70年的艰辛与付出，积累了巨额的国有资产。国有资产是人民的血汗，如何让它保值增值？如何让它具有生命力？如何让它发展壮大？如何让它与民众息息相关？如何让它在改善民生中发挥作用等一系列问题，既是我们的关注所在，也是我们的希望所在，并且还是摆在我们面前的复杂艰巨的重大研究和实践课题。

必须承认，国企在整个国民经济中的地位是不可动摇的，在发展与改革过程中的作用是不可替代的。这些年来，国企营业收入和利润同步增长，为国家的强盛做出了重要贡献。国有资产是中国人民用血汗攒下来的家底，绝不可侵犯。如果不坚持制度自信，流失国有资产，将悔之晚矣。同时，我们也要承认，国企在发展与效益方面还有不小的空间需要拓展，在改革的深化方面还有不少的文章需要去做。

从改革开放初期股份制经济的提出到如今混合所有制经济的确认，无疑是认识的深化与进步。如何去实践？仍有许多问题需要探索。混合所有制，如何"混"？又如何"合"？借用自然科学语言，"混合"是物理反应（物理现象），没有"质"的变化；"化合"是化学反应（化学现象），已经有了"质"的变化。问题不在字面，实质才是关键。据此，我们是否应当在"化"字上多做点文章，是否还应当在"融"字上考虑一些问题。比如，股份不论多少，是否需要"平等"？如何做到"平等"？

2003年，国资委成立。近20年来，国资委做了大量工作，取得了明显成效。在解决"五龙治水"问题的过程中，国资委的特殊角色与其他各方的矛盾突出。到底是以政府为主体还是以市场为主体？到底是监管者还是股东？国资委作为中央政府唯一的"特殊机构"，其本身还需不需要改革？

国资委的改革是否将从"管人、管事、管资本"的模式切换到"管资本"的模式？财政部将在改革中扮演什么角色？如果说新加坡淡马锡模式成为改革的方向，该模式在现实的中国大地上是否行得通？

自党的十八届三中全会之后，中国的改革涉入"深水区"，进入了"啃硬骨头"的攻坚时期。国企改革再一次提到了重要议程上。国企改革算不算"深水区"？如果算，到底它的"水"有多深？国企改革的进一步深化，算不算是块"硬骨头"？如果算，应当如何"啃"？先从哪个部位"啃"起？

相信中国人的聪明智慧。方向认准了，目标找对了，上下一致，万众齐心，迎难而上，就算是一道全球性的超级难题，我们都有决心和能力予以破解。

三、关于财税与财税改革问题

财税，即财政与税务，是两个学科。财政与税收在马克思再生产理论四个环节中属于分配环节，既有对 $V+M$ 的初次分配，也有再分配。财税又不完全等同于四个环节中处于分配环节的那种内涵的分配，它是一种以"国家为主体"的特殊分配。

就一个国家而言，财税问题是一个非常重要的问题。它涉及一个国家的个个领域和个个层面，既涉及宏观，也涉及微观，还涉及中观。古今中外均是如此。财税是以国家（政府）为主体的特殊分配，社会主义市场经济条件下的"公共财政"，仍然是以"国家为主体"的特殊分配。

改革开放初期，我国财税体制改革就被提到重要日程，是整个经济体制改革的重要内容，而且往往还走在整个改革的前头。中国财税改革是以政府为主导的改革，只有政府，特别是中央政府才能协调、摆平各利益主体之间的分配关系。

改革开放 40 余年来，中国财税改革一波接一波、一环扣一环，将改革逐步推向纵深，成效不可低估。

20 世纪 80 年代的"利改税"的功能与作用不可低估，它是财税改革的重要内容，也是国企改革的重要内容。

20 世纪 90 年代中期的"分税制"改革有利于规范中央与地方的财政分配关系，也有利于促进国家财政收入的稳定增长和强化财政支出约束，还有利于依法治税。

2006 年，全国范围内免征农业税。农业税的免征，一是表明党和政府对减轻农民的负担、增加农民的收入、提高农民的生活水平的重视程度，也是解决"三农"问题的重大举措；二是表明随着城市改革的不断深化与拓展，我国税收收入结构的可喜变化及其来自"第二产业""第三产业"，包括服务业税源大幅增加的积极成效。

2008 年，中资企业、外资企业所得税税率统一，均按 25% 征收。

进入 21 世纪的"营改增"，即将营业税改为增值税，其课税对象为上述"大手笔"的改革举措，从总结来讲是成功的，成效也是显著的，应当予以肯定。"利改税"旨在确立和确认国家（政府）与国企的分配关系，调动国企的积极性，发挥国企的能动性。在市场经济条件下，政府要为企业提供并创造良好的市场环境，提高经济效益。企业效益提高了，"*M*"增多了，给国家（政府）上交的税利多了，企业留存也多了，实现"双赢"，何乐而不为。再说"分税制"改革。中央政府和地方政府都要行使各自的职能，这就需要财力保证。政府的财力主要来自税收，顺理成章地就催生了"分税制"的出台。税收按税种分为中央税、地方税、中央和地方共享税。增值税是收入大头，列为共享税，中央和地方按75：25分配。再说"营改增"。增值税的征收对象是增值额，进项扣除，避免重复征税。这样一来，政府有意将一部分经济收益留给企业（公司）和个人。这种"政府少收、企业多留"的改革举措，自然得到了受益者的拥护。

自党的十八届三中全会之后，中央敲定了新一轮财税体制改革"时间表"，即"三项""六字"改革方案，就是从三个方面，以"改进""深化""调整"六字入手，推动我国财税体制改革的进一步深化，到2020年基本建立现代财政制度。

其一，改进预算管理制度，强化预算约束，规范政府行为，实现有效监督，加快建立全面规范、公开透明的现代预算制度。

其二，深化税收制度改革，优化税制结构、完善税收功能、稳定宏观税负、推进依法治税，建立有利于科学发展、社会公平、市场统一的税收制度体系，充分发挥税收筹集财政收入、调整分配、促进结构优化的职能作用。

其三，调整中央和地方政府间的财政关系，在保持中央和地方收入格局大体稳定的前提下，进一步理顺中央和地方收入划分关系，合理划分政府间事权和支出责任，促进权力和责任、办事和花钱相统一，建立事权和支出责任相适应的制度。

"三项""六字"改革方案，深刻表明新一轮财税体制改革是一场关系国家治理体系和治理能力现代化的深刻变革，是立足全面、着眼长远的制度创新。目标明确了，内容清晰了，关键是如何落实了。落实过程中，有些问题是否还有待于进一步探索和论证。

第一，研究财税和财税体制改革问题是否应当纳入市场经济条件下去展开？市场的基础性作用到决定性作用的提出是量的积累还是质的飞跃？它与财税体制改革的深化是什么关联？

第二，如何理解现代财政制度？其内涵是什么？它包括那些主要内容？"基本建立"如何理解？它有没有衡量的标准？

第三，在这当中，政府财税部门不可能孤军奋战，与相关部门和相关领域的改革关系密切，比如与国资（国企）的改革深化及金融部门和金融（体制）的改革就密不可分。如何与相关部门和相关领域的改革协调配合、共同推进，是否还需搞一个宏观而协调的"顶层设计"？

四、关于税制模式与税制改革问题

20 世纪 80 年代末 90 年代初，全国范围内开展了一场关于"税制模式"问题的大讨论，旨在将我国税制改革推向深入，为中央政府采取行动提供理论支撑和理论依据。在那几年的许多文章中，"税制模式"的字样大量出现。首先使用"税制模式"这个词汇的作者姓名至今笔者都没有弄清楚。在众多文章中，许多作者就什么叫"税制模式"、其内涵是什么，试图给"税制模式"下一个定义。在这场大讨论中，笔者也是参与者之一。在长达十年的持续性跟踪研究中，笔者公开发表了十余篇论文，笔者及团队公开出版了三本著作。

20 世纪 90 年代中期，我国出版发行的《经济学辞典》中第一次出现了"税制模式"的词条。词条的语言定义，包括解释，都是西南财经大学汪孝德在《论社会主义初级阶段的税制模式》一文中的原话。该文原载于《税收纵横》1991 年第 1 期。

汪孝德提出，税制模式指的是一个国家在一定时期内税收制度改革的基本方向和所要达到的基本格局，也就是税制的总体结构。

从财税业务工作层面讲，工作无非分为收入和支出两大块。中央最近提出的深化财税体制改革中将重点推进以下三个方面的改革：

第一项"改进"预算管理制度，即财政支出和怎样支出的问题。

第二项"深化"税收制度改革，即财政收入和如何取得收入的问题。

第三项"调整"中央和地方政府间财政关系，既包含收入问题，也包含支出的问题。

财政收入和财政支出的问题相当复杂，它们都涉及多方的经济利益。问题既有利益一致的一面，又有利益矛盾的一面，因此各方都要尊重科学和遵循规律。

税收问题也非常复杂，税制改革在整个经济体制改革系统工程中往往处在前头，是涉及多方利益分配的宏观全局问题。改革开放40余年来，中国税制改革大体经历和正在经历三个阶段。

以20世纪90年代中期划线，即1994年"分税制"改革之前为第一阶段。之后至党的十八届三中全会的召开为第二阶段。党的十八届三中全会的召开，我国税制改革进入了一个新阶段，即"建立现代财政制度"的阶段，它标志中国"税改"进入了第三阶段。

第一阶段，主要是解决政府与国企之间的分配关系问题。重要举措是对国企开征企业所得税，目的是根治"吃大锅饭"的弊端。国企是具有法人资格的经济实体，是"独立核算、自负盈亏"的经济实体，这就需要国企做到"责、权、利"的统一。改革初期，之所以首先从扩大企业自主权作为切入点，就是这个道理。

第二阶段，主要是解决中央政府和地方政府之间的分配关系问题。"分税制"改革的目的是解决事权和财权统一的问题。政府要行使职能，就需要相对的财力作为保证。"分税制"的推行不简单，需要有一个不断完善的过程。

第三阶段刚刚开始不久，就是从三个方面进一步深化财税改革，要求到基本"建立现代财政制度"。这一阶段更不简单，不少理论问题还需要我们去说个"所以然"。从实际工作层面讲，最高层是否需要做一个"顶层设计"？是否需要做一个比较具体的"实施方案"？我们需要从中受到启发，从而有助于我们对一些问题的思考和探索，也有利于理论与实践的结合和协调。

我们的税制改革及其改革深化的关键是如何确立和确认符合国情的税制模式问题。

税制模式是指一个国家在一定时期内税收制度改革的基本方向和所要达到的基本格局，也就是税制的总体结构。这个定义表明了五层意思：一是改革。改革，即税收制度的改革，简称税制改革。二是改革如何开展，即改革的基本方向。三是改革成什么模样，即要达到的基本格局。四是改革的具体样子，就是构建税制的总体结构，简称税制结构。五是改革是动态的，即在一定时期内的改革，改革是一个动态的概念。

税制模式问题，既是一个重要的理论命题，也是一个重要的实践课题。在人类社会，只要有了国家，就有国家税收。只要有了国家税收，就有税制改革。只要有了税制改革的实践，就必然涉及对税制模式的思考和选择。税制模式是客观存在的，不是谁承不承认的问题。关键是如何认识、了解、把握和运用税制模式，让它更好地发挥作用。因此，全面、深入、系统地研究税制模式问题，既是一项值得深入研究的重要课题，也是一项非常艰苦的任务。

改革开放40余年来，我国税制模式已从改革初期的以流转税为主的"单主体"模式逐步转换为眼下的以流转税和所得税并重的"双主体"模式。从数据看，我国税制模式基本上完成了第一阶段向第二阶段的转变。20世纪20年代至21世纪中叶，我国税制模式将逐步由"双主体"模式过渡到以所得税为主的"单主体"模式。这里有一个从量变到质变的过程，大体需要30年时间，这就是笔者在20世纪80年代末期预测的我国税制模式演变的"三段式"规律。

改革开放40余年来，中国税制改革取得了很大的成绩，积累了许多好经验。对一个国家来讲，税制改革只有进行时，没有完成时，围绕税制模式问题的研究还有待进一步探索和深化。

第一，税收和"税改"具有促进国强民富的特殊功能。改革开放初期，国库空虚，人民贫困。中国急需将发展经济摆在第一位。在这种现实面前，中国税制及税制改革，理所当然地应当选择以流转税为主、所得税为辅、其他各税为补充的模式，即"单主体"模式。国家需要运用流转税的聚财功能，保证和促进国家财政收入的稳定增长，用于国家投资大项目，用于发展经济之急需。这种选择，人民可以理解。中国人民勤劳善良，顾全大局，体谅国家的困难。中国人民懂得，我们的国家税收是"取之于民，用之于民"的民众税收。

第二，改革开放推进到了一定时期，各方积极性被调动了起来。国家的经济状况和财政状况自然会呈现出一系列显著变化。

首先，经济发展了，即 $C+V+M$ 的持续稳定增长。在"稳增长、调结构、增效益、惠民生"方针的推动下，自然会带来 $C+V$ 的降低，$V+M$ 和 M 的增加。国内生产总值和国民生产总值的同步增长，自然会带来国家财政收入的增多和人民群众实际收入的增加。政府有钱了，可以加大改革力度，可以增加对改善民生的财政支出。人民有钱了，可以扩大内需，让社会再生产进入良性循环。

同时，在这个时候，政府应当考虑如何让利于企业和民众，让企业和民众感觉到改革开放给他们带来的"红利"。这是加大全方位改革开放力度和深化的需要，也是改革开放的目的所在，还是国强民富目标落到实处的要求。从财政分配的角度讲，这也是培育和扩大税源的举措，还是持续增加财政收入的需要。政府有钱了，可以考虑对国企特别是对中小微企业的减税降费，让企业多留一点，政府少收一点，促进企业和实体经济真正地"活"起来。企业钱够了，可以增加投资，扩大再生产，还可以改善企业职工的生产生活条件。20 世纪 80 年代中期的"利改税"、2006 年的全国范围内取消农业税、21 世纪初期对个人所得税免征额的提高以及近期的"营改增"等改革举措，无一不凸显了政府的意图和初衷。再说近期，政府对中小企业尤其是对小微企业的减税让利更为显著并富有成效，直接推动了"创新""创业"大好局面的蓬勃发展。

第三，随着经济的持续稳定增长，改革开放力度的不断加大，经济效益的不断提高，国民收入的不断增多，自然就会带来所得税的不断增加，即所得税占整个税收收入比重的不断提升。数据表明，眼下所得税与整个税收收入的比重已超过 25%。

经过 40 余年的改革开放，我国已经基本上完成了由"单主体"模式向"双主体"模式的过渡。也就是说，眼下我国的税制模式就是以流转税和所得税并重，其他各税为补充的模式，即"双主体"税制模式。

第四，前面我们讲的流转税和所得税，均是税类。就税收理论而言，是税收的"分类"。从理论和实务来考察，主体税类中必然有一个主体税种，流转税类中的主体税种是增值税，所得税类中的主体税种是企业所得税。在主体税类中，除主体税种之外，还包括其他税种。这种讲法比较科学，也比较确切。不仅理论上成立，从实际工作层面讲，也便于设计和运作，具有相当的可行性。从总体来讲，不仅各税类之间可以相互协调和配合，仅就某一税类而言，也可以有一个相互调整和配合，比如"营改增"就是如此。其实，税种也有一种内涵的分类问题。从眼下而言，仅就种类的功能和作用来说，税种可以分主体税种、辅助税种和配套税种等。

第五，前不久，中央敲定深化财税体制改革将重点推进三个方面改革的内容中，再一次提出了深化税收制度改革，优化税制结构的任务目标。

税收制度改革应当如何深化？税制结构又应当如何优化？

"深化"和"优化"与其他相关领域的改革有没有关联？如果有关联，应当如何协调与配合？

"深化"和"优化"与我们的税制模式的研究关系是什么？如果关系密切，我们又应当如何将税制模式的研究继续引向深入？

上述问题都需要我们深入系统地认真思考和研究，为 2020 年基本建立现代化财政制度做出贡献。

第六，全面系统地研究税制模式问题是一项非常艰巨的任务，仍需学术界和实务界紧密结合，继续努力研究，共同推动我国税制目标的早日实现。

——2019 年 6 月于光华园

原文略有修改。

第二篇 "一带一路"的思考

欧洲见闻与思考
——兼论"一带一路"倡议

一、从"一带一路"倡议谈起

2013 年，中国国家主席习近平在国外的两次谈话中提出了"一带一路"倡议。为了推动和落实习近平主席的这个倡议，经国务院授权，国家发展改革委、外交部、商务部于 2015 年 3 月 28 日联合发布了《推动共建丝绸之路经济带和 21 世纪海上丝绸之路的愿景与行动》。该文件从时代背景、共建原则、框架思路、合作重点、合作机制等方面阐述了"一带一路"倡议的主张与内涵，提出了共建"一带一路"的方向与任务。该文件指出，中国愿与"一带一路"沿线国家一道，不断充实完善"一带一路"的合作内容和方式，共同制定时间表、路线图，积极对接"一带一路"沿线国家发展和区域合作规划。

（一）时代背景

当今世界正发生复杂深刻的变化，国际金融危机深层次影响继续显现，世界经济缓慢复苏、发展分化，国际投资贸易格局和多边投资贸易规则酝酿深刻调整，各国面临的发展问题依然严峻。在面对全球经济复苏疲软的现实背景下，"一带一路"倡议被外界称为迄今为止最大规模的全球经济振兴计划。共建"一带一路"顺应世界多极化、经济全球化、文化多样化、社会信息化的潮流，秉持开放的区域合作精神，致力于维护全球自由贸易体系和开放型的世界经济。共建"一带一路"旨在促进经济要素有序自由流动、资源高效配置和市场深度融合，推动"一带一路"沿线各国实现经济政策协调，开展更大范围、更高水平、更高层次的区域合作，共同打造开放、包容、均衡、普惠的区域经济合作架构。

（二）共建原则：一个"恪守"和四个"坚持"的原则

第一，恪守联合国宪章的宗旨和原则的原则。

第二，坚持开放合作的原则。

第三，坚持和谐包容的原则。

第四，坚持市场运作的原则。

第五，坚持互利共赢的原则。

（三）合作重点：共创"五通"

第一，政策沟通。

第二，设施联通。

第三，贸易畅通。

第四，资金融通。

第五，民心相通。

二、欧洲、欧盟与中国

（一）欧洲概况

欧洲全称叫欧罗巴洲，位于东半球西北部，面积 1 016 万平方千米（不包括俄罗斯的亚洲部分）。欧洲北面濒临北冰洋，西南濒临大西洋，东南隔乌拉尔山脉与亚洲相邻，南隔地中海与非洲相望。欧洲在中国的西北方向。

欧洲共有 44 个国家，可以将其划分为东欧、中欧、西欧和北欧几大块。俄罗斯是欧洲面积最大、人口最多的国家，属东欧。梵蒂冈在欧洲是一个特殊的袖珍国家，位于意大利首都罗马城内。

仔细观察，我们完全可以把欧洲大陆看成亚欧大陆西部的一个大半岛。欧洲的海岸线漫长而曲折，"半岛"的北面、西面、南面均散布着面积大小不等的许多"岛屿"。

欧洲大陆部分的地形以平原为主，约占总面积的60%，其中的半岛和岛屿占欧洲总面积的34%。这里说的半岛，笔者将它称为"小半岛"。

（二）欧盟

欧盟是世界上最大的区域一体化组织，是为促进欧洲各国共同发展而成立的国家联合体。欧盟目前有27个成员国，暂时还包括英国。欧盟是在20世纪50年代由法国、德国、意大利、荷兰、比利时、卢森堡六个国家组成的欧洲煤钢共同体发展而来的。

欧盟的盟歌是贝多芬的第九交响曲中《欢乐颂》的主旋律。

欧盟的旗帜是蓝底十二星旗。

欧盟的"欧洲日"为每年的5月9日。

欧盟的总部在比利时的首都布鲁塞尔。

（三）欧元

欧元是欧盟发行的货币，已成为欧盟主要成员国的官方货币。

欧元不排斥欧盟各独立国家货币的使用和流通。

欧元的设计者为蒙代尔，被誉为"欧元之父"。

（四）欧洲与中国

欧洲历史悠久，欧洲人民智慧聪明。中国地大物博，中国人民勤劳勇敢。中国人民和欧洲人民都创造了永载史册的人类文明。

从历史角度考察，中国和欧洲自古就有交往。汉、唐、元等朝代就有中国使者、商人西进的历史记载。欧洲人进入中国或许要晚一点，马可·波罗进入中国也算是历史了。彼此交往，增进了解，为以后的更多的往来和交流奠定了一个良好的基础。

中国和欧洲的地缘关系决定了中欧深度交往的重要性、可行性及其必然性。

在全球经济一体化的现代社会，你中有我，我中有你，更凸显了中欧加强往来的必然逻辑。

三、欧洲六国见闻与联想

（一）德国

德国的全称是德意志联邦共和国，位于欧洲中部。北邻北海和波罗的海，东边紧邻波兰、捷克，东南靠奥地利，南接意大利，西南接瑞士、法国，西边接卢森堡、比利时，西北接荷兰。德国面积 35.7 万平方千米，人口 8 244 万人。首都是柏林，人口 420 万人。汉堡为著名港口，法兰克福是欧洲的航空枢纽之一。

法兰克福——我的欧洲行的第一站。成都直达法兰克福的空中飞行时间大约 10.5 小时，成都→兰州→银川→莫斯科→华沙→柏林→法兰克福。

出关后，有一辆波兰大巴接我们，司机是一个帅哥，不到 30 岁，叫皮尔科夫。

第一天，我参观了法兰克福市政厅和教堂。罗马广场西侧的三个山形墙的建筑物，可以说是法兰克福的象征，即市政厅。教堂称"皇帝加冕教堂"，记载了欧洲君权神授的历史，也凸显了欧洲教皇的地位和作用。午餐后，我乘车去海德堡和海德堡大学，驱车大约两个小时。海德堡是一个著名的小镇，镇中间有一条漂亮的河，大约 100 米宽，河水清澈，可以通航，包括货航和客航。狭长小镇的两面均是树林茂密的青山，犹如两条蓝色丝带保护着别具风格的小镇。

海德堡大学历史悠久，已有好几百年历史，是欧洲最古老的大学。海德堡大学校园是开放式的，校园无围墙，学生住宿区就在大街上，底楼是商铺，上面几层是学生宿舍。世界著名哲学家康德毕业于该大学。各种肤色的留学生不少。二战后期英、法等盟军反攻柏林途中，唯一没有被轰炸的地方就是海德堡大学城。

参观完毕，我又折回原方向，大约一个半小时，下榻于一个美丽的乡村酒店。说它美丽，主要是指它的周围环境：有高大绿色的层层树林，有错落漂亮的二三层别墅，有建筑精美的教堂，有小道旁边游园的绚丽花草等。

入住酒店后，我第一次发现德国酒店的床比较窄小，据说欧洲人习惯侧卧，欧洲的酒店均是如此。

第二天，我在酒店用过早餐后，乘车四个小时到了德国南部的重要城市——慕尼黑。

宝马总部街对面是奥林匹克公园。1972 年夏季奥运会期间，发生过 11 名以色列运动员被恐怖分子杀害的事件。该届奥运会在奥运历史上是一次悲惨的"黑色的运动会"。

慕尼黑的啤酒举世闻名，享有盛誉。我参观了慕尼黑最大的一家啤酒店。该店面积可能有 300～400 平方米，喝啤酒者特别多，座无虚席，再加上礼拜天的原因，确实热闹非凡。我被这种气氛感染，心血来潮，花 4 欧元买了一大杯，加入了众多啤酒爱好者的行列。

我在德国待了整整 48 小时，满满的两天两夜。现将所见所闻以及感觉归纳为以下几点：

第一，德国人的生活质量和美好度，在整个欧洲称得上是比较好的。德国人选车的顺序：一是宝马，二是奔驰，三是奥迪，四是大众。

第二，中国和德国的关系不错。只说一点，彼此赴对方国家留学的留学生不少。

第三，德国的制造业和农业都比较发达，德国国内生产总值在全球排位第四位。

第四，德国公路交通非常发达和密集。

第五，德国人热爱体育运动。周末全家或情侣驱车出游时，差不多都带有两三辆自行车，有的甚至还载了一支小船。

第六，德国在整个欧洲及欧盟是一个有话语权的大国，是一个有影响力的大国。德国总理默克尔是一个能干的政治家，经常访问中国，之前还来访过成都。

第七，几十年来，德国对发动一战、二战做出了深刻反省，获得了欧洲人民的谅解。在保持适度国防经费的同时，德国将大量财政收入用于发展经济和改善民生上面。

（二）奥地利

从德国南部的慕尼黑直接向南前往意大利途中，必须途经奥地利。

奥地利是欧洲中部的内陆国家，面积 8.39 万平方千米，人口 805 万人。

进入奥地利不久，如果折向东北，就会到达奥地利的首都维也纳。据说，维也纳古迹众多，风光如画，为世界音乐名城。据我所知，中国和奥地利在音乐领域交往密切，中国第一流的交响乐团和歌唱家时常活跃在维也纳金色音乐厅的舞台上。

在奥地利境内，我们乘坐的大巴就行驶在阿尔卑斯山（奥地利段，即东段）的山谷地带。这一地段的阿尔卑斯山非常美丽。放眼望去，山峰高处白雪皑皑，积雪终年不化；森林密布，主要是高山松；山下缓坡地带是青青的草地，时而还可以看见马和羊的身影；时而还能看到高速列车从这个山洞出来，不到 1 分钟，又进入另一个山洞。这一幅幅绝佳的西洋油画，这一道道迷人的风景线，确实令人心旷神怡。

（三）意大利

意大利位于欧洲南部，面积 30.13 万平方千米，人口 5 761 万人。首都是罗马，人口 317 万人，是全国政治、文化中心，为世界名城之一。意大利在地图上就像靴子。意大利东北邻奥地利，西北邻瑞士，西部邻法国，东边接亚得里亚海，南边和西边是地中海。阿尔卑斯山横亘于北部，亚平宁山脉由西北至东南纵贯全境。从这点考量，意大利就是亚平宁半岛，亚平宁半岛就是意大利。作为古罗马帝国的发祥地，意大利在公元 14~15 世纪空前繁荣，被誉为"欧洲文艺复兴的摇篮"。意大利的首都罗马从 8 世纪开始，就是世界天主教的中心。

我在意大利的三天三夜可谓走马观花和一知半解，我斗胆将意大利的看点和亮点简单地归纳为三点：一是意大利的水环境，二是古罗马帝国的精美建筑，三是古罗马时期被誉为"欧洲文艺复兴的摇篮"的历史地位。这三点，我拟通过几个城市的参观和感受予以展现。

（1）维罗纳。维罗纳是意大利北部重镇，有一条大约 40 米宽的河流。距维罗纳 1 000 米开外有一横状的山峦。绿水青山，犹如一幅油画。山峦上面还残存一些城堡和防御工事，这是若干年前意大利人为抵御奥匈帝国的侵犯而修筑的。

维罗纳有两处景点值得一观：一是"斗兽场"，其外形就像一座体育场，可容纳5万名观众；建材主要是石头，圆形斗兽场有若干通道供观众进出。中世纪前，古罗马人能够修筑如此宏伟的大型建筑物，凸现了他们的聪明才智。斗兽场有"兽与兽斗""兽与人斗"等，人就是当时的奴隶，必须斗个"你死我活"才算结束。历史记载了当时的奴隶主和贵族极端野蛮和残忍的本来面目。二是"罗密欧与朱丽叶"的故居。该故居毗邻大街，是一座精致小院，有几棵大树，还有攀藤植物，右边是一栋三层楼房，还有几个阳台。莎士比亚的《罗密欧与朱丽叶》的故事就取材于此，也是莎翁创作的"原形"。

（2）威尼斯。离开维罗纳继续南下，即到举世闻名的旅游城市威尼斯。威尼斯紧接威尼斯湾，连接亚德里亚海。

威尼斯依水而生，依水而建，依水而兴，是大自然赐给威尼斯民众的一份厚重礼物。威尼斯大运河是意大利威尼斯主要水道，自圣马可大教堂至圣基西拉大教堂，呈S形，沿天然水道把威尼斯市分为两部分。威尼斯的房屋建筑独特，地基都淹没在水里，犹如从水中升出来似的。

圣马可广场位于威尼斯中心，是威尼斯最热闹、最繁荣的地方，被拿破仑称为"欧洲最美丽的客厅"。广场被圣马可大教堂、钟楼、新市政厅和总督府环绕。广场上纷飞的鸽子是广场的又一特色。

位于圣马可广场东侧的圣马可大教堂是一座混合了罗马式和拜占庭式风格的建筑物，在中世纪时曾经是欧洲规模最大的教堂。圣马可大教堂内有耶稣门徒圣马可的坟墓，圣马可被誉为威尼斯水城的守护神。

威尼斯对中国人来说应该不陌生，著名旅行家马可·波罗就是威尼斯人。是他从威尼斯出发，不远万里来到神秘的中国。他走过中国不少地方，其中四川的稻城、亚丁就留有他的足迹。就是这位西方人，较早地将中国一些地方的风土人情和神秘面纱介绍给更多的西方人。另外，电影《威尼斯商人》征服过许多中国"影迷"。这部片子就是以威尼斯作为背景而展开故事情节的。

（3）罗马。罗马是一座世界名城，有着深厚的历史底蕴。欧洲的两大文明就是古希腊文明和古罗马文明。如果说欧洲文艺复兴是从希腊开始，那么将欧洲文艺复兴推向顶峰的应当说是罗马。欧洲国家中以罗马命为的广场随处可见。成都就有一个罗马广场，"条条道路通罗马"是中国人喜欢说的一句话。

罗马人有个说法："何时有罗马圆形竞技场，何时就有罗马，当罗马圆形竞技场倒塌之时，也是罗马灭亡之日。"

罗马圆形竞技场建于公元 72 年，从建成的那天起，就是罗马的象征与标志。罗马圆形竞技场主要用于角斗和斗兽表演，可容纳 9 万名观众。罗马圆形竞技场直到中世纪时被改建成一座城堡。

罗马圆形竞技场邻街对面，有一座长方形的小丘，面积有几百亩，那就是罗马的古代皇宫。它已经成历史了，眼下是残垣破壁，供众多旅游者参观。山丘上生长着不少的松树，均有上千年的树龄，树头活像蘑菇，称为"蘑菇松"。据说，该树只在罗马生长，其他地方很难见到。"见到蘑菇松，即到罗马城"是众多旅行家的普遍说法。

古罗马广场曾经是古罗马时代市民生活的中心。广场周围散落着神殿、元老院、公共演讲台、交易进行所等古罗马建筑的遗迹。即使在 2 000 多年后的今天，我们依然可以感受到古罗马当时的辉煌。

毗邻广场的神圣一道，曾经是军队凯旋游行经过，并接受道路两旁市民欢呼的道路。

我通过对意大利三天的参观游览，静下心来想一想，有些话自然要说出来。

意大利对物质文化遗产，包括自然遗产和人文遗产的用心保护值得学习与借鉴。当今中国，已经意识到了保护祖先和上天留给我们的那些宝贵财富的极端重要性与急迫性。晚是晚了点，但只要措施得力，必将赢得国人和子孙后代的称赞。

意大利的建筑和建筑工程，从设计到施工，从外观的考究到内部的装饰，特别是工程质量，在全球范围内称得上是第一流的。相比之下，我认为，对那些华而不实的"形象"工程和"政绩"工程，应当追究决策者的责任；对那些"豆腐渣"工程，造成严重后果的，必须对相关责任人予以严惩。

（四）梵蒂冈

梵蒂冈位于意大利的首都罗马城西北的梵蒂冈高地上，面积 0.44 平方千米，人口 1 380 人。首都是梵蒂冈城。

梵蒂冈是世界上面积最小的国家，是一个政教合一的国家，是罗马教廷所在地。

梵蒂冈同世界上 100 多个国家建立有正式外交关系，在联合国设有常驻观察员。袖珍梵蒂冈，"国家虽小，五脏俱全"，建有专用直升机停机坪，教皇出访时，乘坐专机经罗马领空去罗马国际机场再飞往教皇要访问的国家或地区。

梵蒂冈虽小，但看点不少，且相当精美。大广场非常宏伟，围绕广场的弧形建筑，几十根高大的圆形门柱，更凸现出建筑的气魄。

梵蒂冈博物馆位于罗马圣彼得大教堂北面，其前身是一座教皇宫廷。作为世界上最早开设的博物馆，梵蒂冈博物馆早在 5 世纪末就已有雏形。博物馆内分为 12 个博物馆和 5 个艺术长廊，还包括屋顶花园。馆内收藏的展品包括古希腊、古埃及、文艺复兴以及现代艺术品。

西斯廷礼拜堂以集中了意大利文艺复兴时期的绘画艺术精华而闻名于世。该礼拜堂始建于 1480 年，最初是作为教皇私人礼拜堂，因此又被称为"西斯廷小教堂"。礼拜堂内没有柱子，侧墙的高处有 6 扇半圆拱形窗户，房顶中央是米开朗琪罗绘制的著名的《创世纪》。

梵蒂冈花园被圣彼得大教堂、梵蒂冈博物馆和围墙包围在内，从外是看不到的，但当游客来到圣彼得大教堂的圆顶或参观梵蒂冈博物馆时，就能看到部分绿意盎然的花园美景。花园里古树参天、花木茂盛，各种花草维护得相当用心。在众多奇花异草之间，散落着行政大楼和法院等单位，此外还有电台、报社、消防队、邮局、免税商店和超级市场等。总之，凡是一个国家所应具有的，这里也一应俱全。因此，我说它"国家虽小，五脏俱全"，就是这个意思。

（五）瑞士

瑞士是欧洲中部的一个内陆国家，面积 4.13 万平方千米，人口 734

万人，首都是伯尔尼。瑞士的北面是德国，东北面是奥地利，南面是意大利，西面是法国。瑞士是一个中立国家，没有加入欧盟，有其完整并符合国情的关税制度。

瑞士风光秀美，以高原和山地为主，有"欧洲屋脊"之称。阿尔卑斯山最美的一段就在瑞士境内。瑞士的旅游资源十分丰富，旅游胜地众多，在国际上享有盛誉。比如日内瓦、苏黎世、莱芒湖均是世界知名的旅游胜地。其中，日内瓦风光秀美，有众多国际机构驻于此地，经常召开国际性会议。

瑞士经济高度发达。工业以机械、钟表、食品（巧克力）加工最为著名。对于钟表有兴趣的人们来讲，在这里可以太饱眼福。

瑞士的农作物种植和畜牧业具有相当规模。瑞士境内的平地和半坡地均是茂盛的草地，随时可见一些牛群和羊群在草地上享用美食。坐在大巴上放眼望去，一片片梦幻般的田园风光，一道道绝佳的风景线，会让人心旷神怡，如痴如醉。

除上述的一些印象和感受外，我再介绍两处景区，即"一城一镇"。

"一城"，即伯尔尼。作为瑞士首都的伯尔尼，好些人会感到比较陌生，连它的"名号"都说不出来的人还不是个别。论知名度，它远远不及瑞士的苏黎世和日内瓦。伯尔尼城市范围不大，被青山绿水环抱。整个城市现代元素不多，几乎见不到高层建筑，街道不宽，两边都是店铺。彩色电车的快速穿梭和载客马车的慢步行进，一快一慢的节奏，让人感到非常舒心。店铺外面有大约三米宽的过道，是专供行人和购物者使用的通道。通道与店铺连为一体，让行人下雨天淋不着雨。整个城市均是如此，应当感谢建筑设计师的一片好意。伯尔尼周边环境优美，城市整洁卫生，没有喧嚣，只有宁静，是一个宜居的首都"小城市"。

"一镇"，即琉森小镇。如果说，作为瑞士首都的伯尔尼，其知名度同它的地位不是太相称的，往往被忽视；那么作为瑞士小镇的琉森以及紧靠小镇旁边的天鹅湖就赫赫有名了，是世界各地游客非常向往的旅游胜地。

虽说琉森是小镇，商业却非常发达，各种商品，包括旅游用品、各种名牌服装和钟表应有尽有。瑞士的钟表闻名于世，游人可以在此参观和选购。

游览小镇时，切记不要忘记了两个景点：一是卡贝尔桥。它是具有中世纪之美的小镇的标志。此桥始建于 1333 年，是欧洲最古老的有顶木桥。桥上绘有 120 幅宗教历史油画。桥系 1993 年火灾后建。二是垂死狮子像。这是坐落在琉森小镇中数一数二的雕刻作品，美国小说家马克·吐温曾赞颂它是"世界上最哀伤、最感人的石雕"。此作品是为纪念在法国大革命中牺牲的瑞士雇佣兵而创作的。

漫步美丽的天鹅广场，观赏几万亩碧波荡漾的天鹅湖美景。放远望去，月牙状的阿尔卑斯山环绕着湖面。远山叠翠，绿水青山，山连水，水连山，天连水、水连天。再望远一点，后山高处白雪皑皑，好一幅人间仙境的完美画卷。

再往近处看，湖面对岸的绿地和缓坡地带，耸立着各种造型和不同风格的欧式建筑，包括教堂、校舍、俱乐部以及漂亮的花园别墅等。据说这些住宅的主人都是本地名流和来自德国、法国和意大利的富豪。

（六）法国

法国是一个"历史+现代""传统+浪漫"的欧洲大国。这是我给法国的一句评语，我相信法国人不会有意见。

法国位于欧洲西部，西濒临大西洋，隔英吉利海峡与英国相望；南濒地中海，东面与意大利、瑞士接壤，东北面与德国、比利时相邻。面积55.16 万平方千米，比我国的四川省的面积大一些，人口 6 170 万人。

法国的首都是巴黎，人口 1 000 余万人，是世界著名的现代化大都市。法国其他重要城市有马赛、里昂等。

法国地势起伏，地形多样，以平原和丘陵为主。东南部山区地势较高，阿尔卑斯山主峰勃朗峰，海拔 4 807 米，为法国最高点。法国的河流主要有塞纳河、莱茵河等。

法国是一个旅游资源丰富、旅游产业发达的国家，吸引来自五大洲不同肤色的大量观光客。这些年来中国游客去法国的越来越多。

（1）老佛爷购物中心。请中国游客注意，这里说的"老佛爷"与清朝末期的慈禧太后毫无关系。购物中心共有五层，摆放商品的区域面积起码不会少于两万平方米。商品种类繁多，各种名牌均有。购物人群中的中国人可能要占60%。据我观察大多数购物者都舍得花钱，同时亦比较理性，那种传说让人讨厌的"土豪"至少我没有见到。这里的商品价格不菲，出口设有专用通道，购物者凭发票当场办理清算和退税，给购物者提供了方便，并节省了时间。

（2）丰富的历史文化遗产。埃菲尔铁塔建于1889年，是世界著名的建筑，在全球范围内享有盛誉，被看成法国一个地标。铁塔高324米，耗用钢材700多吨，装有上万盏灯泡。铁塔上的灯，每天晚上7时亮灯10分钟，供游客观赏。由于近年来法国经济复苏乏力，财政吃紧，经巴黎市议会做出决定，将原来的亮灯10分钟减至亮灯5分钟。

凯旋门是巴黎的代表性建筑之一，是法国历史上著名的皇帝拿破仑下令修建的，是为纪念战争胜利而建造的。

凯旋门高50米、宽45米，壮观雄伟，令人赞叹。在凯旋门两面门墩的墙面上，还有4组以战争为题材的大型浮雕，艺术高超，形象逼真。

卢浮宫起初是法国王室的宫殿，建于1204年，历经800多年的扩建、重修，达到今天的规模，现在被辟为博物馆。卢浮宫是世界上最古老、最著名的博物馆之一。馆内珍宝无数，被誉为"镇馆三宝"的维纳斯雕像、蒙娜丽莎油画和胜利女神石雕全珍藏于此。

塞纳河是巴黎的母亲河，从城市的中央穿流，将巴黎分为两大块。说起塞纳河，不得不说河上的桥。塞纳河上的桥共有36座，每座桥的造型都各有特点，而其中最壮观、最金碧辉煌的就是亚历山大三世桥了。

塞纳河两岸都种植着繁茂的梧桐树，郁郁葱葱，到处充满着巴黎特有的高雅和文化。塞纳河自身及两岸风光，构成了一幅幅温馨、祥和的人文景观。我也加入了众多游客畅游塞纳河的队伍，两岸美景让我陶醉，让我流连忘返。

凡尔赛宫位于巴黎西南郊约18千米处的凡尔赛镇，是法国最宏大、最豪华的皇宫，长达107年间一直作为法兰西宫廷，现在被辟为历史博物馆，也是法国领导人会见外国领导人和使节的地方。早在1624年，凡尔赛宫是路易十三在凡尔赛森林中建造的狩猎宫，类似中国清朝皇帝的行宫。眼下的凡尔赛宫有 500 余间大殿小厅，处处辉煌金碧，豪华非凡。当时，为了显示王权的威严，路易十四和路易十五还经常在宫中举行场面浩大壮观的典礼、晚会、舞会等活动。

（3）中法关系。法国在欧洲乃至全世界算得上是一个有较多话语权和较强影响力的国家。中法两国的交往由来已久。远的不说，只说近代和当代。

从近代看，20 世纪初期，我们的周恩来、陈毅和邓小平等就赴法国勤工俭学，学习和研究马恩；我们成都的巴金、李劼人等文学人士也赴法国吸取营养；美术大师徐悲鸿、张玉良等亦去过法国，等等。法国人来中国的也不计其数。通过彼此间你来我往，中法增进了彼此的相互了解，为两国多层面、多领域，包括两国政府和民间往来的深化，奠定了基础、创造了条件。

从当代看，新中国成立后，法国是西方国家中较早与中国建交的国家，中国驻法国的第一任大使是黄镇，后来相继派出了曾涛、吴建民等驻法大使。他们都是第一流的外交家，可见中国政府对发展中法关系的重视。反过来亦是如此。时下中法关系较为良好，在全球和区域范围内有着广泛的合作空间，其中包括"一带一路"的合作。

四、推进"一带一路"倡议，强化中欧关系

自习近平主席提出"一带一路"倡议算起，几年来，得到了越来越多国家的响应和支持，成效超出预期，已经有了早期收获。"一带一路"是重要倡议，随着时间的推移，无论是内涵还是外延，都将会呈现更加丰富的内容和更加广泛的活动空间。"一带一路"是长远倡议，没有时间界线，长期深入推进，世界格局将会随之改观。

（一）近期的重点是"推动共建丝绸之路经济带"

这条经济带串联了亚欧大陆。说得具体点，它从中国向西串联中亚、西亚和俄罗斯欧洲部分、中欧、西欧等。点连线，线连面，面面辐射为更

大的面。我国在增加中欧经贸活力的同时，更要注重"一带一路"倡议不断扩展的远期效应。

眼下中俄关系非常不错，还有更大的合作空间。

中国和中亚几个国家都是上海合作组织成员国，再加上互为邻居的地缘关系，彼此都有广泛的共同利益，都希望通过丝绸之路经济带的共建来促进各自国家经济的持续发展。

中国和西亚国家都希望加强合作，彼此都希望得到对方支持、共谋发展。

中国和中欧各国有着传统的友好关系，在尊重各自选择发展道路的同时，可以在新形势下深化友好合作关系。眼下，中国可以通过友好国家建立中国和中欧其他国家相互信任的友好合作关系。

西欧国家的绝大多数均是欧盟成员国，在区域经济一体化中发挥重要作用。近期看，受世界金融危机的影响，西欧国家经济复苏乏力，急需外来资本，特别欢迎中国投资，共创共赢的明天。看远一点，近200年来，西欧国家经济发展的基础比较扎实，加上高科技作为支撑，中国和西欧国家的多领域合作，将会开拓更加广泛的合作空间。

这些年来，中国和英国合作势头良好。英国"脱欧"，对欧盟来讲，有影响，但影响不大；同样，对中国来讲，有影响，但影响不大。我国继续强化中欧关系的同时，也应继续强化中英关系。

（二）拓展"21世纪海上丝绸之路"，加强中、亚、非、澳之间的关系

拓展"21世纪海上丝绸之路"，既是挑战，更是机遇。有利条件不少，困难也不可低估；既有近期谋略，也要远景规划。

中国作为亚洲国家，首先要想办法，稳住、巩固、发展同亚洲各国特别是同邻居的关系。

第一，东北亚这一块有点"烦"，看样子还要继续"烦"下去。我国应高度关注，提高警惕，做好准备，应对万一。

第二，巩固和加强中国同东南亚国家的友好关系，还需要下番功夫，

做好相关工作。发展"10+1"关系，是拓展"21世纪海上丝绸之路"的重要内容之一。

第三，发展中国和南亚国家的关系。历史上从四川出发的南丝绸之路，经东南亚和南亚国家，进入印度洋后再往西，进入非洲大陆。这是拓展"21世纪海上丝绸之路"的又一重要内容。

第四，加快建设，投用瓜达尔港，巩固中国和巴基斯坦全天候的合作伙伴关系。

第五，排除干扰，将"21世纪海上丝绸之路"辐射至澳洲，构建中国和澳大利亚、新西兰的合作伙伴关系。

第六，经过多方的共同努力，争取在不久的将来，将丝绸之路经济带和21世纪海上丝绸之路，即将"一带一路"通畅地串联起来。"一带一路"，宏伟蓝图，联通三大洋，遍及四大洲。

（三）欧洲之行13天，"一带一路"画卷时刻浮现在眼前

如果说，去欧洲前，我对"一带一路"倡议已略知一二，那么13天的所见所闻使我对"一带一路"倡议又有了新的理解。在欧洲，我看到来自中国集装箱的大货车飞驶在欧洲高速公路上。我看到巴黎18区有一条街全是中国义乌的小商品，被巴黎人称为"义乌一条街"。我还看到，宝马经蓉欧班列到达成都青白江的真实画面。我从成都飞往法兰克福和巴黎飞回成都的机舱内看到中国人和欧洲人彼此示好已成常态。

前不久，习近平主席在推进"一带一路"建设座谈会上，再一次为"一带一路"建设和推进提出了希望和要求。几年来，效果已初步显现。随着时间的推移，其效果将会更加明显地凸现出来，沿线及周边国家的经济将有一个明显的提升，合作共赢的美好愿景必定会实现。

本文结束时，我还要提及两个人。

导游郭雪。从成都双流国际机场集合出发，到从巴黎戴高乐国际机场登机返回，郭雪导游一直陪同我们完成了13天的欧洲之旅。郭雪身兼三职：一是导游，二是领队，三是翻译。郭雪30岁出头，带团跑欧洲已有七八年了。郭雪是四川师范大学旅游英语专业本科毕业，知识比较全面，包括地理、历史、人文等知识。郭雪的讲解具有相当水平，我从他那里学

到了不少知识。改革开放以后，旅游产业在中国从无到有，已从"走马观花"的观光游逐步过渡到"休闲度假"的深度游。时下的旅游，已经是我国国民经济的重要组成部分，已经是国家重要的支柱产业。中国旅游业具有相当的发展空间。如何加大对旅游产业的资金投入？如何协调对旅游资源的保护与开发？如何培养高质量的旅游从业人员？这些都是摆在我们面前的重要任务。

司机皮尔科夫。我们从法兰克福机场出关后，皮尔科夫非常热情地迎接我们。皮尔科夫是一位波兰司机，不到 30 岁，是一个帅哥。我们在欧洲期间，是他驾车全程陪同我们，直到冒雨护送我们去巴黎戴高乐国际机场。他娴熟的驾车技术和守时的认真态度，都给我留下了深刻的印象。这些都值得更多人学习。巴黎机场道别时，我特意用英语向他发出邀请，并表示对他的感谢。

——2016 年 9 月于崇州市三郎镇欢喜村"山水人家"

原文略有修改。

"10+1" 与 "一带一路" 倡议联想（一）

"一带一路"是"丝绸之路经济带"和"21世纪海上丝绸之路"的简称。对中国而言，在"一带一路"建设定位中，西北与东南是两个主要的方向，是西北优先还是东南优先？在学术界尚存不同意见。

（一）

在我看来，"优先"这个词并不十分贴切。在"一带一路"建设定位中，我们应当考量历史与现实、地缘经济与合作基础，既要考量长远，也要考量眼下。相比较而言，眼下或近期，在东南亚方向多下点功夫，多增加点投入，是一个比较明智的选项。这里没有一点忽视西北方向的意思，不存在"优先"与"优后"的问题。

前段时间，笔者从成都出发，分别跑了几趟欧洲和东南亚国家，亲眼所见、亲耳所闻，感受"一带一路"倡议在这些国家的氛围与反响。

东南亚地区包括缅甸、老挝、泰国、柬埔寨、越南、马来西亚、文莱、新加坡、菲律宾、印度尼西亚10个东盟国家。中国与东盟10个国家交往与合作关系，称为"10+1"关系。

（二）

邻居与近邻是历史上自然形成的，是任何人无法撼动的。依存关系与天地长存。澜沧江从中国云南西双版纳往南，流入缅甸境内后，再经老挝、泰国、柬埔寨、越南流入南海。澜沧江在这五个国家境内统称为湄公河。澜沧江和湄公河是上下游关系。湄公河给缅、老、泰、柬、越五个东南亚国家带来喜悦、丰收、繁荣与发达。就是这条长达 5 580 千米的江河，将中国与东南亚五个国家紧紧联系在一起，她传播了友谊，带来了相互信任，促进了共同繁荣，进一步加强"澜湄合作"是我们的共同追求。

从历史考察，汉朝和唐朝是中国历史上最昌盛繁荣的时期。以长安为起点、罗马为终点，从陆地上将中国和欧洲连在一起，丝绸之路开拓了中国、中亚、西亚、中东和欧洲的商贸往来，促进了"一带一路"沿线国家的经济发展。同一时期，从四川出发经云南连接东南亚和南亚国家的南方丝绸之路开辟了中国的南下通道。之后，从福建泉州出发的海上丝绸之路，经东海、南海进印度洋后继续往西，打通了中国海上丝绸之路的大洋通道。南方丝绸之路和海上丝绸之路均将中国和东南亚国家紧紧联结在一起。历史事实无法改变，中国和东南亚国家的长期交往是任何域外国家无法替代的。

从近代考量，近几百年来，东南亚国家相继沦为西方列强的殖民地，中国也曾沦为半殖民地半封建社会，成为西方列强和日本军国主义欺凌的共同对象。其间，中国和东南亚各国连起手来，相互支援，共同抗敌，最终取得了国家的完全独立。新中国成立后，中国和东南亚国家几代老一辈领导人都非常珍惜和发展几千年来形成的传统友谊与长期合作往来关系。中国改革开放以来的近 40 年，中国和东南亚国家的合作与友谊进入了一个崭新的历史时期。

从眼下思考，中国经济持续稳定发展，中国已成为世界第二大经济体，对全球经济增长的贡献率高达 1/3。中国的持续发展与国力的增强，是推进经济全球化的重要引擎，是促进全球经济复苏的重要力量，对人类进步做出了重要贡献。作为负责任的大国，中国没有忘记至今经济仍处于低迷状态和发展相对滞后的其他诸多国家。就中国对东盟国家而言，我们采用了若干支持和援助措施，包括项目援建、跨国投资，企业进入、金融支持、税收优惠、劳务输出等。以下只举两例：

中国政府帮助柬埔寨马德望省建设的水利灌溉工程，实现了该省大面积的水稻丰收，结束了当地人靠天吃饭的历史，带动了当地旅游经济的发展，促进了当地人民生活水平的提高。

中国浙江的中资丝绸企业进入越南芽庄等地后，帮助和带动了越南丝绸产业的进一步发展。2016年全球丝绸博览会在越南芽庄的成功举办，不能不说其中就有中资企业在越南的辛劳和贡献。

（三）

中国改革开放的成功与国力的增强，直接给东南亚国家带来福音，"一带一路"倡议的提出与实施，直接给这些国家带来无限商机和历史机遇。东盟10国对"一带一路"倡议颇有兴趣，均表示要积极融入其中，抓住机遇发展经济和改善民生。

东南亚绝大多数国家的基础设施建设相对滞后，急需外来资本和投资。这些年来，中国对东盟国家在基础设施建设方面提供了支持和帮助，这些国家的国家领导人和普通民众非常感动。中国援建印尼和泰国的高铁正处于正常实施和即将最后落实之中。对东南亚区域，可以考虑由中国牵头，协调东盟10国，设立一种专项发展基金，专门用于东南亚国家的基础设施建设。这与亚投行的运作不矛盾，可以视为对亚投行的补充。

前不久，笔者在越南芽庄参观一家中资丝绸企业时，公司老板告诉笔者，2016年召开的越共党代会确立了越南新一轮"革新开放"发展战略，越南新当选的党政领导人对中国领导人非常感兴趣，对中国倡议的"一带一路"也非常感兴趣。

（四）

中国华人华侨遍布全球，其中在东南亚国家的占比和密集度最高，这是长期的历史交往和地缘关系自然形成的。长期以来，这些华人华侨对所在国家的开发与发展做出了永载史册的积极贡献。他们身在异乡、胸怀祖国，他们希望祖国繁荣昌盛，同样希望所在国家政局稳定、经济发展，包括自身在内的所在国家的人民安居乐业。随着中国改革开放"走出去"的步伐加速，这些年来在世界各地的"新华商"越来越多，包括在国外的中国国有企业，也包括中国民营企业，既有姓"公"的，也有姓"私"的。这批华人华侨华商在推进"一带一路"建设进程中扮演了十分重要的角色，应当充分发挥其在"一带一路"沿线国家中的桥梁和纽带作用。

（五）

南海诸岛自古以来就属于中国，中国对之享有100%的主权，这是历史事实，早就有了国际共识。东盟绝大多数国家均处于沿海地带，共同维护南海和平稳定，促进沿海国家经济的共同发展，是中国和这些国家的共同的责任和义务，共同分享发展带来的红利。东南亚国家是中国实施和推进"一带一路"倡议的重心区域。同时，这些国家对"一带一路"倡议也表示出浓厚的兴趣。共同抓住这个千载难逢的历史机遇，密切沟通，加强合作，促进经济发展，改善民生，互利共赢，是"10+1"国家的共同愿望与追求。

"10+1"国家有着持久深远的共同利益，加强团结十分重要。尽管个别国家在南海一些岛礁的主权问题上尚有所争执，但是完全可以通过对话协商予以妥善处理，完全可以在管控分歧的前提下，搁置争议，共同开发。"南海行为准则"的谈判进展顺利，已进入"草签"的最后时刻，这是"10+1"国家共同努力的结果。以菲律宾来说，杜特尔特比他的前任聪明并富有远见。他任菲律宾总统后，首先访问北京。中菲关系重新步入正轨，中菲经贸往来大增，赴菲律宾的中国游客大增，菲律宾水果进入中国市场的数量大增。这些实实在在的利益获得，难怪杜特尔特总统一提到中国就兴奋不已。2017年5月，这位总统还将来北京参加"一带一路"国际合作高峰论坛，祝愿这位颇有远见卓识的菲律宾总统鸿运高照，高兴而来，满载而归。

个别域外国家总想在南海兴风作浪，惹是生非。"10+1"国家在推进"一带一路"建设进程中保持长期的友好合作，提升中国与东盟 10 国经济持续发展，建成命运共同体，是这些国家共同利益所在。可以预言，随着时间的推移，域外个别国家的军事扩张的企图将宣告彻底破产。

　　"10+1"命运共同体，你中有我，我中有你，长期合作，共谋发展。

——2017 年 3 月中旬
原文略有修改。

"10+1"与"一带一路"倡议联想（二）

2017 年 3 月中旬，拙文《"10+1"与"一带一路"倡议联想》完稿问世。恰好两个月，即同年 5 月 14~15 日在北京举办了"一带一路"国际合作高峰论坛，这是"一带一路"倡议提出 3 年多来最高规格的论坛活动。

（一）

"一带一路"倡议提出 3 年多来，取得了丰硕的成果，远远超出预期。眼下"一带一路"倡议已得到世界上 100 多个国家和国际组织的响应与支持。中国已与 40 多个国家和国际组织就共建"一带一路"签署了合作协议。

中国国家主席习近平于 2017 年 5 月 14 日出席"一带一路"国际合作高峰论坛开幕式，并发表题为《携手推进"一带一路"建设》的主旨演讲，强调坚持以和平合作、开放包容、互学互鉴、互利共赢为核心的丝路精神，携手推动"一带一路"建设行稳致远，将"一带一路"建成和平、繁荣、开放、创新、文明之路，迈向更加美好的明天。

"一带一路"国际合作高峰论坛是中国首倡举办的"一带一路"建设框架内层级最高、规模最大的国际会议，主题是"加强国际合作，共建'一带一路'，实现共赢发展"。论坛由开幕式、领导人圆桌峰会、高级别会议三部分组成。包括 29 位外国元首和政府首脑在内的来自 130 多个国家和 70 多个国际组织约 1 500 名代表出席此次高峰论坛。

建设"一带一路"，中国要干七件大事：一是同有关国家签署深化中欧班列合作协议，二是向丝绸基金新增资金1 000亿元，三是同30多个国家签署经贸合作协议，四是中国将从2018年起举办中国国际进口贸易展览会，五是启动"一带一路"科技创新行动计划，六是提供600亿元援助建设民生项目，七是设立"一带一路"国际合作高峰论坛后继联络机制。

（二）

这次"一带一路"国际合作高峰论坛盛况空前，出乎意料，其中有两点非常吸引眼球，也是笔者做过思考的两点。

其一，29位外国元首和政府首脑齐聚北京出乎意料。

（1）亚洲14位国家元首和政府首脑名单如下：

①印度尼西亚佐科总统。

②哈萨克斯坦纳扎尔巴耶夫总统。

③老挝本扬国家主席。

④菲律宾杜特尔特总统。

⑤土耳其埃尔多安总统。

⑥乌兹别克斯坦米尔济约耶夫总统。

⑦越南陈大光国家主席。

⑧柬埔寨洪森首相。

⑨马来西亚纳吉布总理。

⑩蒙古额尔登巴特总理。

⑪缅甸昂山素季国务资政。

⑫巴基斯坦谢里夫总理。

⑬斯里兰卡维克勒马辛哈总理。

⑭吉尔吉斯斯坦阿坦巴耶夫总统。

（2）欧洲10位国家元首和政府首脑名单如下：

①白俄罗斯卢卡申科总统。

②捷克泽曼总统。

③俄罗斯普京总统。

④瑞士洛伊特哈德联邦主席。

⑤希腊齐普拉斯总理。

⑥匈牙利维克托总理。

⑦意大利真蒂洛尼总理。

⑧波兰希德沃总理。

⑨塞尔维亚武契奇总理。

⑩西班牙拉霍伊首相。

（3）非洲 2 个国家元首和政府首脑名单如下：

①肯尼亚肯雅塔总统。

②埃塞俄比亚海尔马里亚姆总理。

（4）拉丁美洲 2 个国家元首和政府首脑名单如下：

①阿根廷马克里总统。

②智利巴切莱特总统。

（5）大洋洲 1 个政府首脑是斐济姆拜尼马拉马总理。

盛况空前，聚焦北京，五大洲的朋友到齐了，共谋"一带一路"倡议的远景和走向。

其二，东盟 10 国中有 7 个国家的元首和政府首脑齐聚北京出乎意料。东盟国家对"一带一路"倡议有着浓厚兴趣，希望在"一带一路"倡议推进中获得最大利益，促进本国经济发展，提高人民生活水平。东盟国家领导人和广大民众非常明白中国是靠得住的好朋友，是信得过的好邻居，是天然的好伙伴。

第一，珍惜山水相依的特殊地缘关系。东盟 10 国中，有的地处湄公河流域，有的是南海周边国家，其中与中国接壤的就有 3 个国家。一衣带水，青山依依，这种紧密相连的地缘关系是天然的，值得彼此珍惜。就是这些山和水将中国和东盟 10 国紧紧连接在一起，在地球上形成一个完整地缘板块。

第二，特殊的地缘关系带来相互交往的便利。中国和东盟国家连成一片，为彼此的方便往来创造了非常独特的有利条件。在"一带一路"倡议推进中，"10+1"国家携起手来，共同谋划几条连接中国和东盟国家的

"快速通道"，到时"10+1"国家两小时生活圈的愿景将在东南亚地域予以实现。

第三，东盟10国向西延伸与扩展，共建"一带一路"经济带。南亚的孟加拉国和巴基斯坦、不丹、尼泊尔都是中国的好邻居，都有发展自身经济、改善民生的强烈愿望，都有参与并融入"一带一路"倡议的强烈愿望。东盟10国与孟巴两国没有根本利益冲突，在"一带一路"倡议的引导下，完全可以走在一起。印度是亚洲大国，中国欢迎印度支持和参与"一带一路"建设并从中受益。

第四，"10+1"扩展为"12+1"的走势。我们不妨乐观一点，"10+1"扩展为"12+1"是第一步。在此基础上，经过"12+1"各国的共同努力，为打造"欧盟-亚洲"板块创造条件。

欧盟与"10+1"有相似之处，也有不同地方。欧盟是世界上最大的区域一体化组织，是为促进欧洲各国共同发展而成立的国家联合体。目前，欧盟有27个成员国，暂时还包括英国。欧盟自建立以来，按照责权利对等原则，对促进各成员国的经济协调与发展、促进区域一体化等方面，确实起到了积极效果，发挥了积极作用。同时，我们也要看到，这种区域一体化组织、这类国家联合体确实还存在这样或那样的问题。英国"脱欧"，说明什么？这确实值得追求人类进步的人予以认真总结。

第五，巩固和发展"10+1"经济体贸易往来关系，不仅具有现实意义，而且具有深远意义。翻开近代史，东南亚和南亚相当多的国家都被西方列强瓜分，相继沦为西方国家的殖民地，亚洲大国的印度也不例外，就连中国都没有摆脱沦为半殖民地半封建社会的厄运。虽然这些国家早已独立，但是眼下仍属于发展中国家。经济发展滞后、民众生活水平不高，这就是这些国家的明显特征。发展经济、改善民生是包括中国在内的众多国家面临的共同任务。这些国家都可以抓住"一带一路"建设的机遇，将各自国家国民经济发展和社会事业发展推向一个新的历史时期。

——2017年5月26日

原文略有修改。

"一带一路"建设愿景无限

——学习党的十九大报告的体会

习近平同志在党的十九大报告中有几处讲到了"一带一路"问题。在"过去五年的工作和历史性变革"部分中分别讲到"区域发展协调性增强，'一带一路'建设、京津冀协同发展、长江经济带发展成效显著""实施共建'一带一路'倡议，发起亚洲基础设施投资银行，设立丝路基金，举办首届'一带一路'国际合作高峰论坛"。在"贯彻新发展理念，建设现代化经济体系"部分中讲到"要以'一带一路'建设为重点"。在"坚持和平发展道路，推动构建人类命运共同体"部分中讲到"积极促进'一带一路'国际合作……增添共同发展新动力"。

习近平同志在党的十九大报告中关于"一带一路"倡议的论述，表明了中国共产党对"一带一路"建设的高度重视，展现了中国政府对构建人类命运共同体的强烈愿望，也道出了中国人民愿与世界各国人民一道逐梦和谐世界的美好明天。

一、四年来，"一带一路"建设成效显著

2013年秋天，习近平同志提出"一带一路"倡议。四年来，该倡议取得了丰硕的成果，已得到世界上100多个国家和国际组织的响应与支持，中国已与50多个国家和国际组织就共建"一带一路"签署了合作协议。

2017年5月中旬，中国作为东道主在北京成功举办了"一带一路"国际合作高峰论坛。国家主席习近平发表了题为《携手推进"一带一路"

建设》的主旨演讲，强调坚持以和平合作、开放包容、互学互鉴、互利共赢为核心的丝路精神，携手推进"一带一路"建设行稳致远，将"一带一路"建成和平、繁荣、开放、创新、文明之路，迈向更加美好的明天。

这次的北京盛会，无论层级、规格、规模、内容都举世瞩目，全球媒体高度关注。29个国家元首和政府首脑齐聚北京出乎意料，东盟10国中有7个国家元首和政府首脑齐聚北京出乎意料，美国派出了高级代表团出席出乎意料。这些都说明中国的国际影响力正在快速提升，表明中国将迈向世界大舞台的正中央。

不到半年时间，"一带一路"倡议写进了党的十九大报告中，进一步向世界宣示了中国推动构建人类命运共同体的大国担当，进一步凸显了中国打造新型国际关系的壮志雄心。

二、积极促进"一带一路"国际合作，搭建国际合作新平台

构建人类命运共同体，打造新型国际关系，既是深入展开全方位外交布局的出发点，也是推进"一带一路"倡议的必然要求。

习近平同志在党的十九大报告中明确指出："中国坚持对外开放的基本国策，坚持打开国门搞建设，积极促进'一带一路'国际合作，努力实现政策沟通、设施联通、贸易畅通、资金融通、民心相通，打造国际合作新平台，增添共同发展新动力。"也就是以"两个坚持"为出发点，通过"一个积极"和"一个努力"的有效举措，达到并实现"两个新目标"。

中国共产党是为中国人民谋幸福的政党，也是为人类进步事业而奋斗的政党，为人类做出新的更大贡献是中国共产党的使命。中国共产党搭建与世界政党的合作交流平台，汇聚构建人类命运共同体的强大力量，在推进"一带一路"建设进程中发挥巨大作用。

中国搭建以经贸为重心的合作平台，促进全球经济发展，增添共同发展新动力。加强经济合作，促进商贸往来，同心协力，互利共赢，既是中

国的愿望与追求，也是"一带一路"沿线国家以及其他更多参与方的共同愿望与追求。我们要在项目援建、跨国投资、金融支持、劳务合作等诸多领域搭建更多的交流合作平台，促进世界经济一体化目标的实现。在"一带一路"建设进程中，我们要重视中国的发展战略与他国的发展战略的相互对接，要注重与"10+1"和"16+1"连片国家发展战略的有效对接。我们在海内外继续实施自由贸易实验区建设的同时，还要重视自由贸易港的建设，为世界各国的经济合作和商贸往来提供更多方便，以增添中国及世界各国共同发展新动力。前不久，习近平同志在越南砚港举办的亚太经济合作组织（APEC）会议上宣布：2018 年 11 月，在上海举办中国国际进口贸易博览会。这是中国在推进"一带一路"建设进程中要干的一件大事，必将吸引国际媒体聚焦中国黄浦江。

"一带一路"建设在加强以经贸为重心的交流合作的同时，在外交、安全、反恐、教育、科技、体育、卫生、旅游等众多领域也要加强交流合作。在交流合作进程中，提升和展现中国软实力至关重要。在诸多人文领域交流合作进程中，中国软实力的展现必将大放异彩。

四年来，"一带一路"建设取得的丰硕成果，对中国人民和世界人民来说都是巨大的鼓舞。继续携手向前走，无限美景在前头。"一带一路"是总体倡议，随着时间的推移，无论是内涵还是外延，都会呈现更加丰富的内容和更加广阔的活动空间。"一带一路"是长远倡议，没有时间界限，长期深入推进，世界格局将会随之改观。

——2017 年 12 月

原文略有修改。

第三篇　经济问题探索

论竞争

长时期以来，在林彪、"四人帮"的字典里，"竞争"完全变成了一个贬义词。在林彪、"四人帮"看来，竞争就是资本主义，谁要讲竞争，就给谁扣上"鼓吹资本主义，搞资本主义复辟"的大帽子。为了按照客观经济规律办事，以促进社会主义生产力的高速发展，在理论以及理论和实践的结合上，有必要对竞争在促进社会生产力的高速发展中的作用加以阐明。本文拟从资本主义竞争及其二重性、资本主义竞争同社会主义竞争的区别和共同点、社会主义竞争的内容、为开展社会主义竞争创造一些必要条件等问题，谈一些粗浅的看法。

（一）

在商品经济存在的社会形态中，竞争是不可避免的。资本主义社会是商品经济高度发达的社会，它的社会财富完全采取商品的形式。在资本主义制度下，由于生产资料的私人占有制，生产的直接目的完全是为占有生产资料的资本家追逐高额利润。资本家为了壮大自己、战胜他人，在整个生产过程中，就必然要千方百计地采用各种手段，这些手段集中到一点，就是要在激烈的竞争中，想办法保持自己的优势地位。

资本主义竞争是建立在生产资料的私人占有制以及资产阶级剥削工人阶级和劳动人民的基础上的，资本主义的社会性质决定了它的生产活动是盲目的、无政府状态的。资本主义竞争加速了资本垄断，加深了资产阶级对工人阶级和劳动人民的剥削，加剧了社会生产活动的盲目性和无政府状态。众所周知，在资本主义社会里，每个资本家都不知道市场上需要什么商品、需要多少商品，也不知道自己的商品在市场上能否销得了，卖了之后能不能补偿自己的劳动消耗。在这种情况下，价值规律就起着自发调节生产资料和劳动在社会生产各个部门之间的分配的作用，资本家的生产活动就由市场上商品价格的涨落来调节。当某些商品由于供不应求，商品价格高于价值的时候，就吸引资本家把自己的资本投入这些商品的生产中去；反之，当某些商品由于供过于求，商品价格低于它的价值的时候，资本家就把自己的资本从这些商品的生产中抽走。这样一来，也可以使得各种商品的生产大体上维持一个适当的比例。不过，这种比例是盲目地、无政府地实现的，它不断地被破坏而又自发地重新形成。这种情况会造成社会劳动的浪费。同时，资本家为了自己的利益，为了自己在竞争中处于有利地位，在新技术上必然是保守秘密。这种情况又会起阻碍社会生产力发展的作用。另外，资本主义竞争还会导致两极分化。

世界上的一切事情都具有两面性。资本主义竞争除了其消极的、破坏性的一面外，还有其积极的一面。由于资本主义价值规律的作用，资本主义竞争还可以促进技术的改进和生产力的发展。谁都知道，商品的价值是由生产所消耗的社会必要劳动时间决定的。如果某个资本家改进了技术提高了劳动生产率，他生产的商品所包含的个别劳动时间就低于社会必要劳动时间。但是，他的商品在市场上仍然按消耗的社会必要劳动时间所决定的价值出售。这样他就可以比别人获得更多的利润。反之，对于某些改进不了技术、提高不了劳动生产率的资本家来说，就会导致赚钱不多甚至赔本的结果。可是，资本家生产的最终目的是要攫取高额利润，要达到这个目的，就不得不改进技术、提高劳动生产率。大家都改进技术、提高劳动生产率，就可以使整个社会的生产力得到发展。在资本主义制度下，价值规律通过互相竞争促进生产发展，没有价值规律及其作用，竞争就毫无意义。这就是价值规律、互相竞争和生产发展三者的关系。

（二）

在社会主义社会中，由于建立了生产资料公有制，消灭了人剥削人的现象，这就从根本上限制和消除了资本主义竞争所带来的消极的、破坏性的恶果。但是，在社会主义社会中，由于商品经济的客观存在，我们就不能不计算商品的社会平均必要劳动量。商品的价值量是由生产这种商品的社会必要劳动时间决定的，它同生产商品所花费的劳动量是成正比例的，即单位产品所包含的劳动量愈少，它的价值也愈小；反之，单位产品所包含的劳动愈多，它的价值就愈大。因此，我们在进行生产的时候，就应该努力做到以尽量少的劳动消耗取得尽量好的经济效果。要达到这个目的，在生产过程中，我们就必须不断提高劳动者的技术水平，充分应用先进的科学技术，努力降低原材料的消耗，等等。总结我国 30 年来的经验，应当承认，我们在计算商品的社会平均必要劳动量上是有所忽视的。就企业来说，如何正确计算产品的劳动量也是不够重视的。当然，我们不是为计算而计算，计算的目的在于努力做到以尽量少的消耗取得尽量好的经济效果。可是，为什么会出现这种情况呢？主要是林彪、"四人帮"的影响。除此，我们在认识上也不那么清楚，似乎劳动量、价值、价值规律都是资本主义的范畴，它们同社会主义是格格不入的。因此，在经济工作中，批判"利润挂帅"，宣扬"要算政治账，不算经济账"的奇谈怪论，就油然而生了，而且颇有市场，把人们压得透不过气来。这些鞭子和绳索，使我们干了不少违反客观经济规律的蠢事，"得不偿失"的事情经常发生，致使我们的国民经济濒于崩溃的边缘。为了高速度发展国民经济，我们的国民经济各部门、各企业之间，理所当然地要来个竞赛：看谁的产品的劳动消耗少、价值小；看谁的产品在市场上出售后，经过以收抵支，获得更多的利润。这些东西在资本主义社会是通过竞争来实现的。

按照传统的观念，社会主义经济中只允许有竞赛，不允许有竞争。持这种观点的同志认为，竞争属于资本主义经济范畴。

我们先对社会主义经济中的竞赛做一个分析。社会主义竞赛，就企业之间来说，就是比先进、学先进、赶先进、帮后进。何谓先进或后进呢？

企业在生产中，有没有做到产品的花色品种能够满足消费者的需要；产品质量高，经久耐用；产品的劳动（活劳动和物化劳动）消耗少，成本不断降低；利润高，给国家提供更多的积累。要是企业在这几方面取得了优异成绩，处于名列前茅的地位，就应该承认它是先进的；反之，就不是先进的，或者是后进的。总结一下我们开展社会主义竞赛的经验，可以说它在有些方面是不完善的。比如，在开展社会主义竞赛的组织过程中，没有很好地把"虚"和"实"、形式和内容有机地结合起来。除此，最大的问题还在于没有把社会主义竞赛同企业、职工的物质利益紧密结合起来。由此看来，在社会主义制度下，国民经济各部门、各企业之间光是开展竞赛是不够的。因为竞赛对企业来说，既缺少足够的内在经济动力，又缺少外在的经济压力。开展一定程度上的社会主义竞争，就可以解决这个问题。社会主义竞争就是在发展社会主义生产的条件下，把国家同企业、职工的物质利益结合起来，以满足整个社会需要的一种特殊竞赛形式。

现在我们就来分析一下资本主义竞争和社会主义竞争有哪些区别。

首先，两者的目的不同。资本主义竞争是由资本主义的基本经济规律决定的，目的完全是服务于资产阶级最大限度地追求利润。社会主义竞争是由社会主义的基本经济规律决定的，目的完全是服务于人民的利益。

其次，由于两者的目的不同，因而达到目的手段也是不同的。资本主义竞争是建立在资产阶级对国内无产阶级、劳动人民的残酷剥削以及对外掠夺、扩张的基础上的。社会主义竞争是要充分调动社会主义国家的主人——工人阶级和全体劳动人民的积极性，为国家创造更多的物质财富。

最后，由于两者的目的和手段不同，结果也不同。资本主义竞争的结果是无产阶级与资产阶级之间的贫富差距越来越悬殊、工人时时受到失业的威胁等。社会主义竞争与此完全相反，随着社会主义竞争的不断完善，社会财富将日益丰富，广大人民群众的物质文化生活水平将日益提高。

问题十分清楚，我们在任何时候都不能把资本主义竞争和社会主义竞争混为一谈，更不能把它们等同起来。但是，这不等于说，资本主义竞争和社会主义竞争毫无共同点，资本主义竞争没有一点可供借鉴的地方。

现在我们再来分析一下资本主义竞争和社会主义竞争的共同点。

　　第一，两者都要求以尽可能少的劳动消耗取得尽可能好的经济效果。劳动消耗和经济效果都是对个别劳动时间与社会必要劳动时间的计算来反映的。通过社会平均必要劳动量的认识和计算来推进生产力的发展，无论是在资本主义社会还是在社会主义社会，都是客观存在的事实。发展生产的秘诀就在于如何降低社会平均必要劳动量，即在于如何用改进技术、改善管理的办法来降低社会平均必要劳动量。就这个问题来讲，可以肯定地说，无论是在资本主义社会还是在社会主义社会，都是共同存在的事实。

　　第二，两者都能促进技术的改进和生产力的发展。在资本主义社会中，竞争除有阻碍技术和生产力发展的一面外，还有着更主要的一面：竞争就像一条无情的鞭子，不断督促着技术的进步和生产力的发展。马克思在《共产党宣言》中说过，资本主义社会像用魔术一样唤醒了沉眠在社会劳动里的巨大生产力，使得不到100年间创造了比先前世代总共造成的生产力还要宏伟得多的劳动产品。社会主义社会确立了生产资料的公有制，消除了人剥削人的祸根，工人阶级和劳动人民应当为本阶级和自身的物质利益，自觉地、积极地开展社会主义竞争，不断改进技术，大力发展生产力，创造出比资本主义社会多得多的社会财富。

　　从上面的分析中，我们既然承认了资本主义竞争和社会主义竞争有共同之处，那么在社会主义社会中，开展一定程度的竞争，又有什么不应该的呢？这里需要指出的是，过去我们在理论上往往由于强调它们的不同之处，而忽视甚至抹煞了它们的共同之处，从而在实际工作中堵塞了竞争发挥作用的路子。有同志认为，可以称之为社会主义竞赛而无须称之为社会主义竞争，因为竞赛就包括了竞争中我们所需要的因素，而又和资本主义竞争划清了界限。看来持这种意见的同志是赞成社会主义社会需要有一定程度的竞争的。既然如此，就无须在具体用词上进行讨论，它不是什么原则上的分歧。我们认为，可以毫不隐讳地称之为社会主义竞争，从而使社会主义竞争发挥应有的作用。社会主义竞争不排除社会主义竞赛，它们各有各的用途，场合不同可以有个主次之分，企业内部以竞赛为主，企业之间以竞争为主。如何把两者有机地结合起来是值得深入研究的。

（三）

应该从哪些方面开展社会主义竞争呢？

第一，以丰富多彩的花色品种满足社会需要。社会主义生产的目的是满足社会需要。社会需要是多方面的，特别是随着社会的不断进步，人民物质文化生活水平的日益提高，社会需要的多样性就更加明显。人民群众的兴趣爱好是有差别的，不承认这一点是不行的。我们生产什么产品、生产多少，都得要以社会需要为出发点和落足点。以前我们习惯于搞"以产定销"，这实际上是强加民意的做法，现在我们开始搞"以销定产"，这是完全正确的。过去是产销脱节、货不对路、新产品缺乏、长期老一套，"十年一贯制"或"二十年一贯制"的老产品到处可见。如今国家提出"升级换代"的要求，新花色、新品种不断涌现，消费者争先选购。同时，我们也看到了另外一种情形：长期积压的老产品，在市场上挂着"削价商品""处理商品""减价出售"的牌子来招引顾客。新老产品在市场上形成了鲜明的对照，拥有新产品的企业可以及时得到益处，积压老产品的企业就为之被动。这难道不是客观存在的事实吗？如果不搞一点竞争又怎么能行呢？竞争的结果，谁得谁失，就是不言而喻的了。

第二，人民群众需要价廉物美的商品。人民群众不仅要求丰富多彩的花色品种，而且这些花色品种还应当是价廉物美的，把两个方面结合和统一起来，才是人民群众需要的完整概念。物美本身就包含了花色品种和高质量这样两层意思。花色品种代替不了价廉物美，只有同时具备了这两个条件的商品，才能得到消费者的欢迎。产品质量问题是一个十分重要的问题，必须引起高度重视。产品质量不高，无论对于国家、企业或消费者来说都是很大的损失。就企业而言，如果产品质量低劣，不仅要影响信誉，还要在经济上给企业带来损失。还有，由于随着社会劳动耗费的不断减少，商品价格就可以不断降低，这也是人民群众的愿望和要求。不难设想，虽然某种商品花色新颖、质量也好，就是价格昂贵，广大消费者也只好以参观者的身份出现了；反之，当某种商品花色新颖、质量较高、价格合适时，情况就将大不一样。要是开展一定程度的竞争，将会产生什么样的效果，就是可想而知的了。

第三，大力降低产品成本，增加企业利润。在社会主义社会中，由于存在着商品经济，生产某种产品所耗费的社会必要劳动，就构成这种产品的价值。总体来说，社会主义社会的产品价值分为三部分：已耗费的生产资料的价值、必要劳动所创造的价值、剩余劳动所创造的价值。就企业来说，产品价值的货币表现是产品价格，它反映企业的生产成果。价值构成前两部分的货币表现是产品成本，它反映企业生产产品时本身的生产耗费。价值构成第三部分的货币表现，即产品价格与产品成本之间的差额，就是企业的盈利（包括税金和利润）。在产品的销售价格和税率已定的条件下，利润的多少基本上取决于产品销售成本的高低。因此，降低产品成本是增加利润的根本方法。在企业内部，降低成本的方法主要是提高劳动生产率、节约材料物资消耗、提高设备利用率、减少废品损失和节约行政管理费用。

我们认为，从上述三个方面开展社会主义竞争，这无论对于国家、企业和消费者来说，都是十分必要的。这三个方面的统一，实际上是商品的使用价值和价值的统一，是"多快好省"四个字的统一。当然，在社会主义制度下，竞争应该允许到什么程度、采取什么样的形式，这是一个需要从实践中不断总结经验来解决的问题。

（四）

既然开展社会主义竞争是十分必要的，我们就应该为它创造一些必要条件。

第一，在扩大企业自主权的基础上，积极创造条件，让企业自负盈亏。在社会主义制度下，企业是国民经济的基本单位，它必须是一个能动的有机体，它应当具有独立的经济利益。只有从理论上承认了企业的这些社会主义性质，将扩大企业自主权，并积极创造条件，让企业自负盈亏的这些主张和做法从思想上接受下来并勇于付诸实践。

1979 年，四川省 100 个扩大自主权的试点企业，增加了一些根本性的权利。这些权利主要有：一是利润提留权，二是自筹资金扩大再生产权，三是多提留固定资产折旧费权，四是销售部分产品权和计划外生产权，五是外汇分成权，六是灵活使用奖金权，七是惩处权。这些权利的增加，开始触动了沿用多年的计划、金融、商业、外贸、物资供应等体制。经过近一年来的实践，它的效果已经比较明显地表现了出来。同时，我们应当承认，对企业扩大的这些自主权，仅仅是个良好的开端，还需要不断地解放思想，勇于摸索，大胆改革，总结经验，使之逐步完善和成熟起来。

我们认为，扩大企业自主权的中心问题是使企业成为独立的、完全的经济核算单位，实行自负盈亏的制度。要使自负盈亏的制度真正实行起来，企业必须拥有如下权利：

一是生产计划权。企业根据国家安排的任务和市场的需要以及企业本身的生产条件和经济利益，独立自主地编制企业的计划，把国家需要和市场需要结合起来，把国家计划和市场计划结合起来。

二是产品销售权。企业在保证完成国家的订货任务的情况下，有权与需求部门签订合同，销售自己的产品。

三是资金支配权。企业在完成上缴税款、费用和贷款本息后，所得利润根据国家法令自行支配，并建立三种基金：生产发展基金、福利基金、奖励分红基金。

四是劳动调配权。企业可以自行决定职工编制，需要的职工可以自由招工，通过考试，择优录取；不需要的职工可以交劳动部门另行分配。

五是独立对外权。企业具有法人身份，在银行单独开设账户，与有关单位可以直接签订各种经济合同，发生债权债务关系。

第二，把企业的经营效果同企业、职工的物质利益结合起来。总结新中国成立30年来的经验，我国国民经济的发展几起几落，未能达到预期目的，其中一条重要原因就在于没有把企业的经营效果同企业、职工的物质利益结合起来。比如，企业的生产资金，除留有的一部分折旧费以外，都由国家拨款。企业实现的利润上缴国库，亏损由国家弥补。职工的工资收入未能很好地贯彻按劳分配的社会主义原则。职工集体福利开支和奖金，按工资总额一定比例从产品成本中列支。这些问题的存在，就带来了干好与干坏一个样、干与不干一个样、盈利多与盈利少一个样、赚钱与赔钱一个样的不良结果。为了加强企业对生产经营的经济效果的物质责任，以改变企业对生产经营的经济效果不承担经济责任的现状，我们可以从以下两个方面来考虑问题：

一方面是实行税利合一。国家预算收入通过税收解决，取消利润上缴制度。国家对企业都征收所得税，属于级差地租性质而获得的超额利润部分，国家再征收差别所得税。企业占用国家固定资产，要征收固定资产占用费，占用国家土地征收土地税。企业流动资金由国家银行全额信贷。

另一方面是把企业职工的工资收入分为固定工资和变动工资两部分。固定工资列入生产成本，变动工资由企业纯利润中开支。企业盈利多，职工贡献大的，变动工资就多些；反之，变动工资就少些。如果企业没有盈利，那么职工就没有变动工资。

实行上述办法，还必须对价格进行调整，使价格尽量符合产品的价值。另外，我们还要运用税收的调节作用，对各种不同的企业的收入进行适当调节。总之，我们要尽量排除外部因素对企业收入的影响，使企业盈利能够比较准确地反映企业生产经营状况。

第三，打破独家经营的垄断地位，积极开展社会主义竞争。列宁在讲到资本主义垄断的时候说："这种垄断也同其他任何垄断一样，必然要引起停滞和腐朽的倾向。"[①] 列宁这里讲的"任何垄断"应该包括社会主义垄断。实践证明，社会主义企业如果处于某种垄断地位，显然是不利于生产发展的。因为这样一来，它在提高生产技术和改善经营管理方面，就感受不到压力，就会带来安于现状、停滞不前的结果。

在社会主义需要的前提下，可以而且应当允许多家经营。我们可以允许全民所有制企业的多家经营，也可以允许全民所有制企业和集体所有制企业的多家经营。这里需要特别指出的是，长时期以来，由于对社会主义集体所有制经济的地位和作用认识不那么清楚，在实际工作中就出现了不少限制和排挤集体所有制企业的现象。为了发挥社会主义竞争的积极作

---

① 列宁选集：第 2 卷 [M]. 北京：人民出版社，1976：818.

用，以促进社会生产力的高速度发展，国家应当从政策上为社会主义集体所有制企业的发展创造条件，采取保护和扶持的政策。

另外，前面已经提到，企业在保证国家的订货任务情况下，有权与需求部门签订合作，销售自己的产品。我们认为，在这部分产品的销售过程中，先进企业由于生产中的耗费较少、产品质量较高，可以允许在市场上以较低的价格出售自己的成本较低的产品。这样，在价格问题上，对后进企业无疑就是一种压力了。应当承认，这种压力是好事而不是坏事。

在社会主义制度下，开展一定程度的竞争，是一个十分复杂的问题。为此，就需要我们在理论以及理论和实践的结合上，对它进行深入研究。在实际工作中，我们既要解放思想，勇于实践，又要稳妥行事，不断总结经验，让社会主义竞争在促进社会生产力的高速度发展中发挥应有的积极作用。

——原文载于《财经论丛》1979 年第 3~4 期

（原文题目：《论竞争》，作者：汪孝德。原文略有修改。）

转轨时期国有资产流失的理论分析

在当前经济体制转轨，试行与推进现代企业制度的进程中，随着国有资产的重组和流动，国有资产的大量流失已经引起了社会的广泛注意和重视。本文拟就这一问题进行理论上的分析与思考。

一、几个基本概念

我们在对国有资产流失问题进行分析之前，首先应对这一问题涉及的几个基本概念进行分析，以此作为我们进一步分析的前提与范围。通常认为，国有资产就是所有权属于国家（或全体公民）的一切财产和债权。实质上这仅是一个从资产的所有权角度来下的定义，对于本文的分析，该定义显得过于笼统了。从狭义上讲，国有资产就是指在实物形态上属于国家企业、事业单位以及行政机构所拥有的一切动产和不动产等实物资产，与价值形态上这些单位机构所持有的各类金融资产（包括债券、股票、银行账户等）和以任何形态存在的无形资产（如技术专利、版权、商标、商誉等）。从广义上讲，除了狭义的国有资产之外，国有资产还包括那些虽不属于某一特定的国有部门、单位或机构，但法律上规定属于国有的财产。广义上的国有资产范围过于宽泛，而狭义上的国有资产既包括企业的，又包括事业单位、行政单位的；既有实物形态的，又有价值形态的。本文主要就国有企业中价值形态上的资产流失问题进行分析。

对于"国有资产流失"这一概念，我们将从广义和狭义的角度来确定。从狭义上讲，国有资产流失是通过人为的不正当或不合法手段把属于全民所有的国有资产转变为非国有资产，如化大公为小公、化公为私。从广义上讲，国有资产的各种损毁，如盘亏、报废、报损以及国有资产（主要是国有经营性资产）的低效运营造成的亏损等，也都应包括在国有资产的流失当中。

二、传统计划体制下的国有资产流失

在计划经济体制下，国家对国营企业的资产实行的是实物形态的管理，而不是价值形态的管理。为了保持社会总供给与总需求的平衡，国家计划部门往往从物资平衡的角度来进行资产的配置。因此，投入品和产出品的价格都是由计划决定的，不能真正反映出资产的稀缺程度或市场价值。而且计划经济下的利润率是人为的，这也导致资产的配置效率无法得到真正客观的反映。因此，在计划经济体制下，国家只要控制住实物资产的配置和使用，并对企业实物资产的收益（以金融流量形式存在）实施严格的控制，如规定专门的用途（工资计划）和收益上缴国家财政等，就可以有效地从实物形态上管理国有资产。这时资产的价值形态就没有存在的必要了。同时，国有企业中的每项资产与其所得收益之间的联系纽带也被人为割断了。如果资产的价值形态上的存在被人为取消了，没有了与其相对应的金融资产，不能在市场中进行交易、流动，那么资产价值形态上的流失也就无从说起了。

由于资产价值形态上的存在被人为地取消了，因此对于传统体制下的国有资产流失我们很难切身地感受到。事实上，计划体制下国有资产的流失是确实存在的。计划经济体制在实物形态的资产配置中追求的是实物产出量的最大化和产出结构符合人们的需求结构。从实物形态上看，国有资产似乎没有流失。但是，由于信息不完备以及棘轮效应等因素，计划者在资产配置过程中可能会选择一个低效的配置方案。不能达到帕累托最优状态，从而出现实物形态上的配置不当。从价值形态上看，这种低效的配置方案造成了一个机会成本或者说机会损失。体现在政府对国有资产的投资上，就是体制的僵化。政府计划投资低效率造成的损失在资产实物形态管理下是无法察觉的，事实上却是存在的。

在传统体制下，国有资产的产权安排和构建中，责任、权力和利益三者不统一。激励、约束与监督机制的缺损造成了国有资产的配置与使用中经常性的任意的浪费、损害，由此导致了国有资产的严重损失。据估计，从新中国成立到"七五"末，国家固定资产投资累计达 4 万多亿元，其中仅形成全部国有资产 1.65 万亿元①。

三、转轨时期国有资产流失的分析

随着我国由计划经济向市场经济的转变，国家对国有资产的管理逐步从对资产的实物形态管理转变为对其价值形态或者说资本形态的管理和控制，国有资产的流失问题就逐步显性化了。有关资料显示，从 1982 年到 1992 年，国有资产流失累计高达 5 000 亿元，相当于 1991 年国有资产总额的 1/5，可见在经济转轨时期国有资产的流失是相当严重的。

造成转轨时期国有资产流失的根源在于体制的缺陷，由于旧体制因素还没有完全被消除，还在发挥着影响，而新的体制又尚未完全建立起来，新旧体制的转变中出现的体制缺陷给国有资产的流失造成了"契机"。随着我国向社会主义市场经济体制转变，由于企业的机制转换、政府职能的转变、市场体系的建设以及法律制度的建设都还很不完善，而且它们之间还是不同步的，其间的差异、矛盾为国有资产的流失提供了一个温床。

（一）政府的自利行为与国有资产的流失

我国政府的职能是双重的：作为国有资产的所有者代表，它具有经济管理的职能；作为政治权力的代表，它又具有社会管理职能。因此，政府的目标也是双重的。根据布坎南的理论，政府也是由人组成的，也会合乎理性地追求私利，不会仅仅为谋求公众利益而不再最大化自己的利益。政府作为国有资产的所有者代表，也可以说是国有资产的"代理人"，因为国有资产的最终所有权并不属于它，它就有可能容忍国有资产的流失而选

---

① 袁志刚. 关于国有资产流失问题的若干思考 [J]. 经济研究，1995（4）：37-41.

择满足自利的行为。因此，倘若国家作为国有资产的所有者代表所要求的国有资产保值增值的目标与国家的社会管理职能目标或其他经济管理职能目标相冲突时，政府极有可能为了保持社会和宏观经济的稳定而放弃追求国有资产保值增值的目标，从而也就导致了国有资产的流失。

第一，政府对某些产业的价格管制过于僵硬引起了该类行业的亏损，并导致了国有资产的流失。经过 17 年的改革，我国相当大部分产品的价格已经转由市场机制来决定了。但是，提供公共服务产品和基础设施产业部门的国有企业，由于其产品价格的形成具有一定的特殊性，而没有改变价格的形成机制，也没有调整到适当的水平上。就某些公共服务产品或者非竞争性公共商品的价格来说，国家可能从维护全体人民现有的福利水平的角度，将该类产品的价格定得较低，从而导致该类产品的生产企业普遍出现了亏损。由于能源、交通以及原材料等产业处于产业链的上游位置，其价格提高所产生的成本推动效果强且覆盖面大，为了不使下游产业的生产条件恶化，政府往往倾向于不对这类产品的价格进行比较彻底的改革，价格调整的幅度很难到位。特别是在短期内抑制成本拉动型通胀时，政府往往冻结该类企业提供的产品价格，结果置这类处于掣肘环节的产业部门于不利的比价结构之中，致使这类企业难以经营，出现大量亏损。目前，国家对国有企业的亏损补贴有约 1/2 提供给了这类价格仍旧保持偏低状态的产业[1]。

第二，由于政府在目标选择上的偏好使大批濒临破产的国有企业仍然继续经营，这也就意味着国有资产的继续流失。对于某些亏损严重、资不抵债的企业，通过破产可使国有资产进一步流失的可能消除，但是由此导致大量人员失业将给国家的政治和社会稳定带来不利的因素。"任由大批国有企业破产，无论政治成本还是经济成本都过于巨大。"[2] 因此，国家为了减少失业压力，往往倾向于采取补贴手段，继续使这些企业生存下

① 周小川，王林，肖梦，等. 企业改革、模式选择与配套设计 [M]. 北京：中国经济出版社，1994.

② 刘遵义，钱颖一，银温泉. 关于中国的银行与企业财务重组的建议 [J]. 改革，1994（6）：25-38.

去。迫于社会保障制度的滞后，大批亏损严重的国有企业无法实现真正的破产或进行产权交易、企业重组，也就无法阻止国有资产的进一步流失。从某种程度上来说，政府为了保持社会和宏观经济的稳定，为了其自身的利益，往往是以国有资产的流失为代价的。

第三，在我国国有企业实施的放权让利的改革中，原属于中央政府的有些权利不是下放到企业的手中，而是由中央转到了地方政府和行业主管部门的手里。在国有企业的经营管理中，企业的自主经营、自负盈亏机制目前并没有真正建立起来，还必须依靠地方政府或行业主管部门。这样，为了寻求自身的利益，地方政府或行业主管部门就有可能达成某种约定，以"合谋"的形式，利用国家扭曲的宏观政策环境和国家对企业监督约束机制的缺陷，大量侵占国有资产，变国有资产为集体资产甚至是个人财产，造成国有资产的大量流失。

（二）企业的制度缺陷与国有资产的流失

我国国有企业改革最初的设想是通过放权让利把国有企业塑造成自主经营、自负盈亏的，与市场经济相适应的微观经济主体。然而，虽然国有企业在这一改革过程中获得了一定程度上独立的经济利益和经营自主权。并且由于非国有经济的发展对国有企业形成了竞争压力，从而使国有企业开始关注市场信号和经济效益，但是企业的预算软约束问题并没有消除，国有资产的管理制度存在着严重的缺陷。这主要是由于企业的机制转换没有与产权制度的改革相结合。按 1994 年 3 月财政部对 12.4 万户企业清产核资的资料推算，大型国有企业及特大型国有企业中国有权益损失（包括资产净损失、经营性亏损和潜亏挂账等）占国有权益的比重为 15.2%，中型企业的这一比重为 59.4%，小企业的这一比重高达 82.8%。

现有的国有资产的管理可视为一种信息不完全条件下的委托-代理关系，即政府将国有资产委托给国有企业去代理经营。由于信息的不对称，或者说政府对企业不能有效监督时，受自我获利动机驱使，企业就会产生机会主义行为。由于产权改革的滞后，国家对企业国有资产的控制权随放权让利、承包制等不断减弱，下放给企业的经营自主权往往由于缺乏明晰的界定或明确的所有权代表而逐步脱离了所有者的最终控制，导致国有企业内部出现了所有者虚置，造成实际上的"内部人控制"。由于国有企业的所有者不能有效地对企业实施监督和缺乏有效的违约惩罚性对策，企业的经理人员和员工就可能通过"低层合谋"，在国有资产的收益分配中做出倾向于收入和福利增加的选择方案，致使国有资产大量流失。例如，企业的经营者创设附属单位，然后把资产租给或卖给这些附属单位，人为地分割国有资产，将国有资产转移到集体或私人手中，变相地私有化。还有的企业内部私设小金库，将国有资产收益用于各种个人收入和福利开支。

现有的国有企业由于没有形成一个资产合理流动的制度安排，国有资产不能自由流动，也就不能真正做到国有资产的保值增值，国有资产的流失也就是必然的了。在我国的国有企业股份制改造中，由于各种原因，国有股权至今不能流动，这使得企业的国有资产存量无法盘活，资源是否真正有效配置也不能体现出来。受自我利益的驱动，企业会产生寻利行为，通过国有资产的非正常渠道流动，使这种流动在缺乏制度约束与监督的条件下变成了流失。例如，某些上市公司中出现的国家股股东被迫放弃或低价出让配股权的现象，使国家股权在上市公司中的比例急剧下降，稀释了国有股权，降低了国家股在二级市场上的市值，减少了国家通过上市公司的高速发展获得高额回报的份额，从而使本应归国家所得的收益转为个人或法人所有，国有资产的流失也就不可避免了。

（三）个人的行为缺陷与国有资产的流失

从个人行为的角度出发来考察国有资产的流失，由于个人的偏好与效用函数都不同，其行为也是不确定的，因此只有当制度（包括法律规范、习惯等）保障不完备的时候，个人行为才有可能对国有资产的流失造成影响。

第一，在我国经济转轨的过程中，由于制度不完善、法律不完备、监督处罚措施贯彻不彻底，个人往往利用这种缺陷或"有利条件"侵吞国有资产，如贪污和盗窃国有资产、挪用公款以及用公款请客吃喝玩乐，给国有资产造成巨大的损失。偷税、漏税给国有资产带来的损失也是惊人的，目前个体私营企业偷税、漏税率达90%以上。

第二，随着市场化改革的推进，国有资产的交易流动不断增加，对国有资产进行资产的价值评估日益重要。但是，在实际的评估中，特别是在中外合资企业中，由于外方投资主要是资金和专利技术、商标、商誉等，而中方企业在评估中却没有把自己的无形资产的价值充分考虑进去，漏评、低评十分严重，造成这部分国有资产白白流失掉了。

此外，在国有企业的改制过程中，实施股份制公司化改造是一个重要选择。问题是这些国有企业在原始股票的定价上偏低。特别是某些商业企业没有把商场的级差地租和商誉等无形资产价值考虑进去，股票上市后国有资产所带来的巨大收益被职工内部股和其他私人股侵占。

（四）市场体系的滞后与国有资产的流失

转轨时期国有资产的流失问题是在国有资产由实物形态的管理向价值形态的管理这一转变过程中出现的。要防范国有资产的流失，实现国有资产的保值与增值，涉及国有资产原始价值与新增价值的评价问题。这种评估应当是客观公正和市场化的，评估的价值标准应当是资产的市场化价值。这就要求有一个完备的市场体系，特别是完备的资本市场（包括人力资本）。现阶段我国的市场发育和建设还很不成熟、很不完善。行政干预等人为因素还强烈地干扰市场的运行，从而引发了一系列矛盾，造成国有资产流失。

第一，由于我国还没有建立起一个完备的市场体系，那些不是通过市场过程进行的任何形式的资产评估都有可能隐含有"局内人"的利益偏好，使得资产价值无法得到准确的评估，也就无法从根本上杜绝某些人利用资产评估对国有资产进行侵吞。例如，在国有大中型企业实施承包制的过程中，由于评估缺乏客观的市场价值标准，企业的承包基数无法科学地确定。人为讨价还价确定的承包基数，无疑为国有资产的流失创造了条件。在租赁经营中，被承租的国有企业中的资产价值及收益也不是由市场过程公开竞争来确定的，在实际操作中带有极大的主观人为因素。结果不是国有资产保值增值，而是承租人或者承包人发财。

第二，在国有企业的承租经营中，由于市场不完备，特别是人力资本市场还没有建立，经营人员常常不是根据市场的信号做出选择，人力资本价值也就无法得到真实的确定。承租人的人力资本价值不确定，很容易导致承租人利用各种条件为个人非法牟取利益，而受不到应有的监督和约束。

四、防范国有资产流失的对策思考

解决国有资产流失的问题是一个内容相当广泛而且又相当复杂的综合性的系统工程，其关键是要使企业、政府和个人的行为更加规范、透明、客观和公正。在我国经济转轨时期，防范国有资产流失主要要求解决两个核心问题：一是企业制度创新，解决国有企业中的所有者虚置导致的内部人控制的问题；二是市场体系的建设，特别是资本市场（包括人力资本）的加快发展以及法律制度的完善。以下围绕这两点对我国经济转轨时期如何防范国有资产的流失提出一些对策思考。

第一，从企业制度的改革来看，首先要解决国有资产所有者代表的问题。我们认为，以政府职能分离为依据，将人民代表大会作为国有资产的代表最为合适。因为只有人民代表大会才能真正体现出国有资产归全体人民所有的属性。其次是如何建立一个有效的国有资产所有者代表与经营者之间的委托-代理关系。这既涉及经营者的选择，又涉及如何激励国有资产经营者，使其收入与所经营资产的增值相联系。我们必须建立起经营者市场。作为一种特殊的人力资本，经营者的选择应由市场通过竞争来做出。同样，其收入的确定也应由市场给出，而不能采用行政式的干部选择方式。这里所说的建立和完善经营者市场，对于国有资产所有者代表对经营者实施监督也是十分重要的，它可以使国有资产管理中的激励、监督、约束和风险机制有效结合。

第二，为防范国有资产的流失，需要有完备的、规范的资本市场来对国有资产的配置和使用效率做出评价。国有企业提供的产品有竞争性的，也有非竞争性的，因此在对不同的国有企业进行评价时采用的方式也不一样。对于提供公共产品的国有企业，我们不能单纯从资产经营状态来考评其绩效，还必须由所有者对其进行适当的实物形态的资产控制或财务审计监督。对于竞争性的企业来说，如果资本市场是不规范、不完善的，国有资产不能在资本市场中自由流动、交易，国有资产的流失也就不可避免。

仅仅通过清产核资来反映国有资产，只是一种静态的价值评定，不可能有效地建立起激励、约束和监督的机制。

第三，防范国有资产的流失必须完善法律制度。一个完备的法律制度体系将对企业、政府和个人的行为产生强大的约束和监督作用。同时，企业制度的改革和市场体系的培育必须有一个可靠的、稳定的法律制度保障作为后盾。

——原文载于《天府新论》1996 年第 2 期

（原文题目：《转轨时期国有资产流失的理论分析》，作者：汪孝德、刘军亮。原文略有修改。）

论西部大开发的资金来源与资金运用

西部大开发的最大困难就是资金短缺。只有加大对西部经济发展的投入力度，才能获得有效的产出。只要全国上下齐心协力，资金短缺的困难就可最大限度地缓解。

一、资金来源与来源困惑

西部大开发资金来源的渠道不少，归集起来，主要来自五个方面：一是引进外资，二是财政投资，三是银行贷款，四是吸引东部地区的资金，五是西部地区自身的积累。五个方面都既有可行的有利条件，也有不利因素。

（一）外来资金

这里说的外来资金，主要包括引进外资与吸收东部地区的资金两个部分。

西部地区资源丰富，改革开放 20 多年来，经济有了长足发展，市场体系显现雏形；地区生产总值不断增加，区域财力有了一定基础；城乡居民收入不断提高，人民生活逐步改善。特别是随着 20 多年来基础设施建设资金的不断投入，西部地区的交通、电力、通信以及相关的基础设施建设已初具规模。相信随着资金投入力度的加大，用不了多长时间，西部地区的基础设施将上一个新台阶，资金利用条件将进一步改善。最近国务院有关部门已做出承诺，今后 10 年，国家将在西部地区投资 7 000 亿至

8 000 亿元，基本建成 9 条连通西部的国道主干线，同时新改造公路 35 万千米，为西部大开发创造更方便的交通条件。

西部地区经过 20 多年来的经济发展与初步开发，基本上已奠定并营造了一个能够吸引外来资金的投资环境和良好条件。来自美、英、法、德、日等发达国家，东南亚国家以及我国香港、台湾地区的资金，源源不断地涌向西部，且有继续攀升的大好势头。此外，我国东部地区经过 20 多年来的率先发展，有了比较雄厚的财力基础，其资金已经且正向西部地区转移。外来投资者瞄准了西部这个颇有发展前景的大市场，利用西部地区相对廉价的劳动力，以获取比较丰厚的投资回报。

西部地区吸引外来资金也存在一些需要政府和有关方面制定政策和采取措施加以解决的困难。在市场经济条件下，市场规则决定了资本总是向投资收益率高的地区流动。改革开放 20 多年以来，虽然西部地区经济的发展速度不慢，地区生产总值也有较大幅度的增长，但与东部地区的差距却日渐拉大。究其原因是多方面的，由于西部地区投资收益率低下造成的资本形成不足是西部地区经济仍然比较落后的重要原因。为了西部地区能够更好地吸引更多的外来资金，中央政府可以考虑在税收和信贷等方面制定一些特殊政策，地方政府可以考虑制定一些地方法规，相关部门也要采取一些有效措施。通过这些举措，西部地区投资的硬环境和软环境将会得到进一步改善，以促进更多外来资金投向西部地区。

（二）财政投资

财政投资是政府的直接投资，包括中央政府和地方政府的财政投资。新中国成立以后，特别是改革开放 20 多年来，国家在财力有限的情况下，一直坚持对西部地区的财政投入，直接促进了西部经济的发展，也直接为西部大开发创造并奠定了良好的条件和坚实的基础。但是，目前，我国财力仍然比较薄弱，财政收支矛盾仍然比较突出，不能指望对西部地区的财政投入在短期内会有大幅度的增加。一方面，改革开放的 20 多年中，中央财政是 20 年赤字，国债发行数量不断增多；另一方面，由于西部地区经济发展滞后，财政收入增长缓慢，财力非常吃紧。这些制约因素都将直接影响国家财政对西部大开发的财政支出数量。当然，随着中国经济的持续快速发展和人均国内外生产总值的增长，随着国有企业经营机制的转换和经济效益的提高，随着财税体制改革的深化和税收流失的堵塞，我国财政收入的数量必将呈上升的趋势。实施西部大开发战略，在市场经济的新的历史条件下，中央财政可以通过增加对西部地区的政策性财政转移支付、设立和提取西部开发专项基金等调控方式，以增强西部地区的财力。此外，为了增加西部地区的财力，增加可直接支配的财政收入，在一定时期内，中央政府可以考虑将共享收入中让出一部分归西部地区省、自治区、直辖市的直接收入，比如增值税可以来个"三七开"，即70%归中央、30%归地方。西部地区的地方政府必须在着眼于发展经济这个基点上，在经济发展和效益提高的前提下，培养和开辟新税源，增加地方的财政收入，以缓解在西部大开发中对需要增加政府直接投资所面临的困难。另外，西部地区可以让地方政府发行一定数量的特种债券，直接吸收一些民间投资，用于满足重点建设项目的资金需要。

（三）银行贷款

经过新中国成立50年来的实践，特别是经过20多年来金融体制改革的探索，在我国已基本上形成了以中央银行为领导、国有商业银行为主体以及各类金融机构并存与协作分工的社会主义金融体系。我国金融体系的初步形成，基本上适应培育和发展社会主义市场经济体制的客观要求，我国银行在促进国民经济持续快速和稳定发展方面将会起到更加举足轻重的积极作用，在实施西部大开发战略中也将会发挥更加积极的特殊作用。西部大开发需要金融机构支持，银行业为西部大开发提供了一定数量的信用贷款也是银行自身功能的体现。与此同时，金融资源作为一种稀缺资源，在融资数量上难以满足众多投资项目的资金需求。

虽然运用银行贷款作为西部大开发的重要资金来源渠道有其困难的方面，但是金融业在西部经济发展中无疑将大显身手，将发挥银行自身独特的积极作用。其一，中央银行的金融政策倾斜是金融机构支持西部大开发的重要保证。中国人民银行专门行使中央银行的职能，在我国社会主义金融体系中居于领导地位。在西部大开发中，其一，我国处理好政府与金融机构的关系，做到相互支持、彼此信赖。在此基础上。在中央银行的领导下，我国应组建西部发展银行，以配合国家西部大开发战略的实施，为西部经济的快速发展提供有力的资金支持。另外，中央银行还可以考虑如何增加西部发展银行调控经济的权限，以加大支持西部地区经济发展的力度。其二，我国政策性银行的特殊功能决定了其将在西部大开发中发挥特殊作用。例如，国家开发银行将会在基础产业和基础设施建设、有效地集中资金和力量保证国家重点项目建设、增强国家固定资产投资的宏观调控能力等诸多方面，为西部经济的发展提供有效的资金支持。其三，在市场经济条件下，商业银行作为经营货币信用业务的特殊企业和其他所有企业一样，以求得最大限度的利润为经营目标。在经营管理方面，商业银行还必须遵循安全性、流动性、盈利性原则。这些并不影响商业银行为西部大开发注入资金。恰恰相反，商业银行在为西部经济发展注入资金的同时，也会壮大其自身。在市场经济条件下，我国应坚持择优扶持的原则，对那些高科技新兴产业（企业）提供流动资金贷款，并在贷款数额、贷款期限、利率选择等方面给予优惠，以促进西部地区产业结构合理化与产品结构的升级换代。另外，西部地区在获得国内金融机构支持的同时，也要设法争取国际金融机构的支持，包括来自世界银行及国外其他金融机构的信贷资金。

二、资金运用与运用效益

西部大开发在从多种渠道取得资金来源的同时，更为重要的是如何运用好这些来之不易的资金，其中特别关键的又是如何讲究资金运用的效益问题。

在通过多种渠道取得的资金来源中，有的要用于基础设施建设，为西部大开发创造更加良好的投资环境；有的要用于直接的基本建设投资，为西部经济的长期持续发展增添后劲和准备条件；有的要用于现有企业的技术改造和流动资金的补充，直接为西部地区的地区生产总值增长提供现实支持，等等。这些资金无论用于什么方面，统统都有一个效益问题。

西部大开发的资金运行必须注重和讲求效益。效益是综合性因素，绝非单一性指标，包括生态效益、经济效益、社会效益等。在经济效益中，其还包括近期效益、中期效益、远期效益、目标效益等。这些诸多效益的巧妙结合与统一，就构成了一个综合性效益概念。其中，坚持生态效益、经济效益和社会效益相统一的效益原则至关重要。

在西部大开发的全过程中，我们始终要将生态效益摆在十分重要的位置，将其摆在首要的位置也并不过分。其中，实施有效的生态治理是取得生态效益的重中之重。经济效益要求不论办什么事情，都要遵循投入-产出原理，以更小的耗费取得更大的收益，即在对 $C+V$ 进行弥补的基础上取得更多的 M。生态效益和经济效益的巧妙结合与高度统一就是最大的社会效益的实现。社会效益追求的是深远的高境界目标，在一定场合，当经济效益和社会效益发生碰撞时，自然是前者要服从后者。

（一）生态效益

生态环境及其生态效益至少包括保护和治理两层含义：首先是保护，其次要治理。长江、黄河均发源于西部，对两条江河上游地域生态环境的保护和治理，不仅关系中下游广大地域的生态状况和经济发展，更关系如何造福于子孙后代和可持续发展。因此，在西部大开发中，对长江、黄河生态保护与治理的问题我们必须引起高度重视。

关于西部地区生态环境的保护和治理，国家已经出台了不少的优惠政策。例如，为保护生态环境对退耕还林（草）的特产品收入，在 10 年内免征农业特产税；对西部地区荒山、荒地造林种草及坡耕地退耕还林还草，实行谁退耕、谁造林种草、谁经营、谁拥有土地使用权和林草所有权；各种经济组织和个人可以依法申请使用国有荒山荒地，进行恢复林草植被等生态环境保护，可以出让方式取得国有土地使用权，减免出让金，实行土地使用权 50 年不变，期满后可申请续期，可以继承和有偿转让，等等。上述政策的出台，实质上是国家对西部地区生态环境保护与治理的投入，自然也包括资金的投入。既然是投入，理所当然地就要获得效益。

（二）经济效益

经济效益的实现是遵循投入-产出原理，降低 $C+V$，增加 M。经济效益是个综合性概念，有着非常科学的效益标准和效益指标体系，其核心是要通过"算账"，最终以最少的耗费获得最多的收益。其一，加强建设前期的准备工作，搞好可行性研究。在西部大开发中，有数量众多的建设项目将陆续上马，其中包括为数不少的基本建设工程。为了提高建设项目的投资效果，加强基本建设前期的准备工作，搞好可行性研究是一个十分关键的问题。可行性研究就是在设计施工之前对建设项目进行技术和经济上是否合理的结论，然后提出建设项目是否可行的意见。绝不能盲目施工，以致造成巨大的损失。其二，运用一系列的技术经济指标考核和衡量经济效益。建设项目的投资效果如何，还需要用一系列的指标来进行综合考察和衡量。就是说，对建设项目投资效果的考核，应当从不同的角度，用不同的指标来综合进行，即用投资额（工程造价）、建设周期、投资回收期（其倒数为投资效果系数）等一系列指标来考核建设项目的投资效果。此外，我们还可以根据需要，从实际出发，在比较不同的建设方案时，运用追加投资回收期、计算费用和国民经济投资的宏观经济效果等指标来考核。总之，我们应当建立并健全一套比较完整的、科学的指标体系，以促进在西部大开发中建设项目投资经济效益的不断提高。其三，在追求宏观经济效益的同时还必须注意微观经济效益。经过半个世纪的艰苦创业，特别是经过 20 余年的改革开放，西部地区的三次产业有了长足发展，促进了地区生产总值的迅速增长。在西部大开发中，对众多的现有企业（单位）来说，一方面，政府和相关部门要为它们进入市场创造条件；另一方面，这些企业（单位）要为自身的生存和发展而不断提高经济效益。只有如此，这些企业（单位）才能在市场竞争中立于不败之地。微观经济主体——无论是厂家，还是商家，其产（商）品首先都要有市场销路，取得销售收入，并获取利润，即销售收入除去成本费用和销售税金后要有一个余额。这个余额就是销售利润。利润额的大小，就是微观经济主体经济效益的有力见证。同时，我们还要运用一系列的经济指标考察和衡量微观经济主体的经济效益。

（三）社会效益

社会效益是深远的全局性效益。社会效益的规划与实现都要依赖政府。在西部大开发中，政府扮演着非常重要的角色，不仅是西部大开发战略的战略家，还是开发规划的设计师。如果以经济市场化或以企业是市场经济的主体为理由而推卸政府的责任或轻视政府的作用，都将直接影响和危害西部大开发战略的顺利实施，其社会效益也无从谈起。在市场经济条件下，企业属于微观层面，政府属于宏观层面，各自发挥作用。第一，微观经济主体必须分析发生在自身范围内的直接的和有形的所费与所得，作为宏观调控主体的政府则不仅要分析直接和有形的所费和所得，还要分析长期的、间接的和无形的所费与所得。第二，微观经济主体的目标一般是追求利润，绝不可能选择赔钱的方案；政府追求的则是整个社会的最大效益，为达此目的，局部的亏损是可能的，也是难以避免的。总之，在追求和实现西部大开发的社会效益的全过程中，政府需要解决好极为复杂的问题。

——原文载于《天府新论》2001 年第 2 期

（原文题目：《论西部大开发的资金来源与资金运用》，作者：汪孝德。原文略有修改。）

我国教育产业化的层次性及其发展方向

20 世纪 90 年代中后期以来，我国教育产业化逐渐展开，特别是 1999 年，中央政府将教育的产业化作为拉动内需、刺激消费的重要措施在全国范围内实施，比较典型的是 1999 年的高校扩招及其后勤社会化。但是，关于教育能不能产业化、产业化的本质以及产业化发展方向的争论从来就没有停止过。本文拟就教育的产业化及市场化、教育产业化的本质等问题做进一步的分析，以规范我国教育产业化的方向。

一、教育产业及教育产业的层次性

（一）教育的内涵及教育的特殊性

1. 教育的基本内涵

教育是培养新一代劳动者的整个过程，包括学校教育、工作岗位教育和社会教育等。教育的本质是为学生提供一个环境，使之在此环境中能够通过自身的努力和外界的帮助，提高素质、实现自我。从广义的角度来讲，教育是指以影响人的身心发展为目的的社会活动，而狭义的教育主要是指学校教育活动。

2. 教育的特殊性

教育是一种混合型公共产品或半公共产品，具有一定的外部性特征。一方面，受教育者学到知识和技能，增强了竞争能力，能够在今后的工作中获得较好的收入与物质、精神享受；另一方面，有相当一部分的教育利益通过受教育者外溢给了社会，从而提高了整个社会的劳动生产率，提高了民族文化与道德素养，保证了国家的民主制度得以在一个良好的环境中运行。

教育还担负着维护社会公平和提高社会效率的责任。在纯粹的市场公平竞争中，规则公平会导致收入差距拉大，也就是说公平的竞争反而导致了不公平的结果。同时，教育机会的不均等也是有悖于效率要求的，贫困家庭的子女可能没有接受基本教育的机会，从而造成了人力资源的浪费。

（二）教育产业的基本内涵及层次性

教育产业属于第三产业中提高科学文化水平和全民素质的部门，是对国民经济发展具有全局性、先导性影响的基础产业。教育活动有着自身的规律，这使教育产业与其他产业之间存在较大的差别，正确认识其特殊性，从而有效把握教育的产业化及市场化过程，具有十分重要的意义。

教育产业是指教育及与教育有关的产业和部门。教育产业是一个多层次的网络状系统。它以学校教育、课堂教学等专业服务为核心，以教育教学设施建设、教材教具供应以及考试、留学、升学就业指导等相关服务为基础，以教育资金、贷款等金融支持和学生公寓、营养配餐、健康饮水、交通安全等全社会服务为枝干，以体现产学研结合特色的校办产业为补充。

正是由于教育产业涵盖着不同的层次，而它们有着不同的外部性特征，其提供的产品或服务具有不同的性质，因此教育产业及其产业化有着特殊的层次性含义。

（三）教育外围产业的特殊性

教育外围产业包括除教育专业服务以外的教育相关服务、社会服务以及校办产业等内容，是与专业教育有关的产业部门，是为教育专业活动服务或提供外在条件的部门。它们提供的社会产品和服务，竞争性和排他性都很强，而受益的外部性小，具有比较典型的私人产品性质。因此，近年来，这些教育产业的开发和发展受到的阻力较小，如教材的出版发行、后勤社会化以及校办产业等都得到了蓬勃的发展。

（四）教育核心产业的特殊性

教育核心产业是指以学校教育及课堂教学等为主要内容的教育专业服务活动，是教育产业的支柱。它的主要表现形式是学校通过教学组织活动，对学生或其他层次的劳动者进行培养、培训，目的在于使受教育者掌握一定的知识与技能，达到自我实现的目标。

1. 职业教育

在教育专业服务内部，存在不同性质的教育结构，包括不同层次的学校教育及职业教育。职业教育以技能培训为主，注重对学员或劳动者进行短期、实用性教育，以帮助他们适应具体工作岗位的要求。职业教育针对性强，突出了个人的教育选择，收益的外溢范围相对较小，基本上符合私人产品性质，因此我国职业教育的产业化发展势头比较良好。

2. 学校教育

关于教育的产业化，争议最大的是学校教育的产业化。学校教育主要包括中小学义务教育和中等、高等教育。学校教育以提高民族整体知识水平为主要目标，注重全民素质的提高，而不是针对个人或个别社会群体的技能培训。

同时要注意的是，即使在学校教育内部，初等教育与中等教育及高等教育也有不同的外部性特征。通常认为，初等教育的目的是满足社会公众对基础教育的需求，提高整个民族的基本素质，从而为整个社会的民主法治建设铺平道路。因此，初等教育的基本特性是效益的外部性，使整个社会得到了最大的收益，而每一个受教育者只是得到了教育带来的小部分收益。相对来说，高等教育的外部性要小得多。高等教育有教学和科研两大任务。教学的目的是提高学生的素质，提高劳动者的生产效率，增强其在社会中的竞争力；科研的目的是为整个社会创造物质和精神财富，基础科学研究最大的、直接的受益者是整个社会，而应用性科学研究直接的受益者是特定的经济主体，整个社会则是间接的受益者。中等教育的内部化倾向及外部性特征介于初等教育和高等教育之间。

二、教育产业化的途径及方向

（一）教育产业化的实质及特殊性

根据产业组织理论，产业化是部门、行业的企业化过程，或者说是逐渐按照市场原则组织活动的过程。产业的本质是市场化，是为产业内部微观组织活动提供更好的保障条件。教育产业化的实质是既要按照市场规律办教育，又要按照教育规律办学校。

正是由于教育产业的层次性和特殊性，教育的产业化才具有一定的层次性。各层次教育产业的外部性不一致，其产业化过程也就不完全一样。一般认为，收益内在化程度高且外部性小的部分，产业化过程相对比较容易，因为它们受益的排他性比较强，所以公众的接受程度会高一些。但是，收益外部性强而内在化程度低的部分，产业化过程相对比较困难，因为在排他性比较差的情况下，"搭便车"将是理性人的合理选择，致使其产业的内在成本弥补不足，同时还会牺牲产业的外在收益。

（二）教育外围产业的产业化

教育的外围产业，如教育相关服务、社会服务及校办产业等应当完全进入市场实现产业化。通常认为，这些产业本身具有较强的竞争性，市场化基础好，而且在改革开放以后，它们就逐渐进入了市场。现在对这些产业的发展，重点要解决的是提供一个竞争性的环境。因为目前这些产业的发展受到严格的市场准入限制，从而造成在产业内部的竞争性不够，存在相对较高的垄断利润。而垄断利润的存在，又使一部分既得利益者不断地制造市场进入障碍，而这些微观经济主体（企业）能够获得如此的垄断地位，完全是学校的所谓"管理"造成的，它是内部性市场的根源。因此，要解决校内外围产业的发展问题，重点是引入市场开放机制，不仅要求微观主体自觉按市场规律定价，更重要的是开放校园市场，使校内经济主体在潜在竞争者的压力下，按照市场规律经营。对于校外的外围产业实际上也可以按照相同的思路进行处理。例如，教材出版、教具制作、交通安全等大多可以用完全市场化的方式操作，通过市场竞争来选择合适的供应者，保证资源配置效率和适应性效率。

（三）教育核心产业的产业化

相对来说，教育核心产业服务的产业化则比较困难一点。由于专业教育的特殊性，其完全的产业化或市场化显然无法提高效率水平，对社会公平的提高也于事无补。由于教育的收益无法进行货币计量，专业教育服务或学校教育的产业化无法实行以教育收益（利润）分割为基础的货币定价方式，比较合理的选择是以有效成本分摊为基础的模糊性定价机制，其模糊程度以收益的外部性情况来决定。教育收益外部性最高的基础教育可以实行完全免费的义务教育，中等教育可以根据其教育内部所处的不同范畴收取少量费用，而高等教育的收益外部性较小也可以实行一定程度的收费。

教育核心产业的产业化不仅涉及教育收益确定的困难，而且合理确定教育的成本也是一个难题。在缺乏有效竞争的条件下，教育成本将无法得到可靠的约束。因此，教育核心产业的产业化不仅存在一个确定如何（收费）弥补成本的问题，而且存在一个如何引入竞争机制以有效降低成本的问题。在我国现行的体制下，教育资源的垄断比较严重，提高了教育服务成本，而教育垄断的重要原因是学生的流动性不够。因此，在增强学生的流动性基础上引入适当的竞争机制可以降低教育服务成本。

三、一个特殊问题：高等教育的产业化

（一）高等教育产业化的理论基础

目前，理论界讨论比较多的是高等教育的产业化。高等教育产业化的理论基础是高等教育具有较强的内在收益性，因此在一定程度上可以对成本做出近乎有效率的分摊。它要求根据其提供服务给各方所带来的收益来分摊教育成本，也就是以人力资源投资理论来改造教育业的"输入投入体制"，实现以"输出投入体制"为基础的教育经费投入体制。

按照舒尔茨的观点，教育是一种投资行为，是以人的素质为对象的人力资本投资。舒尔茨认为，教育的目的是提高人的素质和在市场中的竞争

力，而较高的素质及竞争力会带来较高的收入，同时提高市场及社会的运作效率，因而存在一定的外部效应。由于高等教育的收益不是完全内在化的，因此要求建立一个完全有效的市场来配置教育资源（资本）是无法实现的，替代的方法是建立模拟市场，仿效市场的基本原则来办事。

（二）高等教育投资的多元化

高等教育的收益具有发散性使得教育投资主体必然具有多元化的特征。这种投资主体的多元化实质上就是教育成本分摊的多元化。目前，高等教育的投资主体主要包括学生及家庭、行业组织、政府等。学生及家庭的行为决策是根据教育的外部性程度来做出的。行业组织、政府等各类投资主体的行为决策是根据其成本收益对比分析来做出的，即便这种成本与收益分析与一般市场上的分析相去甚远。只不过行业组织是根据教育对本行业的外部性进行投资，而政府是根据教育对社会的外部性进行投资。

对于学生及其家庭来说，高等教育投资的决策是主要受到教育费用与教育收益等因素的影响。教育费用主要包括学费、生活费，还有接受教育的机会成本。教育收益主要是指受教育后的收入增加值。经验证明，个人收入与其接受教育的年限有非常强的正相关关系，接受的教育程度高，则收入水平会相应提高。如果受教育后的收益增加值的现值大于教育费用，学生会选择接受教育；反之，则反是。当然，学生及家庭的教育投资决策还会受其偏好的影响。例如，知识分子家庭一般比较重视子女教育，因此其教育投资相对多一些。

对于行业组织来说，其投资获得的收益是行业劳动者的素质及劳动效率得以提高，从而提高行业在整个国民经济中的地位，增强其参与国际竞争的能力。行业组织是某个行业内部各企业的集合体或代表。行业组织对高等教育的投资是从教育对整个行业的影响来进行分析的。因此，行业组织的投资一般集中在对本行业具有较强的影响力的高等教育领域。

政府的投资主要是满足弥补教育成本缺口的需要，这个缺口是在学生和行业组织教育投资未能满足教育总投入时产生的。一般认为，高等教育起着较强的催化作用，能够强有力地推动经济质量的提升。实际上，这种推动作用就是高等教育的外部效应。因此，政府必须成为教育投资的主导力量。首先，政府要在基础性的高等教育方面进行大量投资，因为基础性的人文及自然科学是应用性研究的支撑点，其外部性十分强烈。其次，政府要根据应用性教育及科研的外在性效果进行有效的投资。最后，政府投资应当为高等教育及科研成果的市场化创造良好的环境。进一步的分析表明，公共财政框架的建立要求政府从竞争性领域退出，而政府应该全面进入公共产品及混合公共产品领域。因此，投资并发展高等教育正是政府的重要职责。

（三）高等教育产业化的公平性问题

高等教育产业化不仅要解决教育的效率问题，同时还必须为教育的公平化铺平道路。教育的公平化问题主要涉及贫困者的受教育问题。贫困者由于自身经济条件有限，对教育的效用评价一般会低于实际效用，即形成所谓的优质品。优质品的存在，致使有良好教育潜力的贫困者无法接受应有的教育，形成了人才的浪费。同时，贫困者即使正确评价教育的内在化收益，但其融资能力相对较差，在现有的资本市场上也无法获得足够的现期教育投资资金，从而恶化贫困者的未来竞争能力及收入水平。因此，政府不仅要根据教育对社会的外部性进行投资，而且要针对产业化过程中贫困者的教育机会公平问题提出有效的政策。

——原文载于《财经科学》2001 年第 1 期

（原文题目：《我国教育产业化的层次性及其发展方向》，作者：汪孝德、周克清。原文略有修改。）

论中小企业的历史地位与
如何解决中小企业的融资难问题

党的十六大报告指出："充分发挥个体、私营等非公有制经济在促进经济增长、扩大就业和活跃市场等方面的重要作用。放宽国内民间资本的市场准入领域，在投融资、税收、土地使用和对外贸易等方面采取措施，实现公平竞争。依法加强监督和管理，促进非公有制经济健康发展。完善保护私人财产的法律制度。"这些重要精神不仅为非公有制经济的健康发展指明了方向，也为我国中小企业的健康发展解决了一道道难题。中小企业的特殊优势，决定了它在国民经济发展中具有重要地位和作用。在我国，由于长期对中小企业的忽视，导致了其在发展过程中碰到了诸多困难和问题，其中一个突出的问题就是中小企业的融资困难。因此，如何解决中小企业的融资难问题，从而促进中小企业的持续健康发展，已经成为一个关系我国经济稳定增长的重要问题，需要予以关注和认真研究。

一、中小企业在国民经济发展中的重要地位和作用已经或正在展现

这里讲的中小企业是相对于大中型国有企业而言的，主要包括集体企业和民营企业，其中相当部分属于个体和私营等非公有制经济。改革开放以来，由于观念和理论的创新，从总体来看，我国的中小企业在党的正确路线指引下得到了前所未有的发展，并将步入更加健康的运行发展轨道。中小企业经过多年的发展，眼下已经成为我国经济的重要组成部分，民企老板是中国特色社会主义事业的建设者。资料显示，我国中小企业总数已

超过 1 000 万家，占全国企业总数的 90% 以上，其创造的国内生产总值、实现利税和吸收就业人口分别占全国总量的 60%、40% 和 75%。在新的历史条件下，我国中小企业的地位将显得更加重要，将在各个方面发挥更加重要的积极作用。

中小企业能创造大量就业，维护社会稳定，能充当劳动力"蓄水池"的角色，能为我国改革的平稳推进提供重要保证。眼下，全国非公有制经济从业人员已达到 7 500 多万人。以四川省为例，2000 年，四川省个体私营企业从业人员为 28.4 万人，其中当年吸纳下岗再就业人员 17.59 万人。

中小企业是经济增长的重要推动力，对我国国民经济的推动作用功不可没。2002 年上半年，全国非公有制经济注册资金已达 2.5 万亿元，产值已达 1.1 万亿元。仍以四川省为例，2001 年，四川省个体私营企业创造的地区生产总值达到 1 410.6 亿元，占四川省地区生产总值的 31.9%；缴纳税金 55.9 亿元，占四川省税收总额的 15.42%。再以成都市为例，截至 2001 年年底，成都市以个体私营经济为主体的非公有制经济占全市经济总量的 41.8%，纳税占全市税收总额的 45%。

中小企业是技术创新的重要力量，许多应用型技术的研制开发已为中小企业大显身手提供了机会。中小企业在技术创新中有其自身优势：一是中小企业相互之间竞争激烈，迫使它们不断进行技术创新以求发展；二是与大中型企业相比，中小企业结构简单、管理灵活、内部交易成本低、决策速度快，能更快地对市场做出反应，研制出成功的新产品，迅速抢占市场，获得高额利润；三是除某些耗资较大的基础研究或大型项目外，大量的现代技术创新还依赖于专业性很强的中小企业，这就使中小企业充当技术创新的重要力量成为可能。

中小企业是我国市场经济的重要组成部分，其存在和发展是促进公平竞争、活跃市场、抑制垄断的重要条件。中小企业的存在和发展不仅可以满足广大民众对消费和生产小批量、多样化的需求，而且可以抑制不公平的市场竞争，在一定程度上阻碍大公司的垄断行为。此外，中小企业在第三产业中占主流，而第三产业的迅速发展又为中小企业的发展提供了更广阔的天地。仍以四川省为例，截至 2002 年 6 月底，四川省登记注册的个体工商户和私营企业户数分别为 120.67 万户和 7.19 万户，注册资金总额为 215.59 亿元。在四川省的个体私营经济中，第三产业占据主流。个体工商户从事第三产业的占 83.2%，私营企业从事第三产业的占 59.5%。

二、我国中小企业在发展过程中面临的若干难题

虽然我们从理论与实践两个方面确认和显示了中小企业的地位及其作用，但从实际经济生活方面来考察，我国中小企业的发展与市场经济体制的吻合，特别是与党的十六大精神的要求相比较，还存在若干不尽如人意之处。究其原因是多方面的，既有主观原因，又有客观原因；既有制度外的原因，也有制度内的原因。

（一）中小企业自身存在的问题

由于中小企业先天的不足，加上我国长期对中小企业重视不够，有相当部分的中小企业人员素质较低，市场竞争力脆弱，经营较为困难。

第一，生产技术水平低，创新不足，仍以粗放型的发展方式为主。当代中小企业原本在生产技术和创新能力上占有一定优势，依靠自身技术及管理优势降低成本，实现利润增长。但由于我国人口多、底子薄，中小企业起点很低，大部分中小企业的生产技术落后，自身技术缺乏，其产品多为技术含量低的劳动密集型产品。据测算，我国中小企业技术进步对产出增长的贡献度仅为 25%。

第二，人员素质低，缺乏合格的技术人员和管理人员。现代企业的竞争就是人才的竞争，人才是企业最重要的财富。由于我国的中小企业包括大量的乡镇企业，其员工基本上是农民和城镇无业人员，文化水平普遍偏低。许多小企业基本上就没有像样的技术人员和管理人员。这种状况严重阻碍了中小企业的持续发展。

第三，经营管理水平低，不能适应市场的快速变化，产品缺乏竞争力。由于缺乏技术和人才，大量中小企业仍是实行以产定销的传统模式，对市场需求的分析和预测不足，往往形成产品的大量积压。由于中小企业

的产品技术含量低，缺少主导产品，大量中小企业在中国入世后将面临巨大的危机。

第四，中小企业产权模糊。由于历史的原因，在我国改革开放后兴起的乡镇企业中有不少企业为私人投资兴办的集体所有制企业，其产权模糊，投资者无法通过正当手段取得相应的投资回报，为企业未来的发展埋下隐患。

（二）中小企业缺乏良好的外部环境

由于历史的原因，长期以来，各级政府热衷于组建和发展大型企业和超大型企业，忽视了中小企业的地位和作用。如此一来，中小企业在我国缺乏正常的融资渠道和相关的政府扶持，这都严重制约了中小企业的健康发展。

第一，政府对中小企业的扶持力度不够。受计划经济体制的影响，各级政府往往偏好大型企业，对大型企业的扶持不遗余力，而对众多不起眼的中小企业则不加理睬。在各级政府制定财政、金融政策时，中小企业的利益往往被牺牲以满足本地区大型企业的发展需要。

第二，中小企业负担过重。由于中小企业是地方财政的主要来源，各级政府常为解决地方财政困难而加重企业负担，如对教育费附加的征收，国有大型企业的征收标准为2%，乡镇企业的征收标准则高达9%。除正常的税费外，中小企业还是名目繁多的"乱摊派"的对象。另外，中小企业还面临企业所得税和个人所得税双重征收的处境。

第三，中小企业融资困难。由于中小企业规模小、信用低，其融资渠道不畅，这是中小企业与生俱来的问题。在我国，因为种种原因，这一问题尤为突出，笔者也想就此问题多说几句。

三、建立中小企业的信用担保体系

虽然我国中小企业的发展面临不少困难，但笔者深信，在党的十六大精神的指导下，中国大地的中小企业将会迎来更加灿烂的美好明天。由于对中小企业的贷款规模小，银行的管理成本较高，同时中小企业又面临较高的经营风险，银行贷款风险高。为降低金融风险，银行业普遍采用抵押贷款取代信用贷款。但中小企业资产规模小，缺乏抵押品，从而造成融资困难。因此，不少国家和地方政府都把建全中小企业信用担保体系作为解决中小企业融资难的一项重要措施。结合我国实际，我们可以从以下几个方面来考虑：

（一）坚持政策性担保机构的主导地位

从国外中小企业信用担保发展的实践来看，美国等市场经济发育较完善的西方国家大都倾向于以商业性担保公司为信用担保体系的主体。例如，1997年，美国小企业的贷款余额为1 180亿美元，而当年联邦政府担保贷款的新增额为110亿美元，占比约为9%。中国的行情不同。中国的市场经济尚处于培育阶段，还存在不少的计划经济体制的残余，在现阶段不可能以商业性担保公司在信用担保体系中起主导作用。商业性担保公司按商业化手段进行运作，目的在于追求利润最大化。从目前状况来看，中国中小企业的信用状况比较差，市场内又缺乏从事信用调查的中介机构，这就会导致商业性担保公司为降低风险，在选择担保时要求较高，因此无法有效缓解中国中小企业融资困难的问题。政策性担保机构就不同了。政策性担保机构是政府出资，不以营利为主要目的，工作重心是放在贯彻国家的经济政策及如何刺激中小企业的结构调整和发展上面，在效率和公平上更多地侧重公平。同时，政策性担保机构以国家产业政策和金融政策为导向，通过为融资困难的中小企业提供担保，以增强其融资能力，鼓励中小企业按国家政策的要求不断调整，最终实现国民经济结构的优化和经济的稳定增长。据此，在一定时期内，我们有理由确认政策性信用担保机构在中国中小企业融资中的主导地位。

（二）建立多层次的政府支持的中小企业信用担保体系

与发达的市场经济国家相比，中国中央政府的财政不足。例如，美国联邦政府的财政收入占政府财政总收入的60%以上，而我国就要低一些。虽然近年来我国政府财政收入增长迅速，但仍远远不能满足国民经济发展和行使政府职能的需要，而且政府的财政收入比较分散，中央政府的财力相对薄弱。据此，我们主张建立中央政府和地方政府分层次的中小企业信用担保体系，以地方政府为主。

中央政府实行全国统一的标准和办法，重点对一些特殊项目和贫困地区以及不发达地区的中小企业提供信用担保或对不发达地区的地方政府的担保计划提供再担保。地方政府则根据本地区中小企业的特点，确定地区扶持重点。同时，各级地方政府参与的担保计划应主要起引导和调动民间机构积极性的作用。政府的担保基金不一定要直接为企业担保，可以对企业互助担保机构和商业性担保机构提供必要的再担保，以分散风险，以调动民间担保机构的积极性。

（三）明确政策性担保的扶持重点

我国政府财力有限，不可能对中小企业进行全面扶持，因此必须明确享受担保的中小企业的标准，使可以享受担保的中小企业限制在一定范围内。根据我国目前中小企业的发展现状，我们认为，政策性担保机构的重点应为提供大量就业机会、技术先进、出口创汇以及资源综合利用的企业提供担保。为促进西部大开发，中央政府可以为西部各省、自治区、直辖市的再担保提供一定资金，以扶持并促进西部地区经济迅速发展。各级地方政府则应在中央政府确定的原则下，根据当地实际情况确立担保重点。

对于可以通过银行贷款或其他渠道融资的中小企业则不应再由政府提供信用担保，因为政策性担保的资金有限，只能优先满足那些从正常渠道不能获得贷款而又有发展前景或有暂时困难的企业。我们应当明白，一般担保贷款只占中小企业融资额较低的比例。例如，日本的担保贷款不到中小企业贷款总额的8%。同时，我们还要防止商业银行过于依赖政策性担保基金，为降低风险把担保作为发放贷款的基本条件，从而使原本可以从正常渠道获得贷款的中小企业也要来挤占担保贷款。

我们还须明确，一个企业不能长期享受政策性担保。一方面，当中小企业通过担保贷款的扶持成长起来，达到一定标准和规模后，就不应再享受政策性担保机构的扶持；另一方面，政策担保的目的是在政府的扶持下为中小企业提供融资条件，使其经过自身的努力，以提高其市场竞争力。如果一个中小企业经过一定时间的扶持后，仍然不能提高其市场竞争力，只能说明该企业没有存在的价值，自然政策性担保机构就不应该再为它提供担保贷款。

（四）规范政策性担保机构的运作

政策性担保机构虽然由政府出资组建，但应由独立的专门机构经营，而非由政府直接管理。政府通过委托由专业人员组成的专门机构操作和经营政策性担保基金，政府相关部门对基金进行监督和检查。担保机构的经营在操作上要规范化、制度化和公开化，担保计划的申请、审核、担保条件、违约确认和担保赔付等都应有明确规定并具有透明度。担保机构在决策过程中要严格按照规定的权限、程序办事，排除不适当的行政干预。政府管理部门对于政策性担保基金的主要责任在于明确担保基金的担保对象标准、承保条件和担保审查程序等，定期监督和检查担保计划的执行情况，而不是直接干预具体的贷款项目。

政府要保证担保基金有长期稳定的补充资金来源。中小企业是我国国民经济的重要组成部分，支持中小企业的发展将是各级政府的一项长期任务，针对中小企业的政策性信用担保机构将会在相当长的时期内发挥重要作用。这就需要各级政府制订一个长期计划，为政策性担保基金提供稳定的资金来源。在这方面，我们可以参考我国台湾地区的做法，每年由政府、银行和金融机构拨出一定的资金补充担保基金，而担保赔付额主要由担保费收入和基金利息支付。

（五）加强风险控制和管理

应当承认，信用担保，尤其对中小企业进行信用担保更具有风险性，但从国外的实践来考察，只要运作规范、设计合理，完全可以将风险和损失控制在可接受的范围内。

第一，建立银行和担保机构共担风险的机制。为防止商业银行放松对担保贷款的审核，一般来讲，担保机构不会进行全额担保，而是根据贷款规模和期限进行一定比例的担保，使担保机构和商业银行共同分担风险。例如，美国担保机构提供的担保金额为贷款额度的 75% ~ 80%。

第二，增强对中小企业所有者的约束。我国由于法律制度尚不完善，中小企业所有者可以通过多种手段逃避债务。针对这种状况，为加强中小企业所有者的责任，我国可以要求企业所有者以个人的家庭财产作为抵押品。

第三，确定合理的担保放大倍数。各国的担保放大倍数由于国情不同而有所差异，如韩国的担保放大倍数为15，而日本由于有信用保证保险，其担保放大倍数高达60。我国应根据自身的经济发展水平、中小企业经营业绩和信用水平、担保机构对风险的控制能力等因素确定合理的担保放大倍数。结合中国目前情况，我们认为，现行的放大倍数不高于15比较适宜。

（六）建立中小企业信用制度

信用担保体系是建立在中小企业信用制度基础上的，没有健全的中小企业信用制度，也就不可能拥有一个健康的信用担保体系。只有中小企业按时还款，使担保机构的代偿率在安全范围内才能确保担保体系的正常发展，从而扶持更多的中小企业，使之发挥预期的作用。中小企业信用制度的建立，可以考虑从以下几个方面入手：

第一，建立中小企业信用评级和信用登记制度。担保机构之间应建立统一的客户资信数据库，将中小企业担保贷款的相关情况记录在案。经过一段时期的资料积累，建立比较完整的中小企业资信记录，各担保机构则能方便地取得中小企业信用等级、担保贷款使用情况等重要信息。这样一来，有不良记录的中小企业要取担保贷款就比较困难，从而有利于促进中小企业树立讲信用的观念。

第二，促进资信行业的发展。我国目前缺乏专业的资信调查公司、信用评估机构，而仅仅依靠金融机构等的自身力量进行信用调查的成本过高。据此，我们应当鼓励信用调查评估中介机构的发展，支持建立企业资信数据库，为金融机构有偿提供客观公正的信用信息。

第三，提高会计信息的真实性。针对目前中小企业会计信息缺乏真实性的问题，一方面，政府应加大对虚假信息的处罚力度，规范中小企业的财务会计管理；另一方面，政府应考虑到目前中小企业缺乏专业财务会计人员的客观现实，适当降低对中小企业的要求，并通过财务会计辅导，以提高中小企业的财务会计管理水平。

——2002 年 6 月

原文略有修改。

第四篇 财税理论与实践问题研究

税利分流的理论依据及其现实意义

一、税利分流的理论依据

理论界相当一部分同志把税利分流的理论依据概括为国家具有两种权力（政治权力、财产权力）、双重职能（社会行政管理职能、经济管理职能），这两种权力可以相互独立存在，双重职能可以分离。因此，国家同国有企业的分配关系应当存在两个不同层次的分配，并应以税利两种形式分别进行分配。

应当说，这些概括和描述无疑是正确的。众所周知，社会再生产是生产、分配、交换、消费四个环节的统一。也就是说，生产对分配、交换、消费起着决定的作用，而分配、交换、消费对生产则起着反作用。分配在社会再生产过程中居于中间环节的地位，它不仅反作用于生产，而且对交换、消费也产生相当大的影响。就社会再生产运动中的分配而言，存在着两种属性的分配：一种是以生产资料所有者为主体形成的经济方面的分配，另一种是以国家为主体形成的财政方面的分配[①]。随着商品经济的发展，财政属性的分配逐步从经济属性中分离出来，演变成为与经济属性分配相独立的分配形式。

在自然经济条件下，无论是经济属性的分配，还是财政属性的分配，都主要采用了实物的形式。随着商品经济的发展，货币日益成为社会产品价值的表现形式，两种属性的分配都逐步采取了货币形式。分配物质形式

---

① 许廷星. 财政学原论［M］. 重庆：重庆大学出版社，1986：10.

的上述变化，也带动了分配关系产生一系列变化。例如，随着产权、知识等无形资产的商品化，以所有者为主体的经济属性分配的方式发生了变化，分配采取了股息、利息、红利等形式，所有权与经营权分离，分配权也由所有者转移到经营者。商品经济的发展，也改变了财政分配的物质形式，扩大了财政的职能。在自然经济条件下，财政本身的职能基本上是取得收入，为实现某种社会职能保障经济供给，对经济过程的影响不太显著。随着商品经济的发展和生产社会化程度的提高，财政职能有了明显的扩大。在商品经济社会，财政的主要职能已经不是单纯地保证政府经费供给，而是兼具经济发展最有效的调节杠杆。财政可以抑制或加速经济发展的步伐，引导生产经营方向，调整产业结构，合理分配社会利益等。因此，我们不仅要区别再生产过程中两种属性的分配，还要分析随着商品经济的发展，两种属性的分配所采取的形式变化以及由此带来的各种分配关系的变化，为我们正确地把握两种分配量的界限奠定基础。

随着商品经济的逐步发展，产权也渐渐地商品化了。所有权与经营权逐步分离，经济属性分配的主体由所有者向经营者倾斜，经济属性分配逐步转移到确保经营者的经营自主权方面上来。同时，财政属性的分配也采取了货币形式，财政的职能同时转移到具有保证政府供给和调节经济双重职能上来。因此，在商品经济条件下，经营属性的分配要确保经营者自主权的落实；财政属性的分配要确保社会经济职能，特别是对经济的调控职能的实现。根据经济决定财政的这一唯物主义观点，财政属性的分配必须服从于经济属性的分配。这就是处理两种属性分配关系的原则，也是经济属性分配以及财政属性分配量的规定性。

只有从上述观点出发研究问题，探讨税利分流的理论依据，才能派生出其他的理论依据，如社会主义国家的双重身份、两种职能及其体现出的问题，税收和利润是两个不同的经济范畴的问题，税利分流是社会主义市场经济的客观要求的问题，等等。

二、税利分流的现实意义

（一）把税收和利润这两个不同的经济范畴区分开来有利于
商品经济的发展

在商品经济条件下，税收和利润是两个不同的经济范畴，具有不同的
性质、职能、作用和机制，两者不能相互替代，否则就将阻碍商品经济的
发展。

第一，税收和利润是两种不同的分配形式，代表不同的经济主体，体
现不同的经济利益。

税收是国家存在的经济形式，体现了国家在社会经济生活中的存在。
税收发展到今天，其主要作用变成了为社会共同需要，协调资源分配，使
社会需要和个人需要协调发展。与税收不同，利润是投资者的报酬，体现
生产资料所有权和经营职能，代表着所有者和经营者的利益。如果说税收
是国家存在并行使职能的经济基础，利润则是企业存在和发展的经济条
件。没有税收，国家就不能存在，社会共同需要就不能得到满足；没有利
润，企业的发展就没有了物质基础。因此，国家为了行使社会职能，满足
社会需要，就必须征税；企业为了自身的生存与发展，就必须取得利润。
在分配过程还不能摆脱所有权统率的当今社会条件下，体现社会利益的税
收和体现所有者及经营者利益的利润就必须分开。

第二，税收和利润体现不同的经济职能，反映不同的经济运行过程。

税收体现政府承担的社会职能，反映社会分配结构和国民收入分配的
运行过程。经济越发达，生产社会化程度越高，社会经济职能越发展，税
收在国民经济总产值中的比重就越高。现代税收和社会经济发展有直接关
系。税收也可以被称为社会生产费用，是为了社会共同需要对社会收入的
一种扣除。在任何社会中，再生产都包含一定的社会职能。税收作为社会
职能费用是生产社会化的产物，在商品经济中是不可缺少的社会生产费
用。没有税收，社会职能就不能实现，社会经济就不能协调发展。与税收
不同，利润体现企业的经济职能，反映企业的经营状况。在剔除客观因素
的前提下，利润多，表明企业的经营状况好，投入产出的经济效益比较

好，管理水平比较高；利润少，表明企业经营状况不佳，管理水平低。在商品经济条件下，利润是企业生产经营的直接目的，也是企业生产经营的基本职能。按照物质利益原则的基本要求，我国允许在利益分配上适度拉开距离。利润多少直接影响着企业的自身利益，利润越多，企业发展的条件就越充分，自我积累、自我改造和自我发展的能力就越强，职工收入水平提高就越快。对一个没有利润或利润很少的企业来说，生产经营和职工收入都会受到限制。税利分流的作用，就是要使税收和利润所固有的经济职能归位，使它们在各自运行的经济过程中发挥作用。

第三，税收和利润具有不同的经济作用。

税收是国家干预经济和调节市场需求的经济杠杆，利润则是鞭策企业改善生产经营的有力手段。在商品经济条件下，要求税收和利润发挥不同的作用。现代商品经济具有高度的社会性，而市场经济的局限性不能满足社会的共同需要和保证国民经济的均衡发展。企业追求利润的盲目性，不能使资源配置和收入分配达到最佳状态，相反还会经常发生脱节现象。市场机制的作用在于推动企业之间的公平竞争。企业为获得较多的利润而积极采用新技术，开发新产品，提高劳动生产率，降低商品成本。但是，社会需求是多方面的，只是一味追求利润，也不能满足社会的全部需要。

首先，社会不仅需要盈利或盈利较高的产品，也需要微利或无利的产品，而企业对生产经营微利或无利的产品兴趣不大，这就需要国家运用税收来调节资源配置和收入分配，以满足社会需要。

其次，对一些不盈利的社会服务事业和公用事业，利润对此就不能发挥作用，这就需要国家利用税收配置资源，进行统一经营。

税收和利润的不同作用是由社会需要的广泛性和企业生产经营的局限性引起的，要满足社会共同需要，促进国民经济均衡发展，需要打破所有权的界限。国家利用税收调节资源配置和抑制竞争的消极方面，促进企业改善经营并提高效率，有效地利用各种资源。同时，国家也需要利用利润鞭策企业，使企业以较少的投入换取较多的产出，增加企业的纯收益。如果把税收和利润合而为一，就会使税收和利润失去固有的作用，不利于社会主义市场经济的培育和发展。

几十年的经验告诫我们：以利代税会导致否定税收的作用和歪曲利润的性质，以税代利又会导致否定利润的作用和歪曲税收的性质，都会造成分配过程被扭曲的严重后果。

（二）税利分流是社会主义市场经济的客观要求

1. 政府职能与所有者职能的分离要求实行税利分流

社会主义国家具有社会行政权力执行者和全民资产所有者的双重身份。作为前者，需要执行社会职能，要普遍征税，不受所有制的限制；作为后者，要凭借生产资料所有权参与国有企业税后利润的分配。这两种职能具有不同的性质，不能混淆。特别是在以公有制为主体、多种经济成分共同发展的社会主义市场经济中，区别这两种职能对协调经济运行具有非常重要的作用。作为社会代表，政府对各种所有制要一视同仁，平等对待，对不同所有制经济的存在与发展承担相同的义务，使各种所有制经济在平等的条件下进行竞争，共同协调发展。作为所有者，政府参与企业税后利润的分配，只限于国有企业，对其他所有制经济的税后利润不能涉足。征税与参与利润分配的原则完全不同。税收是依据社会需要和经济承受能力，按照法律规定进行征收。依法纳税是企业和公民的社会义务，而税后利润的分配只能依据国有企业实现利润的多少而存在差异，即利润多的多分，利润少的少分，亏损由所有者和经营者共同承担。按照社会主义市场经济的要求改革经济管理体制，首先就是要进行职能分离，使政府专司社会职能，把所有者的职能归还专门机构和企业。

2. 所有权与经营权的分离要求实行税利分流

按照市场经济培育和发展的要求，在不改变生产资料公有制性质的前提下，使国有企业真正成为独立的商品生产者和经营者，就必须把经营权（生产资料的支配权）交给企业，实行所有权与经营权彻底分离的新经济体制。坚持所有权与经营权分离的原则，是和私有化与反对改革进一步向纵深深化的倾向相对立的一个重要问题。可以设想，如果按照国家征税，税后利润归国家和企业分享的原则，实行税利分流，企业在纳税之后能够独立自主地处置归自己支配的那部分利润，政府也就失去了控制企业的条件，企业就会真正成为自主经营的经济实体。当前，我国要继续贯彻

《全民所有制工业企业法》和《全民所有制工业企业转换经营机制条例》，把企业的各项权利和责任不折不扣地落到实处；加强国有企业财产的监督管理，实现国有资产保值增值；加快转换国有企业经营机制和企业组织结构调整的步伐；坚决制止向企业乱集资、乱摊派、乱收费；减轻企业办社会的负担；有步骤地清产核资、界定产权、清理债权债务、评估资产、核实企业法人财产占用量，从各个方面为国有企业稳步向现代企业制度转变创造条件。

3. 财税体制改革的进一步深化要求实行税利分流

15 年的财税改革取得了不少成果，但与市场经济体制目标的要求比较起来，还大有文章可做，必须进一步解放思想，更新观念，坚持实事求是原则，把财税体制改革继续向前推进。

首先，实行税利分流有利于我国税制的进一步完善，形成以流转税和所得税双主体模式的复合税制。从 1994 年 1 月 1 日开始实施的新税制，在继续发挥并向全国推行以增值税为中心的流转税主体地位的同时，将统一和强化所得税制。另外，税利分流将重新确立所得税在调节国家和企业利润分配的地位，并使其真正发挥税收在收益环节中的调节作用，从而有利于逐步建立以流转税与所得税并重的税制模式。

其次，实行税利分流有利于进一步完善财政管理体制，促进分税制的顺利推行。我国财政体制改革的一项重要内容，是根据事权与财权相统一的原则，按照税种划分中央、地方的财政收入，明确中央、地方的财政支出范围，实行中央与地方的分税制。分税制改革的基本思路如下：一是有利于维护国家权益和实施宏观调控所必需的税种列为中央税；二是同经济发展直接相关的主要税种列为共享税；三是充实地方税税种，增加地方税收收入；四是通过发展经济，提高效益，扩大财源，逐步提高财政收入在国民生产总值中的比重，合理确定中央财政收入和地方财政收入的比例。

最后，实行税利分流有利于复式预算制度的建立，严格控制财政赤字。实行复式预算以后，国家预算一分为二，第一预算为经常性预算收支，第二预算是生产建设预算。前者是国家以社会管理者的身份，从税收收入中取得；后者是国家以国有资产所有者的身份，从上缴利润中取得。

税利分别纳入国库后，逐步实行定向分流，税收收入主要用于社会公共需要，上缴利润主要用于发展国民经济。实行复式预算之后，我国要严格控制财政赤字。中央财政赤字不再向银行透支，而靠发行长短期国债解决。

——原文载于《财经科学》1994 年第 2 期

（原文题目：《税利分流的理论依据及其现实意义》，作者：汪孝德。原文略有修改。）

我国财政支出的几个基础理论与实践问题

一、财政支出的内涵

　　财政支出是国家财政分配活动的重要组成部分，是国家集中性财政资金的再分配。在社会主义条件下，国家具有国有资产所有者和社会行政权力执行者的双重身份。与之相适应，社会主义国家就具有经济管理和社会行政管理的双重职能。为履行经济管理职能，国家要将一定数量的财政资金用于物质文明建设，为培育和发展社会主义市场经济创造环境和提供条件，促进国民经济的持续发展；为履行社会行政管理职能，国家要投入相当数量的资金用于精神文明建设，促进社会事业的全面发展。国家财政资金的投入是一种有计划地进行的再分配活动，国家财政资金投入的具体用途和使用方向，正是为了国家实现其职能的需要。

二、财政支出的原则

　　财政支出是财政收支矛盾的一个方面。财政支出中涉及收入和支出的矛盾、各项支出之间的矛盾以及财政支出形成的购买力与物资供应之间和财政支出与使用效果之间的矛盾。保证财政资金的合理分配与有效运用，就必须探索财政支出中的矛盾及其规律性，研究财政支出的原则。

（一）合理配置资源的原则

　　在市场经济条件下，资源配置主要由市场机制来完成。市场经济要求以市场作为资源配置的基本手段，市场是经济运行的中心枢纽。但是，市场机制本身存在着明显的缺陷。我国社会主义市场经济运行机制还不健全，市场利益主体还未真正确立，市场调节还不能有效发挥作用。在这种情况下，国家就需要运用宏观调控，通过对生产要素的分配，实现资源的最佳配置。

财政支出关于资源配置所要解决的问题主要包括三个方面：一是资源配置的规模，即哪些项目该由政府开支，也就是确定支出的范围；二是如何配置资源，即如何分配资金；三是资源配置是否具有有效性，即如何讲求节约和有效运用财政资金的问题。

有关政府支出范围的确定，西方财政学往往从公共产品和私人产品的划分以及市场缺陷的角度来论证政府参与和干预资源配置过程的必要性，而在决定对某项支出是否应配置经济资源或配置多少，则以获得最大社会效益为原则。

在我国社会主义初级阶段，不仅存在着市场机制本身的缺陷，而且在体制转轨过程中出现的一些问题也会影响市场机制在资源配置中的作用的正常发挥，这就使政府在资源配置上的作用显得更加重要。另外，由于我国的公有制经济基础，又使政府资源配置的职能具有更广阔的领域，政府可以依据国有经济产权所有者代表的身份直接决定一部分资源在不同部门的投向，可以通过财政拨款、贷款或财政补贴等方式增加对某些部门、企业的投资，改善国民经济薄弱环节的状况，使其适应国民经济整体发展的需要。政府还可以通过税收、利润上缴等从各部门适当集中资金，防止某些部门过快发展可能造成的资源浪费。可以肯定，我国政府在资源配置中的这种特殊地位将会持续很长时间。

（二）坚持量入为出的原则

财政支出与财政收入是一对矛盾，在一般情况下，财政收入是矛盾的主要方面，财政支出是矛盾次要方面。所谓量入为出，是指在一般情况下，根据收入的多少来安排支出，支出不能超过收入。量入为出原则的依据在于：从分析矛盾入手，透过现象看本质，考察财政支出需要的无限性和财政收入的有限性之间的矛盾。财政支出反映着国家各项建设事业的需要，而这种需要可以说是无限的。国家建设的规模总是希望越大越好，人民生活水平提高的幅度也总是希望越高越好。但财政收入是有限的，也就是说满足这种需要的可能是有限的，它要受一定经济发展水平的制约。因此，处理财政收入与财政支出之间矛盾的原则，就必须坚持量入为出原则，并力图做到略有结余。

量入为出原则的最大优点是能保持财政收支平衡，即财政收入减去财政支出要有一定数量的余额。社会主义中国完全有必要也有可能实现财政收支平衡。第一，社会主义财政是为人民的利益服务的。国家可以自觉地通过发展经济、广开财源、努力增加生产、提高经济效益的办法来正确处理生产建设与人民生活、积累与消费的关系，把财政支出安排在财政收入的可靠基础上。在一般情况下，政府应不搞财政赤字。第二，社会主义财政是建立在以公有制为主导基础之上的，国家能够在全社会范围内对社会产品和国民收入进行计算，并有计划地加以分配，可以量入为出、量力而行。

量入为出原则，可以说是在我国特定的供需关系的情况下，必须遵循的一个支出原则。长期以来，我国供求矛盾的基本特征是总需求大于总供给。因此，我国政府调节总需求经常采取的是紧缩政策，也就是坚持财政收支平衡，略有结余。在特定的历史时期，对于出现的财政赤字，我国的基本态度也必须是努力缩减直至消除财政赤字。因此，只有坚持量入为出的原则，才能使国民经济在稳定的基础上持续发展。

（三）讲求效益的原则

财政资金分配中，讲求效益，就是在安排财政支出的全过程中，包括事前、事中和事后，始终坚持精打细算，用较少的投入获得更多的产出，即用最小的耗费取得最大的效果。

这一原则要求财政工作做到微观效益和宏观效益、短期效益和长期效益、经济效益和社会效益的统一。从原则上说，财政支出效益与微观经济主体的支出效益是一致的。但是，由于政府处于宏观调控主体的地位，支出项目在性质上也千差万别，同微观经济主体的支出效益又存在重大差别。首先，两者计算的所费与所得的范围大相径庭。微观经济主体只需分析发生在自身范围内的直接的和有形的所费与所得，政府则不仅要分析直接的和有形的所费与所得，还必须分析长期的、间接的和无形的所费与所得。其次，两者的选择标准不同。微观经济主体的目标一般是追求利润，不可能选择赔钱的方案；政府追求的则是整个社会的最大效益，为了实现此目标，局部的亏损是可能的，也是难以避免的。在提高财政支出使用效益的全过程中，政府需要处理好极为复杂的问题。

三、财政支出的构成

　　财政支出的构成是指财政资金再分配的内容组合及各种支出占总支出的比例关系。这一概念包含两层意思：一是指财政支出具体用在哪些方面，比如在公共财政条件下，用于基础产业支出、行政管理和国防支出、社会保障支出等；二是指各种财政支出量在财政总支出量中所占比重的大小，比如政府的基础产业支出、社会保障支出的量在财政总支出量中各自所占的比重。财政支出具体用于哪些方面，首先取决于国家职能的实现，因为财政是以国家为主体的分配活动。另外，财政支出的流向与用途还同体制问题有着密切的联系。在市场经济条件下，政府实施公共财政，国家财政用于生产性建设的支出将大量减少，更多的财政资金将用于公共财政支出。财政支出是政府实现资源配置的主要手段，是制约形成我国经济结构、产业结构、国民经济部门结构的重要因素，并影响积累与消费比例关系的形成。因此，在市场经济条件下，在政府实施公共财政的过程中，研究财政支出构成的基本状况和变化调整，对贯彻党和国家的方针政策，有效实现财政分配对促进社会经济发展与人民生活水平提高以及社会政治经济生活的宏观调控都有重要的理论与现实意义。

四、财政支出的分类

　　财政支出的分类，就是按某种标准，将各项财政的支出进行适当的归集。分类方法的选择，主要取决于对支出进行某种反映和分析的目的。为了正确安排和有效使用财政资金，提高财政支出的整体效益，有必要从不同角度对财政支出进行科学分类，为正确处理各类财政支出的比例关系提供依据。

（一）按国家预算管理方法分类

按国家预算管理方法划分，实际上就是按预算科目划分，也就是按各项支出的具体用途划分。按这种分类方法，财政支出可以分为经济建设支出、科教文卫支出、行政管理支出、国防支出、债务支出、社会保障支出和其他支出等类别。这是国家编制支出预算通常采用的方法。

（二）按财政支出在社会再生产中的作用分类

按财政支出在社会再生产中的作用划分，实际上就是按财政支出的使用结果分类。按这种分类方法，财政支出可以分为积累性支出、消费性支出和补偿性支出三大类。

积累性支出是指用于增加社会物质财富积累方面的支出。这类支出主要包括生产性的和非生产性的固定资产投资、企业挖潜改造资金支出、增拨企业流动资金、增加国家物资储备支出等。积累性支出在全部财政支出中占有很大的比重。积累性支出在提高劳动人民的物质文化生活水平、促进社会生产力的发展方面发挥着重要作用。

消费性支出是指用于社会消费和部分个人消费方面的支出。这类支出主要包括文教、科学、卫生、行政、国防等非生产部门的公用经费和人员经费。消费支出在全部财政支出中占有相当比重，在提高劳动人民的物质文化生活水平、促进社会生产力的发展方面发挥着重要作用。

补偿性支出是指国家财政拨付，用于弥补国有企业生产资料损耗，以维持简单再生产的那部分费用。随着经济体制改革的深化，财政集中的补偿性支出逐步交由企业自主支配使用，这部分支出所占比重很小。

这一分类理论上的依据，就是马克思在《哥达纲领批判》一书里所阐述的关于共产主义第一阶段社会产品的分配原则。马克思的"六大扣除"的内容基本上确定了财政支出的范围。这表明了社会产品的最终用途可归为补偿性支出、积累性支出和消费性支出。

（三）按财政支出用于不同部门分类

按用于不同部门划分，财政支出可以分为国民经济各部门支出与国家管理各部门支出两大类。国民经济各部门支出可以分为工业、农业、林业、水利、水产、交通、邮电、商业和物资管理等部门的支出。国家管理各部门的支出可以分为科教文卫支出、抚恤和社会福利救济支出、行政管理支出和国防支出等。

（四）按国家预算体制分类

按国家预算体制划分，财政支出可以分为中央财政支出和地方财政支出两大类。中央财政支出主要包括全国性的支出，如国防支出、外交支出、中央政府机关和所属各部门的支出、中央对地方的税收返还、按体制规定的补助地方的支出、中央对地方的专项拨款和特殊拨款补助支出等。地方财政支出主要包括按体制规定应由地方承担的本级各项支出，如体制规定的上解中央财政的支出、对下级地方财政的税收返还支出、补助支出、专项拨款和特殊拨款补助支出等。财政支出的这种分类，可以反映一定时期内中央与地方政府财力分配情况和各级政府职责事权的实现程度，保证中央对全国实现宏观调控的目的，也可以促进地方社会经济事业的发展，达到充分调动中央与地方积极性的目的。

（五）按财政支出是否具有直接的补偿性分类

按财政支出是否具有直接的补偿性进行划分，财政支出可以分为购买支出和转移支出两大类。

购买支出是指政府以买主的身份在市场上购买为执行国家职能所需的商品与劳务的支出。购买支出包括政府机关日常行政活动所需商品与劳务的支出；政府用于公共工程投资所需商品和劳务的支出，等等。政府购买支出的直接补偿是获得价值相等的商品与劳务。

转移支出是指政府通过一定的渠道或形式，将一部分财政资金无偿地转移给居民、企业及其他受领者的支出。转移支出包括捐赠支出，对外国的援助和向国际组织的缴纳，公债利息支出，对居民、私人企业以及社会团体的补助支出，等等。其中，补助支出是最主要的构成部分。政府转移支出的发生并不获得直接的经济补偿物。

购买支出和转移支出所起的作用是不同的。前者的支出过程是使政府拥有的资金与市场提供的商品和劳务相交换，对生产与就业有直接影响，对分配的影响是间接的；后者的支出过程是将政府拥有的资金转移到受领者手中，导致资金所有权的转移，对分配产生直接的影响，但只有等到受领者以其所得的补助金用于购买商品和劳务时，才能对社会的生产和就业有所影响，其影响是间接的。

由于购买支出和转移支出对生产与分配、对全社会的商品和劳务供求关系的影响不同，因此在财政支出中区分这两种支出，就有其重要的意义。

五、财政支出规模分析

在市场经济条件下，国家财政支出的规模问题是客观存在的。研究国家财政支出，就必须对财政支出的规模进行科学的数量分析。财政支出的规模反映了财政支出数量的大小，它制约着国家财政在国民收入分配中实际支配使用的规模，直接影响政府实现职能的财力保证程度。

纵观当今世界，各国政府的财政支出均呈现不断增长的态势。这是由于社会经济的日益发展和复杂化，国家职能不断扩张，政府从事的各项活动不断增加，从而使政府的财政支出也不断扩大。从世界范围考察，一般来说，政府财政支出的增加而造成的财政收支不平衡也就成为推行市场经济过程中的客观现实。中国的情况也不例外。我国在改革开放和建立社会主义市场经济的过程中，政府面临处理较以往计划经济体制下更为复杂的各种社会问题，从而要求进一步完善和强化政府对社会的管理职能与对经济的宏观调控，以保证实现市场经济条件下的社会进步和公平。因此，对于中国来说，政府财政支出的逐年增长也是一个总趋势。在财政收入有限的条件下，如何有效控制财政支出的增长，合理确定财政支出数量，就成为国家调控经济和协调社会总供需平衡的重要课题。

研究政府财政支出的数量界限，必须从研究一些基本关系入手。

（一）财政支出与财政收入的数量关系

财政支出总量的数量界限，主要取决于财政收入总量的数量界限。从总体上看，财政收入的规模和增长速度，决定着财政支出的规模和增长速度。财政收入的数量比较多，才有可能安排比较多的财政支出；反之，就只能安排比较少的财政支出，甚至还有可能低于原来已经达到的支出数量的水平。财政收入直接制约着财政支出。在一定时期内，财政收入的数量是有限的，而财政支出则是无限的。从需要的角度讲，支出数量越大，满足需要的程度就越高，而这种需要的程度满足，最终取决于财政收入的数量，这是不以人的主观愿望为转移的客观事实。因此，在一般情况下，财政收入总量是财政支出的最大限量。

在我国推行复式预算的条件下，经常性预算的支出主要用税收收入来安排，且不列赤字。在这部分预算中，财政收入与财政支出在数量上不仅对应关系明确，而且财政收入对财政支出的数量起着决定性的制约作用。在建设性预算中，尽管国家允许因建设资金紧缺可列赤字，并通过发行国债来弥补，但由于国债的还本付息将取决于以后年度财政收入的增长，因此即使是建设性预算支出的规模，实质上仍然取决于国家财政收入在一定时期内可能实现的数量。

在财政收入总量既定的条件下，为了保持财政支出总量的数量界限不致被突破并保持合理增长，在安排财政支出时要做到三个"注意"：一是要注意防止财政支出范围的随意扩大，二是要注意安排财政支出的轻重缓急，三是要注意防止发生"寅吃卯粮"的现象。

（二）财政支出与国民收入的数量关系

财政是国家为了实现其职能的需要，参与一部分社会产品或国民收入分配和再分配的分配活动。这里财政分配的客体主要是一部分国民收入。在我国财政分配中，我们通常以财政收入占国民收入的比例来衡量财政分配规模的变动。在一定时期内，国民收入增长的速度以及总量，直接制约着财政收入的规模与增长速度，也直接制约着财政支出的规模与增长速度。如果财政收入与国民收入的比例提高，一般反映出财政集中性分配程度的提高，反之就下降。与此相适应，这也必然反映出财政支出规模的相对扩张或紧缩。无论财政支出占国民收入的比重如何，都直接反映了财政在国民收入总量中所实际分配的份额，并通过财政支出对社会各个方面的分配比例产生影响。

财政支出的规模与国家实行的经济体制有关联。我国实行计划经济体制时期，财政支出占国民收入的比重较大。在经济体制改革以后，财政支出占国民收入的比重逐渐缩小。随着我国社会主义市场经济体制的逐步确立以及公共财政的逐步实施，两者的比例还会有新的变化。

（三）财政支出结构中的数量关系

财政支出结构，即财政支出构成，是指财政支出为满足各方的需要，在支出总量既定的条件下，总量内部各个构成部分的比例关系。各构成部分在量上的增减，又将对财政支出总量多少产生实际的影响。为了有效控制财政支出总量，我们必须合理确定财政支出的基本构成。这里，我们首先要明确并保证财政支出和最低需要量。

第一，财政要保证上年已达到的满足社会共同需要部分的支出量。

第二，财政要保证随生产发展和人口增长相应增加的社会共同需要部分的支出量。

第三，财政要保证为满足人口增长而必须追加的生产性和非生产性应由国家承担部分的支出量。

在此基础上，随着经济的发展、国民收入的增加和财政收入的增长，财政支出还必须兼顾积累性支出和消费性支出的合理比例，为发展经济以及社会共同消费和人民生活水平提高创造条件。

六、财政投资支出概述

在市场经济条件下，在公共财政支出的内容中，购买支出按经济性质可以划分为两种类型：一是政府投资性支出，二是社会消费性支出。政府投资性支出主要包括用于国家经济发展所需要的基础产业建设的投入、扶持与开发农业的投资以及国家物资储备支出等内容。社会消费性支出主要是为满足全社会共同需要的那部分财政支出，如科学、文教、卫生、行政管理和国防支出等。政府投资性支出和社会消费性支出占购买性支出的比重，因不同国家及同一国家的不同经济发展阶段而有所差异，但两种类型的购买支出又因性质和作用的不同而不能相互挤占与取代。

（一）政府投资性支出的必要性

政府投资性支出又称财政投资性支出。在国家经济生活中，不论各国经济制度有何不同，政府投资都是公共财政支出的重要组成部分。无论从历史的角度还是从现实的角度考察，政府投资的存在和发展均具有客观必然性。

1. 政府投资形成的客观基础是满足社会经济发展的需要

随着国家的出现和社会的演进，政府投资对经济的影响和干预也同时开始并逐渐增强。从古今中外的历史与现实考察，政府投资的形成与增强，直接或间接地都与一个国家的社会经济发展的需要密切相关，是社会经济发展的内在要求。人类历史进入奴隶社会和封建社会，在自然经济条件下，农业作为社会经济发展的支撑，客观上要求对农业加大投入力度，其中包括了政府对农业的人财物投入。在这一历史时期，几乎所有的国家，历史上的公共工程都是与农业直接相关的水利设施建设。在农业社会的中后期，由于社会经济的发展和统治者实现扩张及强权政治的需要，水陆交通的建设以及与此相关的财政投入已逐步成为政府公共投资的重要内容。封建社会中后期和资本主义社会，随着商品经济的不断发展和政府职能的拓展，政府承担的公共工程与公共支出的范围和数量也就相应扩大与增加了。

在现代社会，伴随着市场经济体制的培育和确立，为了推动社会经济的快速发展，政府的投资性支出必然有一个新的变化。一方面，在市场经济条件下，市场投资主体的经济活动需要更多的基础条件与良好的市场环境才能实现，更大规模的基础产业的建设成为制约市场经济发展的关键性环节；另一方面，特别是在当今世界，大规模的交通运输网络、能源供给系统等基础设施建设所需要的巨大财力投入已不能为市场投资主体所承担。有鉴于此，一个国家要想推进社会经济的迅速发展，政府就必须在基础设施建设支出方面注入大量的财政资金，为市场经济的正常运行创造条件，从而也推动了政府投资规模和投资范围的扩张。

当今世界，各国政府每年都要用相当数量的财政投资注入公共工程和基础设施建设领域，许多国家通过政府援助和补贴等形式支持国家特定行业的发展。当然，在政府公共支出总额中，政府投资所占的比重并非一直都呈上升趋势，但政府投资的绝对额确实呈不断增长的态势。我国经济体制改革前后的状况亦是如此，即在改革开放前的 30 年中，政府投资占财政支出的比重较大；改革开放后，这个比重虽然呈下降趋势，但政府投资的绝对额仍呈增长态势。世界各国的实践表明，社会经济发展的需要是政府投资形成的客观基础。

2. 政府投资的规模和结构与国家经济制度的内在联系

一个国家实行什么样的经济制度将会直接影响政府投资的规模与结构。

实行计划经济体制的国家，由于国民经济的发展计划由政府统一制订并做出安排，政府是投资主体，政府对国民收入分配的集中程度高，政府投资在社会总投资中的比重必然占据着最大份额，政府投资的方向自然也成为决定社会投资结构的关键性因素。我国实行高度集中的计划经济体制的约 30 年间，政府统收统支，政府投资无所不包。在政府的财政支出中，用于扩大再生产的支出数额占了相当大的比重。其中，固定资产投资，特别是外延型的基本建设投资和支出占财政总支出的比重最大。由于体制的影响，在改革开放以后的经济体制转轨期间，尽管基本建设投资占财政总支出的比重有所下降，但就其绝对额来看仍然是不断增加的。

实行市场经济体制的国家，在实施公共财政条件下，无论政府投资的规模还是结构，都会产生许多新的变化。这是因为，在市场经济条件下，政府对正常的经济活动并不进行直接干预，政府投资主要用于弥补市场投资主体的不足，投资于一些重要的公共工程及基础设施项目，而大量的社会投资活动则由市场投资主体来完成。尽管发达国家和一些发展中国家都在实行市场经济制度以及实施和推行公共财政，但由于东西方国家在国情、经济发展水平等诸多方面的差异，因此对政府投资的影响也不尽相同。在发达国家，由于国情的原因，实行市场经济制度的历史较长，市场体系也比较健全，因此政府干预经济的力度相对较弱。再加上发达国家的经济发展水平较高，适应和满足市场经济需要的公共工程与基础设施也比较完备等，因此在一些发达国家的公共支出中，购买支出和政府投资的比重与增长速度已低于转移支出占公共支出的比重和增长速度。

在一些发展中国家，由于历史的原因，其经济比较落后，市场体系尚未形成，政府还面临如何加快经济发展的迫切任务。因此，政府在促进经济发展的过程中较发达国家有更大的压力，客观上需要政府在发展经济方面进行更多的投资。例如，为解决发展中国家的经济基础薄弱、地区经济发展不平衡、市场发育不完善以及一些重要的基础产业还不能为经济增长提供必要的保障等现实问题，政府必然要向国内的基础产业部门和一些能形成规模经济的大型建设项目进行必要的投资，否则国家经济发展的速度就会受到严重的制约和影响。正是基于这个原因，发展中国家要实行市场经济并推行公共财政就必须注意两个问题：一是要从本国实际出发，实行具有自身特色的市场经济制度；二是要采取逐步推进的原则，在推行公共财政时不可一蹴而就，财政投资只能逐步从生产领域退出。

3. 投资结构与产业结构的合理化需要政府投资的配合

按照社会再生产理论的要求，投资结构与产业结构的合理化是当代各国政府追求的目标。在市场经济条件下，由于国民经济是一个有机整体，国民经济各部门的协调发展必然要求一些基础产业部门和基础设施项目的建设先行，为整个国民经济的快速发展创造条件。要实现合理的投资结构及产业结构，政府就必须对那些具有显著的外部效应、社会效益高但经济效益差的建设项目和基础产业部门进行必要的投资，以促进国民经济的协调和快速发展。

（二）政府投资的内涵与特征

政府财政性投资是社会总投资的一个特殊组成部分，是政府作为特殊的投资主体，为促进国民经济的协调发展，利用公共财政支出对社会经济发展中的一些特定部门进行的一种特殊的投资活动。

在市场经济条件下，配置资源是市场机制的职能和主要形式。市场配置资源的基础性作用决定了市场投资主体的主导地位，政府财政性投资只能扮演补充角色。政府投资的补充角色，正是政府作为一种投资主体的特殊作用决定的。这是因为在市场经济条件下，仅仅只有市场主体的投资行为并不能满足社会经济长期稳定的发展和需要，客观上要求国家运用政府财政性投资来加以补充，并使之成为国家对国民经济进行有效管理和宏观调控，以弥补市场缺陷的重要手段。

政府投资与非政府投资相比较，有其自身的显著特征：

第一，政府投资着眼于社会的全局利益与长远利益，以实现社会经济的全面发展和良性循环为目标。社会效益是深远的全局性效益，其效益的规划与实现都要依赖政府。非政府投资主体的目标一般是追求利润。因此，对社会效益和社会成本的考虑是政府进行投资的主要依据，而投资的个别成本和盈利并不是政府投资所要考虑的主要问题，有时局部的亏损不仅难于避免，而且还具有一定的合理性。

第二，政府投资要为国家政治经济目标实现服务，有其强烈的政策性倾向。政府投资作为一种特殊的投资方式，其意义不仅在于可以产生一般投资具有的作用，而且还要通过政府投资来实现国家在一定时期内的政治经济目标，满足政府进行宏观调控的需要。政府投资的扩张或收缩，对社会总供给与国家的经济运行会带来非常明显的影响，即通过政府投资的扩张和乘数作用，则能引导、刺激社会投资和供给的成倍增长；减少政府投资则能抑制供给过度和通货膨胀。调整政府投资还能有效地影响物价和就业水平，促进社会经济的稳定。

第三，政府投资是对市场投资的补充，事关国计民生的大型项目和长期项目是政府投资的主要对象，如基础设施、环境保护以及一些重要的公共工程。在公共财政条件下，财政投资通常不进入竞争性领域，凡是有明显经济效益的投资项目都不是政府投资的对象，政府投资只能是对市场投资行为的补充。

（三）政府投资的范围

在市场经济条件下，政府投资必须限制在特定的范围之内，其基本任务是弥补市场缺陷，为市场经济的健康运行创造环境和提供条件。

立足于非盈利性是政府投资的出发点。政府作为社会管理者，其行为动机不是也不能是取得相应的报酬或盈利，而只能以追求公共利益为己任。其职责只能是满足社会公共需要，为市场的有序运转提供必要的制度保证和物质基础。基于政府投资的出发点和归宿是满足社会公共需要。在公共财政框架下，政府投资的范围可以概括为以下几个方面：

1. 政府投资主要用于基础产业、农业以及长期性战略物资储备所必需的资金投入

在现代社会，国民经济的健康协调发展有赖于基础产业先行作用的支撑，有赖于农业基础地位的巩固，有赖于国家必要的物资储备作为经济发展的后盾。这是市场经济条件下的必然，也是政府的职责所在。此外，在必要时，政府也对一些重要的新兴产业部门进行投资，以促进国民经济的持续快速发展。

2. 政府对科研和教育的投资

现代社会实践表明，一个国家的综合实力如何，关键取决于政府对科研和教育的重视程度，取决于政府对这方面财政投入的多少。纵观世界，现代经济高速发展，各国间的竞争日趋激烈，许多国家从长期发展的战略高度出发，加大了对科研和教育的投资力度。

3. 政府投资于社会事业和国防安全

古往今来，国家用于社会事业和国防安全的财政支出，既构成了财政支出的一个重要方面，也是国家作为行政管理者而履行职能的重要体现。当今世界，无论实行哪种社会经济制度的国家都概莫能外。

七、基础产业支出

在市场经济条件下，基础产业支出在整个公共财政支出中占据重要地位。在国民经济各部门中，基础产业部门起着举足轻重的作用，因此各国政府都非常重视基础产业的率先发展，并投入了可观的财政资金。

（一）基础产业的内涵与投资来源

1. 基础产业内涵和基础产业部门的特征

从一般意义上讲，基础产业是指能为实现国民经济的正常运转和持续发展提供保障和条件的特定经济部门的总称。在社会经济生活中，基础产业部门通常是指一个国家的基础设施建设和基础工业部门。基础设施建设包括各种类型的交通运输建设项目、城市基础设施建设项目和重要的公用事业部门等。基础产业主要包括能源开发建设项目和重要的基础原材料开发利用项目等。这些产业部门在国民经济产业链中或居于"上游"环节，或者为国民经济各部门提供"共同服务"。因此，基础产业和基础产业部门均具有"提供基础性保障"的基本特征。

除基本特征外，基础产业部门还具有非常明显的"外部经济效应"和"社会效益"的突出特征。基础产业部门的建设和经营难以有效实现部门的内部效益，更不能取得社会平均利润。同时，基础产业部门又是提供各种产品和服务的企业或特殊行业，自然也需要和应当通过正常的经营活动来核算其成本与效益。尽管政府对基础产业的投资不以营利为目的，但也必须遵循投入-产出原则，讲求效益。因此，基础产业部门的建设应与国家一定时期内社会经济的发展要求相协调，严重短缺或过度超前发展均不可取。

2. 基础产业的投资来源

基础产业的投资主要来自政府，政府是发展基础产业的主要投资主体。在市场经济条件下，社会投资主体进行的各种投资，其目标是追求利润最大化，投资的前提是取得投资的预期收益，最基本的界限是社会平均利润率。基础产业具有投资规模大、建设周期长、收益慢、投资效益低的特性。这决定了它不会成为市场投资的首要选择，只有政府才是它的主要投资者。

一个国家基础产业的发达程度是社会经济的发达和繁荣程度的重要衡量标准之一。在通常情况下，拥有发达的基础产业部门的国家，社会经济的发展程度都比较高，而在经济落后的国家和地区，其基础产业部门则相对发展不足与落后。在发展中国家，由于历史的原因，经济基础比较薄弱，基础产业相对滞后，在很大程度上制约了国民经济的协调快速发展。如果发展中国家的政府不对基础产业进行必要的投资，就必然形成国内基础产业发展滞后的局面，并最终拖累其他经济部门的发展。中国改革开放后，在财政困难的情况下，政府非常重视基础产业的发展，对能源、交通、通信等基础产业部门注入大量资金，取得了明显的积极效果，促进了国民经济的持续快速发展。

3. 基础产业投资规模的确定

基础产业投资规模的确定是一个综合性的经济问题，与国民经济和社会发展的多种因素相关联，这就要求政府在对基础产业进行投资时，应当从国民经济整体和社会发展的高度来思考。这就是说，确定基础产业投资的直接依据是基础产业的发展规模，而基础产业应保持多大的规模又与社会经济发展的需要与可能密切相关。

（1）基础产业与主导产业的关系。按照产业经济学原理，主导产业一般是在国民经济中科学技术先进、技术渗透力强，并对一个国家的经济增长发挥直接推动作用的产业部门。主导产业与基础产业的关系非常密切，主导产业的发展有赖于基础产业提供支撑，而基础产业的发展程度则要考虑主导产业发展的需要程度。基础产业的发展需要把握一个"度"，"短缺"和"过剩"均不可取。因此，基础产业只有与主导产业和各经济部门的发展相适应，才能发挥其最大的效用。这就是说，适度发展的基础产业可以有效地协调其他经济部门生产要素的合理配置，促进国民经济整体功能得到更有效地发挥；否则，将降低整个产业结构的配置效率。

（2）基础产业与社会公共部门的关系。从财政支出的角度讲，基础产业与社会公共部门的发展都需要政府的财力投入，都需要政府的公共支出来加以保障。正因为如此，在政府公共支出数额一定的条件下，上述两类支出与公共支出的比重就存在着此消彼长的关系。因此，作为政府来说，对社会公共部门的发展也需要把握一个"度"，即需要对社会公共部门的发展规模进行恰当的控制，以防止出现不正常的膨胀。此外，特别是在市场经济条件下，如果公共部门过分扩张，既消耗有限的社会资源，又不能促使国民财富的增加，还会造成政府对市场进行必要调节时的财力不足，进而影响预定经济目标的实现。总之，不论是从改善财政状况，还是从增强政府对宏观经济调控能力来考虑，都要求政府必须重视对公共部门规模的合理控制，以实现公共财政支出的最佳效益。

（3）基础产业与事业部门发展的关系。社会事业部门是指包括教育、文化、体育等部门在内的社会事业部门的总称。社会事业的发展是人类进步与追求的重要目标，其发展离不开基础产业的支撑。社会事业发展与基础产业发展的关系，更多的是通过基础产业中的公共基础设施为社会事业的存在与发展可能提供的保障程度来实现，其公共基础设施的状况，都将对教育、文化、体育等部门的发展程度产生影响。人类社会的进步与发展，不仅需要物质文明的建设，同时也需要精神文明的建设，两个文明建设的同时发展，才是人类社会进步的共同追求。古往今来，特别是在现代社会，政府都将社会事业的发展摆在重要位置，都将可观的财政支出用于支持社会事业的发展。在经济发达的国家和地区，社会事业通常与发达的基础设施建设共同进步，人们也具有较高的综合素质；在经济欠发达的国家和地区，各项社会事业的发展程度较低，对人们综合素质的提高造成不利影响。因此，在国家经济发展的过程中，基础设施建设投资的增长会随着社会发达程度的提高而增加，这也能说明为什么目前在一些发达国家中，政府在这方面的投资甚至比对其他基础产业的投资增长更快些。发展中国家由于历史的原因，在这些方面欠账太多，只有在经济发展的基础上，加大社会事业发展与基础产业发展的力度，增加政府的财政投入，才能摆脱贫困落后的面貌。

4. 基础产业投资结构的确定

基础产业主要包括基础工业和基础设施两大门类，它们在整个社会经济的存在、运行和发展中起着基础性作用。基础工业和基础设施，尽管在整个社会经济中都起着基础性作用，但由于它们在整个社会经济中的地位有所差异，因此决定了它们的基础性作用也有所差异。政府在对基础产业进行投资时，应当根据它们在整个社会经济中的地位和作用，进行合理安排，实现政府投资的最大效益。

（1）基础工业投资。基础工业在国民经济的产业链中处于"上游"

环节。基础工业产品的供给状况，对国民经济的正常运转产生至关重要的影响。

政府对基础工业的财政投资，必须把握两点：一是"满足"，即满足国民经济的正常运转和健康发展的需要；二是不要"过剩"，如果基础工业过剩，对国民经济也会产生不良影响。换言之，政府投资基础工业，首先要满足现有生产能力充分发挥作用的需要。在这个前提下，政府再根据国民经济和未来产业发展的方向与需要，对一些具有重要相关作用的基础工业的提前开发而进行必要的投资。政府在对基础工业进行投资时也不能盲目超前，导致基础工业的过剩。如果基础工业过剩，对国民经济的正常运行也会带来不良的影响。

（2）基础设施投资。在国民经济体系中，基础设施具有不可替代的特殊地位。具体来讲，基础设施就是为整个社会的生产过程提供共同生产条件的部门，也是为整个社会的非生产部门和人民生活提供特定产品和服务的部门，大多具有公用性、非独占性和不可分性，从而使基础设施在相当程度上具有"公共产品"或"准公共产品"的基本特征。

基础设施的特殊性决定了它不能以单纯的经济效益为追求目标，更多的是应当考虑如何实现最大的社会效益，通过基础设施的完善来促进社会经济和各项社会事业的快速发展与全面进步。正因为如此，一般来讲，政府就自然成为基础设施投资的主体。如果政府不能对基础设施进行必要的投入，基础设施建设势必难有大的发展。

八、发展农业支出

在国民经济中，农业是一个极为重要的物质生产部门，主要提供人们所必需的最基本的生产资料，关系着国计民生。农业的发展，也是国民经济其他部门发展的重要条件，它不仅为加工业提供原材料，也是其他工业部门实现其生产积累的重要市场。古今中外，几乎每个国家都把农业及其发展摆在十分重要的位置上。特别是在市场经济条件下，各国政府对农业更为关注，对农业的发展给予足够的财政投入以及鼓励相关的农业投资。

（一）政府发展农业支出的必要性

农业支出是指国家财政用于发展农业方面的资金。毛泽东同志历来重视农业的发展，多次指出发展农业的重要性。新中国成立以后，在新的历史条件下，根据国内外正反两个方面的经验，国家制定了"以农业为基础，工业为主导"的发展国民经济的总方针，要求发展国民经济必须把农业放在首位，按照农、轻、重的次序安排国民经济计划，从各个方面促进农业的发展，大力加快农业现代化建设。

世界各国都将发展农业作为政府的重要职责之一，并对农业生产实行国家干预。这是由农业重要地位和农业生产所固有的特点所决定的。

从我国情况看，在人民的生活资料中，农产品及其加工产品要占85%左右；农业提供工业原料占全部工业原料的40%左右，占轻工业原材料的70%左右；轻工业产品中约有2/3销售到农村；财政收入的很大一部分直接或间接与农业有关。可见，只有农业发展了，才能更好地保证人民吃穿用的需要，才能保证工业有足够的原料和广阔的市场，才能为国家积累更多的建设资金，从而使整个国民经济繁荣起来。因此，农业生产必须有一个较大的发展，必须在以自力更生为主、国家支援为辅的方针指导下，在财政资金的分配中，把农业作为一个战略重点给予有力的支援。

长期以来，我国政府始终十分重视农业的发展，尽可能多地从有限的经济建设资金中安排农业投入，并通过各种优惠政策鼓励农业生产，如轻税政策、农业生产资料低价政策、低息发放农业贷款政策、逐步提高农副产品价格政策等。但是，目前我国在发展农业，尤其在农业积累方面仍存在较大的问题。这些问题主要是农业生产者因价格和体制等原因缺乏自身积累的积极性，政府则因财力限制而无力更多地增加农业投入，从而导致我国农业的发展在国民经济中滞后的状况。

（二）政府发展农业支出的主要内容

国家财政对农业经济的支援范围广、内容多、形式多样，除直接用于农业的支出外，还可以通过税收、价格、信贷等多种经济杠杆进行间接支援。具体内容如下：

1. 农林水气等方面的固定资产投资

这项投资是国家财政对农业、林业、畜牧业、农机、水利、气象等系统的企业、事业单位以及国家兴办的大中型水利工程的基本建设投资和挖潜改造支出。

2. 全民所有制农林水气等部门的事业费

全民所有制农林水气等部门的事业费主要包括农业、林业、畜牧业、农机、农垦、水利、气象等部门的事业费。按其支出内容，事业费主要是人员经费和公用经费。对于没有经常性收入来源的农业事业单位，其经费全部由国家财政拨款，而对于有经常性收入的单位，如良种站、畜牧兽医站等，国家财政只对其收支差额给予补助。

3. 支援农村生产支出

此项支出是国家财政用于农村集体经济或农民发展农业生产方面的支出。其内容主要包括小型农田水利和水土保持补助费、支援农村合作生产组织资金、农村农技推广的植保补助费、农林草场和畜禽保护补助费、农村造林和林木保护补助费、农村开荒补助费、农林水产补助费、农业发展专项资金支出和发展粮食生产专项资金支出等。

4. 财政支农周转金

财政支农周转金是指地方各级财政部门采取信用形式，将一部分财政支援农业生产的资金由无偿补助改为有偿扶持，定期回收而周转使用的专项资金，是国家财政信用的重要组成部分。财政支农周转金的使用范围主要包括种植业、养殖业、农副产品加工业、利用当地其他资源的工副业，符合国家产业政策的乡镇企业，先进农业科技成果的推广，围绕农业生产的产前、产中和产后的社会化服务等。财政支农周转金的特点如下：

（1）偿还本金，不付利息，收取一定的占用费，月费率为 0.1%～0.5% 不等。

（2）限期收回，归还期限一般为 1～3 年，最高不超过 8 年，如用于林业的周转金。

（3）列入预算外管理，但要接受财政的统一监督。

财政支农周转金是国家财政支援农业资金的重要组成部分，有利于增强支援者和受援者的经济责任感，有利于提高支农资金的使用效益。

5. 财政利用其他经济杠杆对农业的支援

此项支援主要包括以下三个方面的内容：

（1）国家财政对农业实行轻税政策，对农村乡镇企业给予符合政策的税收减免，以增加农业集体积累，从而支援农业发展。

（2）国家财政利用价格分配手段，提高农副产品收购价格，降低农用生产资料价格，以减少财政收入或增加财政支出为代价，使农民增加收入或减少支出，以促进农业发展。

（3）国家财政通过向银行增拨信贷资金，通过银行发放各种农业贷款，以促进农村多种经营的发展。

（三）政府发展农业支出的经济效益

新中国成立 50 多年来，国家财政用于发展农业方面的资金，虽然在整个财政支出中的比重还不算大，但其数额已相当可观。今后，为了加快农业的发展，随着国家财政经济形势的继续好转，国家还应当适应提高发展农业支出的比重，并不断提高财政支援农业资金的经济效益。为此，在安排发展农业支出时，国家需要研究并处理好以下四个关系：

1. 统筹安排与重点使用的关系

国家用于发展农业的资金，要有计划有重点地安排使用到大力发展农村商品经济方面，不能平均分配。在今后比较长的一个时期内，农业发展的重点应主要放在商品粮、经济作物和外贸出口等基地的建设上，以促进农副产品质量的不断提高及其商品率的不断增长，从而适应现代化建设和提高城乡人民生活水平需要的新形势。同时，国家还要拿出一定数量的资金支援贫困地区，包括革命老区、偏僻山区、少数民族地区、边境地区和一些长期低产缺粮地区恢复和发展生产，使这些地区尽快改变贫困面貌。另外，对水利建设的支援，应该首先设法把续建配套工程搞上去，把主要力量放在充分发挥和扩大现有工程的效益上。

2. 财政无偿支援与信贷有偿支援的关系

国家对农村集体经济的资金支援，主要是通过国家财政和银行信贷两条渠道来进行的，两种支援比较起来，信贷支援具有较多的好处。这是因为贷款具有偿还性，适用于处理两种所有制之间的关系。信贷支援有借有还，收取利息，可以提高贷款使用者的责任心，便于其精打细算，合理用款；信贷支援灵活方便，既便于银行选择贷款对象，又有利于保证贷放重点；信贷支援能更好地发挥资金的效能，一分钱可以顶几分钱用；信贷支援有利于银行加强对使用贷款者的监督。不过这种贷款都是短期的，长期贷款的资金来源则必须依靠财政拨款。财政支农周转金虽然采用信用形式，但资金仍然来自财政。同时，大规模的农田水利建设投资和弥补自然灾害造成的损失等不是银行信贷所能解决的。因此，财政支援与信贷支援必须紧密结合，以信贷有偿方式为主，统筹安排使用。

3. 财政支援与价格支援的关系

价格支援是间接的财政支援，但和直接的财政支援毕竟不完全一样，有其自身的特点。国家通过价格分配支援农业，涉及面广，能够使多数乡村和农户得到好处，但也有局限性，即不如财政支援直接，难以对支援对象有更多的选择余地。因为价格支援是通过商品交换的形式实现的，只有经济比较发达的乡村和农户才能得到好处，而且价格不能经常地、大幅度地进行调整。因为调整某一种产品价格要涉及一系列产品比价问题，而且农产品价格变动会直接影响到以它为原料的轻工业品的成本和城镇居民的生活。因此，国家对价格的调整必须持慎重态度。当然，为了逐步缩小工农业的价格"剪刀差"，经过一段时间，适当调整工农业产品比价也是必要的。在这种情况下，国家应当把财政支援和价格支援很好地结合起来，统一考虑，全面安排，以期收到更好的效果。

4. 资金支援和物资支援的关系

无论是财政支援还是信贷支援以至价格支援，都是国家对农村的资金支援。资金是要用于购买物资的。国家必须把资金支援和物资支援密切结合起来，切实做到有资金、有物资、物资适用、群众欢迎、讲求实效。这就要求财政部门和银行部门在安排支农资金时要同计划部门、物资部门和商业部门密切配合，统一安排物资供应。另外，农业还具有很大的季节性特点，因此资金和物资的支援都应当赶在季节前面，及早安排、不误农时。

九、国家物资储备支出

国家物资储备支出是指国家预算支出中用于建立国家物资后备的那部分财政资金。建立国家物资储备的目的在于应付重大的意外事故和国民经济中可能产生的暂时比例失调。

（一）国家物资储备支出的必要性

国家物资储备是一个国家的长期性战略储备，是国家最重要的后备力量，是社会再生产得以正常进行的必要条件。国家物资储备支出的必要性，可以从以下两个方面理解：

（1）要预防各种意外事故的发生，必须建立可靠的财政后备基金，一旦事故发生之后，必须有充足的物资去弥补。在社会再生产过程中，各种意外事故的发生，从某种意义来讲是难以避免的。我国生产力发展水平较低，工农业生产受自然条件影响较大，尤其是农业生产，如果没有后备力量，歉收年份的再生产就很难应付自如。

（2）我国在人力、物力、自然资源利用等方面即使有一个较为科学可行的计划，但在执行过程中由于受到多种因素的制约，不可能完全按计划进行。这样就会出现国民经济各种比例关系不协调的情况。有了后备力量，国家就可以使计划执行有回旋余地，及时补救缺口，将危害减少到最低限度，并努力使不利化为有利，变被动为主动。

此外，随着我国对外开放的扩大和国际市场的联系日益密切，增加国家物资储备也是必要的。

（二）国家物资储备支出的内容

国家物资储备支出包括储备物资所需的资金和管理费用。在我国，国家物资储备包括粮食、主要经济作物、重要原材料和设备等，主要由国家储备部门负责储备。还有一部分物资主要是消费资料，由商业部门负责储备，表现为商业库存，不属于国家物资储备支出，但财政要给予支持。

按管理权限划分，国家物资储备支出可分为中央物资储备支出和地方物资储备支出两种。

中央物资储备支出是由中央预算专门的物资储备拨款建立的，是国家物资储备的重要部分，由国家物资储备局归口管理。其中，委托地方代管的物资，其资金也由中央预算拨款，物资动用权仍属于中央主管部门，地方只有储备的任务，而无动用的权力。中央储备物资一般为长期的物资储备，平时只能以新换旧，不能随意动用。

地方物资储备支出是省、自治区、直辖市地方预算专门拨款建立的。地方物资储备的建立和支配权都属于地方，主要用于保证地方建设计划的实现。

（三）国家物资储备支出的原则

国家物资储备支出应当坚持以下三条原则：

第一，根据社会再生产过程中可能发生的不幸事故、自然灾害的严重程度来确定物资储备的总规模。

第二，根据国家财力的可能来安排年度的物资储备支出。国家既要确保正常必不可少的需要，又要维持预防意外的最低需要。同时，国家建立长期性的战略储备，应根据长远目标和经济发展的丰歉情况，逐步积累。过量形成后备基金也会造成资金呆滞和浪费。

第三，国家物资储备支出应区分主次和轻重缓急来安排，对重要的战略物资、国内稀缺物资应适当多储备一些，对短缺物资应优先安排。

十、科学、教育、文化、卫生支出

民族振兴，科教兴国，教育为本。我国国民素质的全面提高，有赖于科教文卫的全面发展；国家昌盛，有赖于科教文卫的全面支撑。在科技发展日新月异的现代社会，各国政府都将科教文卫的发展摆在十分重要的位置上，并投入巨额的财政资金，以推动国民经济和社会事业的全面进步。

（一）科学、教育、文化、卫生支出的性质

科学、教育、文化、卫生支出是财政用于科学、教育、文化、卫生、体育以及广电等各项社会事业支出的总称，即用于这些社会事业部门的事业经费。这类支出是国家为提高国民素质、满足社会共同需要、实现社会经济的长期发展所进行的财政再分配。

在市场经济条件下，一般来讲，科教文卫具有消费性和生产性的特征。作为前者，其表现为社会共同消费，列入政府的社会消费性支出；作为后者，其具有生产性的一面，即有混合产品的特性，经济组织和个人可以介入其间进行投资。

从科教文卫具有生产性的特征来看，虽然允许除政府以外的其他市场投资主体进行投资，但是在公共财政条件下，政府的财政性支出作为购买性支出的一项内容，仍然要以政府为主导，扮演主角的仍然是政府。加大财政投入的力度，仍然是政府行使职能的重要内容之一。

（二）科教文卫在社会经济发展中的地位

在公共财政条件下，科教文卫支出在政府购买性支出中占有相当大的比重，其原因在于这些事业在社会经济发展中占据重要地位，直接制约或促进社会经济的持续发展和社会事业的全面进步。

1. 科学技术是社会经济发展的直接推动力

科学技术是第一生产力，发展科学技术是社会经济发展的决定因素。人类社会的进步与发展，充分证明了科学技术作为第一生产力的决定作用，也充分证明了马克思将科学视为最高意义上的革命力量的英明论断。在现代社会，科学技术的广泛应用极大地提高了劳动生产率。正因为如此，国家之间、企业经济组织之间的竞争，直接表现为科技能力的竞争，谁拥有领先的科技成果和开发能力，谁就最具有发展潜力和竞争能力。因此，各国政府都将科学技术的研究、开发、推广、应用，作为政府投资的重要选择，并将其作为财政支出的重要内容。

2. 教育是社会经济发展的源本

科教兴国，教育为本。国与国之间的差距，表现为经济发展水平上的差距、科学技术上的差距，但从根本上讲则是教育上的差距。改革开放后，政府把教育摆在非常重要的地位上。人们清醒地认识到，教育是科学技术进步的基础，是劳动力再生产和提高劳动者素质的重要条件，是解决经济发展中因结构变化而导致的结构性失业的主要手段，是建设社会主义精神文明的基本因素。我国政府从本国长期的发展目标出发，把发展教育事业作为国家的重要战略决策，加大对教育的投入，通过国家财力给予扶持。

3. 文化卫生事业是社会经济发展的支撑

文化卫生事业发展是社会经济发展的重要支撑，也是社会经济发展的重要保证。文化卫生事业发展了，给社会带来祥和温馨，勃勃生机，促进和推动社会经济的可持续发展和社会事业的全面进步。

文化事业是指包括文学艺术、戏剧歌舞、电视电影、广播出版、体育运动和其他文化部门的总称。文化事业作为社会经济中的特殊部分，是社会生产力发展和社会文明进步的结果。文化事业的发展与复兴，不仅对国家和社会的稳定与发展有积极的意义，而且对经济的发展也有积极的促进作用。按照马克思的"扣除"原理，在整个社会产品分配中应当保证有一定数量的社会财富用于满足文化事业发展的公共需要。在财政支出中，政府应当以一定数量的财政资金，支持文化事业的不断发展。

卫生事业是指包括医疗、防疫、保健等部门的总称。发展卫生事业，对保障国民身体健康、保证劳动者具有强健的体魄、保证劳动力再生产、发展社会生产力都起着十分重要的作用。卫生事业的特殊性，客观上要求国家关注和支持医疗卫生事业的发展。无论是从提高国民身体素质，还是从提高国民福利的角度出发，都要求政府将卫生事业的发展作为社会产品分配和政府公共支出的基本内容来给予关注。

（三）科学、教育、文化、卫生支出的确定

科教文卫支出是与科教文卫事业的发展直接相关的资金安排。在这当中，除有一部分属于较为典型的公共产品支出外，大多不是典型的公共产品，而主要是介于公共产品和私人产品之间的混合产品。如果再对其构成进行更详细的分析，在这些混合产品中，有的更接近公共产品的性质，有的则更接近私人产品的性质。因此，政府在考虑科教文卫事业的发展时，有必要根据一定的标准来决定对这些事业发展各自的支持力度。

1. 按照各类科教文卫事业提供服务的属性，作为政府确定支持其发展的基本依据

在科教文卫事业中，由于为社会提供服务的属性差异，即有的属于公

共产品，有的属于混合产品，则决定了政府公共财政支持力度的差异。在科教文卫事业中，凡是属于提供显著公共产品属性服务的部门，理所应当是政府扶持的对象；凡是属于以提供混合产品属性服务为主的科教文卫事业的发展，则应提倡由国家和社会共同兴办、共同扶持，不必由政府一家负担。在市场经济条件下，科教文卫事业的一部分，在不同程度上应采用市场原则来提供，以配合政府促进这些事业的更快发展。但是，这些举措并非意味着削弱或取代政府在发展科教文卫事业中的特殊地位和重要作用，其他社会投资主体应当是对政府发展科教文卫事业的配合与补充。

2. 确定政府用于科教文卫事业支出的重点，提高政府公共支出的边际效用

确定政府用于科学、教育、文化、卫生事业支出的重点，可以使一定数量的政府公共支出对科教文卫事业的发展产生更大的作用，有利于提高政府公共支出的边际效用。在公共财政条件下，政府对科学研究支出的重点，可以选择三个主要领域：一是能为科学技术的应用提供依据的基础理论研究领域，二是涉及人类共同利益的科学研究领域，三是对社会经济的发展可能产生更大影响的应用科研领域。政府对教育事业支出的重点，应当以提高全民族的素质教育作为主要支持对象。在高等教育中，我国要坚持以政府办学为主、社会办学为辅的方针；坚持以政府财政支持为主，向部门、个人收费为辅，共同分摊教育成本的办法。从发展上来看，政府对继续教育的支出将会不断增长，并成为政府教育支出的又一重点。在市场经济条件下，政府对文化事业的发展要区别对待。对那些可以按个人偏好而提供消费服务的文化领域和项目，政府的主要作用是加强管理，并予以正确引导；对那些不能进入市场的文化领域的项目，政府理所当然地要给予资金支持，在公共财政支出项目下纳入政府预算。在现代社会，医疗卫生服务存在程度上的差别，一方面为国家、社会乃至个人共同投资，共同促进医疗卫生事业的发展提供了可能；另一方面为打破政府包揽创造了条件。因此，政府对医疗卫生事业的支出也应当确定扶持重点，才能使政府对医疗卫生事业的支出取得最佳的社会效益。目前，各国政府都将卫生防疫经费作为政府财政支出的一个重要方面来安排。

十一、行政管理和国防支出

行政管理和国防支出是政府财政支出的基本组成部分。行政和国防提供的服务，是最典型的公共产品，最具公共产品的基本特征，最具典型的非排他性和非竞争性。自国家产生以来，行政管理和国防支出始终同国家的存在和国家政权的巩固直接联系在一起，成为政府公共支出的基本内容。

（一）行政管理支出

行政管理支出是指财政用于国家各级权力机关、行政管理机关和外事机构行使其权力和管理职能所需费用的政府支出。行政管理支出是政府财政总支出中的重要组成部分，在财政支出中占据重要地位。

1. 行政管理支出的范围与确定

按照国家预算科目分类，我国行政管理支出的范围包括：

（1）行政支出。这类支出是指各级国家权力机关和各级国家行政机关经费，各党派、政协和各人民团体经费，由国家预算开支的乡（镇）行政干部经费以及居民委员会补助等。

（2）公安、安全支出。这类支出是指各级公安、安全机关经费，公安和安全业务经费，内卫、边防、消防、警卫部队经费，警校和干部经费以及其他公安和安全经费。

（3）司法、检察支出。这类支出是指人民法院、人民检察院、司法行政机关的各项经费。

（4）外交支出。这类支出是指中国驻外使（领）馆、常驻联合国及其专门机构的代表团经费。

行政管理支出数量和比重的变化直接受国家政权组织结构和职能范围的影响，这就使一个国家政权机关和行政管理机关的设置与编制对确定行政管理支出起着决定性作用。

2. 行政管理支出的控制

当前，各国政府的公共财政支出就数量而言，均呈不断增长的趋势，作为财政支出中的行政管理支出也不例外。因此，各国政府均面临如何控制支出、提高支出效益的问题。

我国同样面临如何控制行政管理支出以及如何提高行政管理支出效益的问题。为此，我国还必须采取一些相关的政策措施：

（1）大力推进机构改革，控制行政人员数量增长。我国应在政府机构改革、转换职能的过程中，实现政企分开，精简、撤并一些机构，减少重复办事流程，压缩行政人员规模，做到"生之者众，食之者寡"。

（2）加强财务管理，严肃财经纪律。我国应积极统筹审计、监察、物价等部门，切实加强财务监督，对违反财经纪律和超标准的不合法支出，按有关规定严肃处理。

（3）发展社会化服务，减少行政开支。我国应改革机关后勤管理工作，将原机关后勤部门从人员编制、财务管理到经费预算等与行政机关分离，实行"单独核算、自立自养、保本微利"的政策，坚持以服务为宗旨，并适当向社会开放。

（二）国防支出

自国家产生以来，维护和巩固国家政权是政府的首要任务，因此国防支出历来就是政府公共支出中的首要对象。

1. 国防支出的性质与内容

从现代意义上讲，国防支出是指国家用于陆、海、空军及国防建设的各种费用。从总体上看，国防支出具有纯粹的社会消费性质。庞大的国防支出的目的是保卫国家安全，并不为社会提供直接的物质财富，反而还要消耗大量的社会产品。国防支出的社会消费性质，是因为国防是一种十分标准的公共产品，有其显著的非竞争性与非排他性。国防的边际成本为零，国防的内在效益也为零。国防公平地向社会全体成员提供服务，具有典型的外部效应。因此，国防不能通过市场来提供，只能由政府承担国防支出的全部费用。

国防支出主要包括国防费、国防科研事业费、民兵建设费和其他支出。其中，除民兵建设费外，其他各项均属中央预算专用科目。

2. 影响国防支出的因素

研究表明，国防支出与其他支出不同，不适用一般的供求模式。国防有其特殊的供求关系及供求函数中的决策因素，国防预算可以被视为供求力量的粗略均衡。

影响国防支出的因素，归纳起来主要表现在以下四个方面：一是国家制度与对内对外政策，二是国家的经济实力，三是国际环境特别是周边环境，四是国防军事现代化的压力。

除此之外，一些国家的国防支出需求的确定，也可能受到军事当局、国防、国家元首及顾问看待国家可能面临的危机的基本态度的影响。影响国防支出供给方面的因素往往还会考虑因建设国防力量而使用资源以降低预期危险所得到的效率水平。

——原文载于刘邦驰、王国清主编《财政与金融》（西南财经大学出版社，2002年8月第3版）中汪孝德撰稿部分（原文略有修改）。

略论税收调控的理论依据与客观依据

  理论界的一部分同仁将税收调控的依据归结为两个方面：一方面，市场经济在资源配置中起着基础性作用；另一方面，市场经济也存在自身不能克服的弱点和缺陷，这就需要政府正确运用各种有效的宏观调控手段，以维护市场经济的有序运行并推进经济的持续增长。其中，税收调控就是当今世界各国政府普遍且经常采用的一种重要的宏观调控手段。应当说，这种概括无疑是正确的，但是进一步的考察就会发现这种概括有其片面性。笔者的研究证明，税收调控的依据包括税收调控的理论依据和客观依据，两者具有不同的内涵，在理论上应该先将它们加以区别，之后再统一起来。

一、马克思社会再生产原理：税收调控的理论依据

  税收的本质是分配关系。税收属于社会再生产分配环节的一个组成部分，与国家职能有着密切联系。税收在社会再生产过程中的地位和作用，同时又与国家在社会再生产中的作用密切相关。马克思的社会再生产理论告诉我们，社会再生产中的分配是连接生产与消费的一个中间环节，既决定于生产，又要受到交换和消费的影响，同时在一定的条件下，分配对生产、交换、消费以及整个再生产过程的各个方面起着能动的反作用。

  税收具有组织财政收入和调节经济的两个基本职能。从历史角度考察，从税收产生至现在，无论何种社会形态的国家无一例外地都在运用税收为实现国家职能而取得财政收入和调节经济，其区别只是社会属性不同罢了。税收的财政职能和经济调节职能不可截然划分，是一种有机的

统一。国家在制定和颁布政策的前后，不能只着眼于其中的一项而忽视另一项，更不能在客观效果上造成以其中的一项和部分抵消另一项。也就是说，政府在运用税收组织财政收入时要考虑如何有利于经济的持续协调发展；在制定经济发展战略或推行产业计划时要考虑如何有利于财政收入的持续稳定增长。应该说，税收之所以能够发挥调控经济的作用，仅可从其内在职能中找到根据，税收调控只存在有效或不有效、自觉或不自觉的问题，而不存在有或无的问题。

第一，生产决定税收，税收制约生产。生产决定税收，主要表现为生产的成果为税收分配提供对象，生产的发展速度和效益水平决定税收收入的规模和增长速度。税收制约生产，主要表现为税收收入的规模影响生产的发展规模和增长速度。经济-税收-经济，实现经济的持续增长。从税收的角度看，国家要发挥税收的调控作用，以保持一个适度的宏观税负，促进资源的优化配置，调整和优化产业结构。

第二，交换和税收分配在社会再生产过程中均处于中介环节，其作用虽然各不相同，但两者存在着相互联系、相互依存和互为前提、互相影响的关系。交换是实现税收收入的前提，物质生产部门所创造的社会产品价值只有通过交换才能实现，这时国家才能以税收形式参与分配。税收分配也是交换的重要前提条件。国家通过税收集中起来的资金及时、合理地拨付出去形成社会购买力时，处于流通领域商业部门仓库中的物资才能卖得出去，交换得以实现而进入消费。在社会再生产过程中，分配和交换的实现同样离不开税收调控。

第三，在社会再生产过程中，"生产表现为起点，消费表现为终点，分配和交换表现为中间环节"[①]。在社会主义市场经济条件下，一切消费必须经过分配和交换，其中税收分配就成为实现消费的重要前提条件。社会产品和国民收入用于满足人们物质文化生活需要的消费基金，有相当一部分是直接或间接由税收分配的。从税收调控的角度讲，税收分配在一定程度上制约着消费水平和各种消费的比例关系，调节着消费结构。

---

① 马克思恩格斯选集：第 2 卷［M］. 北京：人民出版社，1972：91-92.

明确税收在社会再生产中的特殊地位是正确处理税收与经济相互关系的理论依据，也是税收调控存在的理论依据。我们通过税收与经济基本理论的认识，有利于认识税收的本质和职能作用。解决税收与税收调控实现过程中诸多矛盾的根本途径只能是发展经济，提高经济效益。

二、弥补市场失灵：税收调控的客观依据

配置资源是市场机制的职能，市场机制是资源配置的主要形式。市场在配置人力、物力和财力资源方面起着重要作用，但是由于市场也存在自身的弱点和消极方面，这就需要政府运用宏观调控手段，来维护市场秩序并推进市场经济的健康发展。税收是国家掌握的重要经济杠杆，有其自身的调控对象。弥补市场失灵、调节经济运行则是税收调控存在的客观依据①。

（一）市场失灵的根源

市场失灵的原因，主要有以下五个方面：

第一，市场不能提供公共物品。相对私人物品而言，公共物品具有三个特征：一是效用的不可分割性，即公共物品是向整个社会提供的，而不能将其分割为若干部分，分别归各市场主体消费；二是消费的非排他性，即某一个人对公共物品的消费并不影响或妨碍他人同时消费该物品；三是受益的不可阻止性，即没有办法把拒绝为公共物品付款的人排除在公共物品的受益范围之外。另外，私人经济主体和普通法人主体不可能提供公共物品。

第二，支配需求或供给市场权力的存在。所谓市场权力，是指市场由于自然或人为障碍而丧失竞争的条件。竞争不足则会导致市场动力的不足。对垄断者而言，市场价格不再是其据以调适自身行为的信号，而是其可以操纵市场的砝码。这时价格的经济功能受到抑制，社会资源的配置效率就不会达到最优。

---

① 汪孝德，刘家新，朱明熙，等. 税收调控论 ［M］. 成都：西南财经大学出版社，1997：7-8.

第三，外部效应的存在使市场配置资源的功能受到损害。所谓外部效应，是指私人成本和社会成本之间或私人收益和社会收益之间的不一致性。外部效应会使市场主体具有外部负效应的经济活动（生产活动或消费活动）达到过多的地步，而使伴有外部正效应的经济活动显得过少。

第四，市场不能实现公平。在市场机制作用下，收入分配是由每个人提供的生产要素，即劳动力、资本、土地等的数量及其在市场上可能获得的价格决定的。由于人们占有或继承财产的情况不同以及劳动能力的差别，由市场决定的收入分配状况往往是不公平的。这不仅会影响社会公平，而且会导致诸如贫困、富裕阶层的浪费、社会冲突、低收入或失业阶层得不到发展机会等不良的社会后果。

第五，经济决策的分散化使市场经济自身的调节具有一定的盲目性。这是因为价格信号在市场上的某些方面并不具有伸缩自由和灵活反应的调节能力。从总供求角度看，不同经济主体在实现其经济利益上所具有的竞争性和排他性也会使市场自身的力量不能经常保证总供给与总需求在充分利用社会资源的基础上相一致，造成通货膨胀、贸易失衡、失业以及经济波动周期性的出现。

（二）弥补市场失灵的措施

针对给社会带来损失的市场失灵，政府必须采取强有力的反市场失灵的各种有效措施，其中特别要运用税收调控的有力手段。

第一，政府通过强制手段维护政府在公共物品方面的支出。从历史上考察，公共物品的出现事实上为税收的产生与发展奠定了基础，现代税收也不例外。

第二，通过促成相抗衡的市场权力来弥补市场权力的负效应。这种相抗衡的市场权力既可以建立在市场的同一方，使国民经济各部门达到产业间同等的垄断程度；也可以建立在市场的另一方，使之形成一种双边垄断。此外，还有一种对抗市场垄断的方式就是通过政治权力限制市场权力，遏制不正当竞争。

第三，通过内化和实绩化两种政策解决外部效应问题。内化政策包括强制内化（庇古的税收补贴的解决方法）和自愿内化（科斯的市场协商的解决方法）两种。与内化政策不同，实绩化政策的一个鲜明的特点是具有外部效应的经济活动水平是独立于经济主体的个人偏好而确定的，实绩化政策始终是强制性的。这种强制性表现为在消费活动具有外部负效应的情况下，则禁止消费者消费（或生产），如禁止吸毒、限制或禁止污染环境的生产活动等。

第四，通过政府掌握的经济杠杆（包括税收杠杆），控制社会总供给与总需求，影响各主要经济参数，熨平经济波动，平衡国际收支，稳定币值，促进宏观经济的健康运行。

第五，通过对收入差距悬殊的弥补，实现社会收入分配结果的公平性。旨在弥补收入差距悬殊的收入政策之一是设法影响要素市场价格形成过程的框架条件，影响市场决定的分配，即原始分配状况。其一，国家可以考虑交替或同时运用两类功能性收入政策，即劳动收入与工资政策、劳动收入与财产政策的有效运用。其二，国家可以通过再分配来改变原始分配状况，即可以通过税收体系和社会福利政策的实施来实现其目的。其中，作为社会福利政策核心的社会保障制度的实施目的是要提高社会对意外事件、疾病等的支付能力，纠正社会收入分配结果的不公平性。

三、简要结论

经过对前面两个问题的描绘与论述，我们可以得出以下三点结论：

第一，市场失灵、政府干预、税收调控等都是伴随着现代社会中市场经济的现代命题，而作为最古老的财政收入范畴——捐税，从产生到今天经历了几千年的漫长历史。如果税收调控这一命题只从现代社会，即只从市场经济环境中去寻觅税收调控存在的依据，显然是不符合历史事实的。

第二，从历史角度考察，人们对社会再生产理论的研究和发掘比对市场经济理论的发掘与研究要早得多，税收在社会再生产中的特殊地位是客观存在的。然而，如果仅从税收在社会再生产中的特殊地位，即仅从社会再生产中去寻找税收存在的依据，显然也是片面的。

第三，税收调控的理论依据源于社会再生产过程中四个环节的相互关系。在市场经济条件下，弥补市场失灵则是税收调控存在的客观依据。两者加起来，即理论依据加上客观依据，才是税收调控存在的真正依据。

——原文载于《经济问题》1998年第9期

（原文题目：《略论税收调控的理论依据与客观依据》，作者：汪孝德。原文略有修改。）

市场经济与税收调控若干问题研究

配置资源是市场机制的职能，市场机制是资源配置的主要形式。市场这只"看不见的手"在配置人力、物力和财力资源方面起着重要作用。但是，由于市场也存在自身的弱点和消极方面，这就需要政府运用各种宏观调控手段，其中包括正确运用税收调控手段来维护市场秩序并推进市场经济的健康发展。

一、市场优势与缺陷

人们追求和探索的实践表明，凡取得了举世瞩目经济成就的国家和地区都是将市场机制与政府干预结合得较好的国家和地区。不同经济体制和手段的渗透与融合越来越为人们所认识和推崇。市场这只"看不见的手"曾被早期的资本主义奉若神灵，也曾被笃信"计划万能"的社会主义国家打入冷宫。发展中国家怀着复杂的心态，或紧步发达资本主义国家的后尘，把对现代化的渴望寄托于"万能"的市场，或把市场视为"万恶之源"，转而乞灵于政府干预的超凡力量。然而，作为人类共同智慧创造出来的不可替代的经济运作机制，仍按其自身的规律给世界经济的发展注入持久的活力。

（一）市场的效率优势

二战以后，世界各国在发展本国经济中，均期盼以较高的速度向前发展。它们大体上选择了两种不同的资源配置方式：一种是苏联式的高度集中的计划经济模式；另一种是由市场进行资源配置的市场经济模式。近50年的经验证明，选择前一种模式的国家，普遍经济发展缓慢，效率不高，问题不少，社会制度的优越性未能充分展示出来；采用后一种模式的国家和地区，大都能不断调整宏观经济政策和管理方式，改进政府干预，使微观经济活动充满活力和竞争力。不少国家和地区经济的快速起飞并取得良好成效都显示出市场经济的效率优势。

在党的十一届三中全会的正确路线的指引下，中国进行经济体制改革以来，逐渐引入市场机制，极大地促进了经济的发展和人民生活水平的大幅度提高。农村家庭联产承包责任制的推行，打破了农村"大锅饭"，使亿万农民拥有充分的生产经营自主权，农民生产经营热情大为高涨，农业劳动生产率得到空前提高。十多年来，深圳、珠海、汕头、厦门、海南五个经济特区的经济飞速发展，更具体地向人们展示了市场经济的生命力。起步初期的几年，深圳农民人均年纯收入就超过1 300元。到20世纪末，深圳人均国民生产总值将达到4 000美元。"深圳速度"得益于市场经济体制。在深圳，绝大部分商品的价格已经放开，取消了物资分配和指令性计划。统计资料显示，哪些地方市场调节的比重越大，其经济效率越高，发展速度也就越快。

市场之所以能实现协调资源的分配，使社会的资源转移到市场中受欢迎的商品上，使经济的生产结构与经济的需求结构相适应，这是通过市场的三要素——供求、竞争和价格，将市场的供求状态，即产品的生产费用状态、人们的偏好和产品的稀缺程度，在市场竞争中运用并驾驭生产者和消费者都能理解的共同经济语言——价格来实现的。供求关系的变化，不断调节供求以及供求之间的利益关系。不断变动的价格信息使生产者和消费者从追求自身利益最大化的角度做出最佳选择，客观上促进了供给结构与需求结构的吻合，并使各类商品和劳务的生产围绕着市场需要而展开。

市场是交换关系的总和，市场的基本态势是由供给和需求的总和而决定的。价格反映商品或资源的稀缺程度，价格上升表示资源的稀缺程度增加，价格下降反映资源的稀缺程度减少。根据价格波动，生产者通过一系列的收益预测手段自觉地权衡产品的成本和利润，选择最佳的投资方向，实现资源的优化配置。显然，市场调节作为资源配置最为有效的手段，是通过供求和"成本→价格→预期收益率→投资"这种连锁反应产生作用的。

市场还为推进技术进步和改善经营管理，从而不断地提高经济效益提供了一整套经济机制，其中最为重要的是竞争机制。价格、质量、技术事实上都围绕竞争而展开。竞争的结果就是优胜劣汰。成功与否的标志是能否准确把握消费者需求。各市场主体以市场需求为中心不断地改进技术装备，改善经营管理，完善产品结构，促使产品结构合理化。

同时，市场具有向外扩张的内在冲动，促进经济走向外向型发展的道路。生产要素的流动在超额利润率的推动下冲破区域和国别界线，从而在更广阔的范围内实现资源的最优配置。

（二）市场机制的功能

概括起来，市场机制具有以下四个功能：

一是刺激功能。由于价值规律的作用，企业要在竞争中获胜，就必须努力降低活劳动和物化劳动的消耗，从而刺激企业采用新技术，开发新产品，节约资本，提高效率，降低成本，使社会资源达到最优利用。

二是平衡功能。平衡包括总量平衡和结构平衡，这一功能能协调人们解决无限需求与有限资源的矛盾。市场造就了企业的自我约束机制，抑制了需求的过度增加，从而消除短缺，使总量趋向平衡。

三是信息传导功能。市场是社会经济生活的"晴雨表"，它以价格波动的形式迅速显示出社会经济运行中各种比例关系的协调或失调状态，传递关于供求变化的信号，从而指导生产者和消费者按照已发生的变化去行动。

四是商品的选择功能。消费者在市场上通过自己的"货币选票"表达自己的消费倾向，能为消费者选中的商品才能为市场所接受，反之则不能。

（三）市场失灵

市场经济的高效率并不表明市场是完美无缺的。由于种种原因，由市场决定的福利状况可能是次优的。市场体系在某些方面不能有效地满足人们生活和生产上的需要，并在某些方面造成的不良后果而不能由市场体系本身来矫正。市场失灵表现为效率缺陷和分配缺陷同时并存或交替出现。

1. 效率缺陷

效率缺陷是由以限制或排斥市场的作用力为形式的市场失灵造成的。导致商品市场和要素市场配置功能受损的市场缺陷有以下几个方面：

（1）存在可以支配需求或供给的市场权力。所谓市场权力，是指一个市场由于自然的或人为的竞争障碍而缺乏完全竞争的条件。这时对于经济主体来讲，市场价格不再是调整其市场行为的信号，这样价格的信息功能、平衡功能和配置功能至少部分地被抑制了。同样，专利制度赋予发明者在一定时限内对其发明创造拥有垄断权。另外一种市场权力是由于厂商对规模效益的追逐而形成的自然垄断。例如，钢铁工业、石油工业等行业的自然垄断。垄断之所以会降低市场效率，是因为无论是自然垄断还是其他垄断都会限制产量以获得较高的价格。

（2）公共物品进入市场经济主体的需求范围。公共物品具有两个重要特征：第一，新增一人享受公共产品的边际成本等于零，如航标灯的成本根本不取决于驶经它的船只数量；第二，一般情况下，排除人们享受公共物品所提供的服务是很困难的，如能有效遏制犯罪的良好的社会治安环境，每个人都能从中受益，我们没有任何办法排除任何一人从中受益。不难看出，公共物品与私有物品的区别在于其消费的非排他性。一个经济主体若使用一种私有物品，那么这一消费品就不再为其他消费者所拥有，此即消费的排他性。而一个经济主体在享用公共物品时（如恬静优雅的自然环境、国家的内外安全等）却不能妨碍其他消费者享用同一物品，即消费的非排他性。这就往往使得经济主体一再试图去无偿享用公共物品，即所谓的"搭便车"现象。与私有物品的情况不同，在存在公共物品的条件下显然难以将不付款者排除在这种物品的消费之外，这种排斥原则的无效性最终导致私人经济主体不能提供公共物品或提供的数量很少。

（3）市场的配置功能为外部效应所损害。外部效应是直接（不通过市场）发生作用来影响其他经济主体的生产函数和效用函数，这就是在具有外部负效应的情况下受损者没有通过市场获得相应补偿，以致市场配置功能受到损害的原因。这种干扰促使私人经济主体具有外部负效应的经济活动（生产活动或消费活动）相对于没有外部效应的情况达到了过多的地步，而使得伴有外部正效应的活动显得过少。

（4）失业。市场经济中，生产水平和就业水平是由相对于可能生产量的需求水平决定的。需求水平决定于广大生产者和消费者所形成的消费需求和投资需求。西方经济学认为，消费需求决定于人们的"边际消费倾向"。随着收入的增加，边际消费倾向降低，即在人们增加的收入中，消费所占的比例下降，储蓄所占的比例上升，因此形成随着经济增长而消费者需求相对下降的趋势。储蓄是否用于投资，则决定于企业的投资需求，投资需求取决于资本的边际效率（预期利润率）和利息率的对比关系。随着投资的增加，资本的边际效率下降，而利息率却不能相应地下降，也将形成随着经济增长而投资需求相对下降的趋势。

因此，随着经济的增长，市场体系的自发运动必然导致消费需求和投资需求的不足，不可避免地造成生产下降和大量失业。任何一个企业和个人都不能保证所有劳动力和资本都得到利用，都无法维持充分就业和经济稳定。如果依靠市场经济的自发作用，需求不足会造成生产下降和大量失业，又将引起需求的更加不足，势必导致经济危机的加深和失业的进一步扩大。

2. 分配缺陷

效率缺陷既可能产生于商品市场，也可能出现于要素市场，而分配缺陷仅见之于要素市场。在市场经济中，个人收入的分配决定于两个因素：一是个人拥有的生产要素（如劳动力、资本、土地），二是这些生产要素在市场上所获得的价格。在生产要素中，劳动力决定于个人的天赋以及在教育上的投资，劳动力的收入还要受到现行工资结构、家庭社会关系、性别、种族等因素的影响。资本要素决定于经济主体的遗产和个人积蓄。因此，由市场经济决定的个人收入的分配形成很大的不均衡。而对于那些缺乏获得收入能力的人以及找不到工作机会的人，市场体系也不可能提供支持或维护其生存。

二、弥补市场失灵是税收调控存在的客观基础

税收是国家掌握的重要的经济杠杆，有其自身的调控对象，而弥补市场失灵、调节经济运行则是税收调控存在的客观基础。

市场经济体制的优越性就在于它能通过市场的供求状况来引导人们的经济行为，使资源配置向最佳状态转化。各分散的利益主体对自身利益的追求是构造市场经济动力的源泉，同时也会造成降低经济效率和社会福利水平的体制障碍。这些市场缺陷，人们称之为市场失灵①。

（一）市场失灵的根源

市场失灵的原因主要有以下五个方面：

第一，市场不能提供公共物品。相对私人物品而言，公共物品具有以下特征：一是效用的不可分割性，即公共物品是向整个社会提供的，而不能将其分割为若干部分，分别划归各市场主体消费；二是消费的非排他性，即某一个人对公共物品的消费并不影响或妨碍他人同时消费该产品；三是受益的不可阻止性，即没有办法将拒绝为公共产品付款的人排除在公共产品的受益范围之外。私人经济主体和普通法人主体不可能提供公共物品。

第二，存在支配需求或供给的市场权力。所谓市场权力，是指市场由于自然或人为障碍而丧失竞争的条件，竞争不足则会导致市场动力的不足。对垄断者而言，市场价格不再是其据以调适自身行为的信号，而是其可以操纵市场的砝码。这时价格的经济功能受到抑制，社会资源的配置效率也就不会达到最优。

第三，外部效应的存在使市场配置资源的功能受到损害。所谓外部效应，是指私人成本和社会成本之间或私人收益和社会收益之间的不一致性。它会使市场主体具有外部负效应的经济活动（生产活动或消费活动）达到过多的地步，而使伴有外部正效应的经济活动显得过少。

---

① 汪孝德，刘家新，朱明熙，等. 税收调控论［M］. 成都：西南财经大学出版社，1996：7-8.

第四，市场不能实现公平。在市场机制作用下，收入分配是由每个人提供的生产要素，即劳动力、资本、土地等的数量及其在市场上可能获得的价格决定的。由于人们占有或继承财产的情况不同以及劳动能力的差别，由市场决定的收入分配状况往往是不公平的。这不仅会影响社会公平，而且会导致诸如贫困、富裕阶层的浪费、社会冲突、低收入阶层得不到发展机会等不良的社会后果。

第五，经济决策的分散化使市场经济自身的调节具有一定的盲目性。这是因为价格信号在某些重要市场上并不具有伸缩自由和灵活反应的调节能力。从总供求角度看，不同经济主体在实现其经济利益上所具有的竞争性和排他性，也会使市场自身的力量不能经常保证总供给与总需求在充分利用社会资源的基础上相一致，造成通货膨胀、贸易失衡、失业以及经济波动周期性的出现。

（二）弥补市场失灵的措施

针对给社会带来损失的市场失灵，政府必须采取有力的反市场失灵的各种措施，其中特别要运用税收调控的有力手段。

第一，政府通过强制手段，维护政府在公共物品方面的支出。从历史考察，公共物品的出现，事实上为税收的产生与发展奠定了基础，现代税收也不例外。

第二，通过促成相抗衡的市场权力来弥补市场权力的负效应。这种相抗衡的市场权力既可以建立在市场的同一方，使国民生产部门达到产业间同等的垄断程度；也可以建立于市场的另一方，使之形成一种双边垄断。此外，还有一种对抗市场垄断的方式，就是通过政府权力限制市场权力，遏制不正当竞争。

第三，通过内化和实绩化两种政策解决外部效应问题。内化政策包括强制内化（庇古的税收补贴的解决方法）和自愿内化（科斯的市场协商的解决方法）两种。与内化政策不同，实绩化政策的一个鲜明的特点是具有外部效应的经济活动水平是独立于经济主体的个人偏好而确定的。实绩化政策始终是强制性的，这种强制性表现为在消费活动具有外部负效应的情况下，则禁止消费者消费（或生产），如禁止吸毒、限制或禁止污染环境的生产活动等。

第四，通过政府掌握的经济杠杆（包括税收杠杆），控制社会总供给与总需求，影响各主要参数，熨平经济波动，平衡国际收支，稳定币值，保证经济持续发展，促进宏观经济的健康运行。

第五，通过对收入差距悬殊的弥补，实现社会收入分配结果的公平性。旨在弥补收入差距悬殊的收入政策之一是设法影响要素市场价格形成过程的框架条件，影响市场决定的分配，即原始分配状况。其一，国家可以考虑交替或同时运用两类功能性收入政策，即劳动收入与工资政策、劳动收入与财产政策的有效运用。其二，国家可以通过再分配来改变原始分配状况，即可以通过税收体系和社会福利政策的实施来实现其目的。其中，作为社会福利政策核心的社会保障制度的实施目的是提高社会对意外事件、疾病等的支付能力，纠正社会收入分配结果的不公平性。

三、税收调控的特殊功能

前面已经明确，弥补市场失灵是税收调控存在的客观基础。那么，税收调控存在的理论依据又是什么呢？我们知道，税收调控是税收调节经济职能的具体体现。税收对国民经济的调控是一个复杂的系统工程，既要立足于宏观的调控上，又要落实到微观的调控上；既要着眼于社会再生产各环节的宏观调控上，又要着手于对社会经济生活各个方面的微观调控上；既有纵向调控，又有横向调控。这些纵横交织以及各个方面的调控所形成的调控网络，即构成了税收调控系统①。在市场经济条件下，税收调控主要表现为间接调控。

（一）税收调控在社会再生产中的特殊地位

税收的本质是分配关系。税收属于社会再生产分配环节的一个组成部分，与国家职能有着密切联系。税收在社会再生产过程中的地位和作用同

---

① 汪孝德，叶子荣，尹音频. 中国社会主义税制理论研究［M］. 成都：成都科技大学出版社，1992：27-33.

时又与国家在社会再生产中的作用密切相关。马克思的社会再生产理论告诉我们，社会再生产中的分配是连接生产与消费的一个中间环节，既决定于生产，又要受到交换和消费的影响。同时，在一定的条件下，分配对生产、交换、消费以及整个再生产过程的各个方面具有反作用。

税收具有组织财政收入和调节经济的两个基本职能。从历史角度考察，从税收产生至现在，无论何种社会形态的国家无一例外的都在运用税收为实现国家职能而取得财政收入和调节经济，其区别只是社会属性不同罢了。税收的财政职能和经济调节职能不可截然划分，是一种有机的统一。国家在制定和颁布政策的前后，不能只着眼于其中的一项而忽视另一项，更不能在客观效果上造成以其中的一项和部分抵消另一项。也就是说，政府在运用税收组织财政收入时要考虑如何有利于经济的持续协调发展；在制定经济发展战略或推行产业计划时要考虑如何有利于财政收入的持续稳步增长。应该说，税收之所以能够发挥调控经济的作用，仅可从其内在职能中找到根据，税收调控只存在有效不有效、自觉不自觉的问题，而不存在有或无的问题。

第一，生产决定税收，税收制约生产。生产决定税收，主要表现为生产的成果为税收分配提供对象，生产的发展速度和效益水平决定税收收入的规模和增长速度。税收制约生产，主要表现为税收收入的规模影响生产的发展规模和增长速度。经济-税收-经济，实现经济的持续增长。从税收的角度看，国家要发挥税收的调控作用，以保持一个适度的宏观税负，促进资源的优化配置，调整和优化产业结构。

第二，交换和税收分配在社会再生产过程中均处于中介环节，其作用虽然各不相同，但两者存在着相互联系、相互依存、互为前提和互相影响的关系。交换是实现税收收入的前提，物质生产部门所创造的社会产品价值只有通过交换才能实现，这时国家才能以税收形式参与分配。税收分配也是交换的重要前提条件，国家通过税收集中起来的资金及时、合理地拨付出去形成社会购买力时，处于流通领域商业部门仓库中的物资才能卖得出去，交换得以实现而进入消费。在社会再生产过程中，分配和交换的实现同样离不开税收调控。

第三，在社会再生产过程中，"生产表现为起点，消费表现为终点，分配和交换表现为中间环节"①。在社会主义市场经济条件下，一切消费必须经过分配和交换，其中税收分配就成为实现消费的重要前提条件。社会产品和国民收入用于满足人民物质文化生活需要的消费基金，有相当一部分是直接或间接由税收分配的。从税收调控的角度讲，税收分配在一定程度上制约着消费水平和各种消费的比例关系，调节着消费结构。

明确税收在社会再生产中的特殊地位是正确处理税收与经济相互关系的理论依据，也是税收调控存在的理论依据。我们通过对税收与经济基本理论的认识，有利于认识税收的本质和职能作用。解决税收与税收调控实现过程中诸多矛盾的根本途径只能是发展经济，提高经济效益。

（二）税收调控的特点

税收是国家掌握的集法律与经济于一身的强有力的经济杠杆。税收调控在调节范围和调节对象的选择上，具有相当的广泛性、灵活性和针对性；在调节力度上，具有明显的刚性，同时又具有区别对待政策下的差别性；在具体操作过程中，具有法律强制性。

税收调控具有以下特点：

第一，税收调控具有国家干预的性质。在市场经济中，价格基本上围绕着市场机制自发调节经济。货币政策在总体上是由中央银行代表国家制定与控制的，如货币量的发行等，但具体信贷结构政策及信贷资金的流向则主要由商业银行操控。税收既是国家直接操控和掌握的经济杠杆，又能体现国家经济发展战略的意图而触及国民经济各环节、各层次，对横向或纵向的经济利益进行调节。在众多的经济杠杆中，能够直接体现国家干预经济，并能深入社会经济各个方面进行具体的调节，显然只能是税收了。

第二，税收调控具有弥补市场失灵的性质。市场对产业结构的调节往往较为缓慢并伴随一定数量资源的浪费，而税收对投资和生产的倾斜政策可以从宏观上引导和加快经济结构的调整，避免通过盲目竞争来实现经济平衡目标所引发的经济振荡与资源浪费。"税收-补贴"的模式可以抑制具

---

① 马克思恩格斯选集：第 2 卷［M］．北京：人民出版社，1972：91-92.

有外部负效应的经济行为，补偿具有外部正效应的外溢收益。运用税收手段来调节分配领域的财富收入差距，这样同样可以缓解市场因绩效分配所带来的利益分配不公平状况。

第三，税收调控具有改变所有权的性质。税收对经济的调控效果主要是通过税收收入政策与税式支出政策来实现的。而税式支出或税收收入在很大程度上体现着国家与纳税人之间的利益转移关系，即一定规模的税收收入总是意味着纳税人的一部分资产的所有权转移，而税式支出则又意味着本应属于国家收入的资产为了照顾或鼓励某些纳税人而不实现这种转移。正是税收收入与税式支出所体现的国家和纳税人之间的利益转移关系使得税收在调节经济过程中具有较强的利益强制性和较大的优势，为通过对纳税人资产实行强制的转移来实现税收调节经济的目标。其他经济杠杆，如价格、利率或公债等，并不像税收在调节经济运行时是通过资产所有权的强制转移来实现其调节目标的。

（三）我国税收调控的特殊性

美国的自由市场经济、德国的社会市场经济和日本的公司市场经济是三种不同的市场经济模式，其不同之处就是国家干预经济的程度不同。美国在经济上自由放任，政府作用有限，几乎没有产业政策，税收的调节作用较小；德国和日本在经济发展的不同时期均采用税收特别措施等多种办法来调节经济结构，税收的调节作用较大。

我国的税收调控主要有两点不同于西方国家。第一，我国是社会主义市场经济，市场在国家宏观调控下对资源配置起基础性作用，发挥市场的作用同加强国家的宏观调控是密不可分的。第二，社会主义国家既是社会管理者，又是国有经济所有者，这双重身份使得国家负有更为重要的组织经济发展的任务。国家在不扭曲或尽量少扭曲市场机制的前提下，自觉地运用税收这个强有力的经济手段来规范市场机制的运行。我国这种广泛而有力的税收调控和西方国家税收调控有着较大的区别。

第一，贯彻产业政策，调节产业结构、产品结构，促进产业结构合理化，保证资源的合理配置。我国产业结构的不合理状况比较严重，三大产业中，农业经济基础脆弱，第三产业发展严重滞后。我国第三产业在国民生产总值中所占的比重与世界上低收入国家相差约 10 个百分点，与高收入国家相差 30 个百分点。在工业内部，基础工业滞后，加工工业发展较快。国家可以根据产业发展的需要，通过设计特定的税种和税率，选择其作用环节，发挥税收调控作用，引导产业方向，改善投资结构，促进总供给和总需求在总量上和结构上的合理衔接，以达到优化配置资源的目的。

第二，调节社会总供给和总需求，促进国民经济的健康发展。所得税和社会保险税对社会经济波动的自动稳定作用与税负转嫁对市场供求平衡的自动推进作用都可以自发地推动总供求的平衡。弹性的税收政策可以反经济周期改变总体税负水平。经济高涨时，国家可以适当提高某些税种的税率，以抑制总需求的过快增长；经济衰退时，国家可以降低总体税负水平，以刺激需求，恢复经济活力。

第三，调节不同性质、不同来源的收入，使社会分配合理化，促进共同富裕。制定合理的税收政策，使税收杠杆介入分配领域，可以调节因市场按绩效所进行的利益分配结果的不公；可以调节企业级差收入，促进商品生产者公平竞争。

第四，运用税收政策可以吸引和引导外国资本，促进对外贸易的繁荣与发展，推动国内企业技术水平和管理水平的提高，增强国内企业的国际竞争力。

——原文载于《财经论丛》1998 年第 1 期

（原文题目：《市场经济与税收调控若干问题研究》，作者：汪孝德。原文略有修改。）

实行积极财税政策　有效启动国内需求

一、我国国内需求不足的特点

（一）非市场性

眼下我国还处于社会主义市场经济体制起步时期，市场机制远不成熟，市场体系很不完善，价值规律还未充分发挥作用。我国近期的需求不足主要不是市场机制和价值规律发生作用引起的，而是具有明显的非市场性。这与20世纪以来西方发达国家的情况不同。西方发达国家经历了300年之久的市场经济大发展，市场经济体制已相当成熟和完善，社会需求不足主要是在市场机制下由价值规律作用引起的。因此，政府可以较好地通过干预和调节市场经济运行、纠正和弥补市场缺陷的政策措施来扩大社会需求。相比较而言，我国如果仅从调节市场机制运行、纠正和弥补市场失灵入手来扩大内需，显然不是明智之举。

（二）经济不发达性

从经济学的一般原理来看，构成需求的因素包括购买能力和购买欲望两个因素，这两个因素中任何一个都可以引起需求不足。20世纪30年代后，西方主要国家已经迈上了经济发达的道路，市场趋于成熟和饱和，居民收入水平普遍提高，购买力增加。需求不足的特征是企业（公司）和消费者个人买得起却不愿购买，主要表现为购买欲望低下的需求不足。眼下我国则恰恰相反，我国尚处在社会主义初级阶段，经济还不发达，尤其在广大农村，农民收入水平还相当低，购买能力有限。需求不足的特征主要是想买却买不起。例如，在城市，对于住房和汽车，许多家庭梦寐以求却无力消费；在农村，广大农民对于彩电、冰箱、电话等普通家用电器的消费能力也相当有限，这就形成了对这些商品的需求不足。

（三）资本积累不足性

我国投资需求不足，从根本上说是由国民经济长期粗放式增长，企业长期粗放式经营，经济效益低下、资本积累不足造成的。相当多的企业，尤其是国有企业，长期忽视自身的资本积累，过分依赖外部的资本积累，即银行贷款或其他方式融资，久而久之企业负债率居高不下。又由于盈利率低，出现利息吞食利润现象，企业进一步"虚脱"，投资乏力，导致投资需求严重不足。此外，当前我国投资体制不够健全，投资环境还不理想，也在一定程度上制约了资本积累。

（四）社会经济环境约束性

我国的需求不足，社会经济环境的制约也是一个不可忽视的因素。一方面，我国农村人口多，具有很大的消费潜力，但近几年来，农产品价格下跌，乡镇企业处于低迷状态，农民收入增幅下降影响了需求；另一方面，改革开放以来，在城乡居民总体收入大幅度增长的同时，居民个人收入差距拉大。社会财富集中在部分人手中，这部分人的边际消费倾向迅速递减，而储蓄倾向增加，存在着购买欲望低下的需求不足。部分社会成员的收入增长缓慢，有的还有所下降，购买能力有限，导致需求不足。此外，各种改革措施竞相出台，影响了人们的收支预期。住房、医疗、保险和教育制度改革等都预示着人们的预期支出将大大增加。劳动用工制度的改革，可能使一部分人员的工作变得不稳定，预期收入下降，因此可能会使人们的消费行为变得更加谨慎。

二、实施积极财税政策已初见成效

两年来，政府在实施积极财税政策的过程中，相继采取了一些有力措施，也取得一定成效。

根据我国经济形势发生的新变化，在货币政策效果不是很理想的情况下，中央在全面分析国际国内形势及其变化趋势的基础上，适时启动了积极财税政策。主要措施如下：

第一，增发国债，加大基础设施建设力度。1998 年，中央政府面向国有商业银行增发 1 000 亿元长期内债，并要求提供配套资金。所筹资金专项用于国家预算内的基础设施投资，其中 500 亿元转借地方政府使用。1999 年，在年初预算安排的基础上，国家继续增发国债，扩大财政支出规模。当年增发的 600 亿元长期国债仍然专项用于固定资产投资，包括增加基础设施项目建设的资本金和技术改造项目贷款的贴息。政府举债投资于基础设施建设，目的在于拉动全社会投资需求的增长，以促进生产，带动消费，缓解供需矛盾。

第二，调整收入分配政策，提升中低收入居民的收入水平。提升中低收入居民的收入水平的目的是要增强中低收入阶层的消费能力。具体包括三个方面的内容：一是提高"三条社会保障线"水平，即国有企业下岗职工的基本生活保障标准、失业人员救济金标准以及城镇居民最低保障水平；二是大幅提高公务员和事业单位工作人员工资，增加离退休人员的离退休费和养老金标准，补发拖欠的企业离退休人员基本养老金；三是提高部分优抚对象的抚恤标准。

第三，调整税收政策，促进对外贸易。为了促进对外贸易发展，增加商品出口，提高商品在国际市场上的竞争力，从 1998 年起，我国逐步提高了部分商品的出口退税率。1998 年年初，国家开始将丝织品的出口退税率由 9% 提高到 11%，纺织和机械产品的出口退税率由 9% 提高到 17%。自 1998 年 6 月 1 日起，国家又将船舶、钢铁、水泥、煤炭行业的出口退税率分别提高到 14%、11%、10% 和 9%。1998 年下半年，国家进一步提高了部分机电产品的出口退税率。经过上述调整，我国出口商品的综合退税率由 1998 年的 10% 上升到 1999 年的 15.51%，提高了 5.51 个百分点。同时，政府还对一般贸易出口创汇实行贴息的办法。这些措施大大提高了我国出口商品在国际市场上的竞争力。

第四，恢复对个人储蓄存款征税，促进个人消费。国务院决定从

1999 年 11 月 1 日起恢复对存款利息征收个人所得税，目的是通过征税减少居民储蓄存款的预期收益，调节储蓄倾向，以此调动居民的消费和投资欲望，刺激消费需求。同时，国家通过征税降低部分高收入者的收入水平，并将这部分税收收入用于提高低收入者的收入水平，以缩小居民间的收入差距。

第五，规范收费，减轻企业和农民负担。为了减轻企业负担，增加职工收入，国家清理了企业的政府性基金和收费。据不完全统计，仅中央就取消了不合法、不合理的基金和收费 727 项，减轻企业负担 370 多亿元。同时，政府还采取各种措施减轻农民负担。1999 年，广东省政府把农民用电降到每度一元以下，实现城乡用电同网同价，明显促进了农民对家电的需求。减轻企业和农民负担实质上是提高相应人群收入水平，自然有利于促进城乡居民的生活消费。

积极财税政策的实施，在刺激消费、增加商品出口、拉动经济增长诸多方面，已经或正在取得积极的效果。

第一，政府对基础设施的投资已初见成效。市政建设的加快，投资环境和生活环境的改善，更加有利于吸引外资。对农业基础设施的投入，不仅提高了农民的生产积极性，还带动了农民对家用电器的消费，逐步开拓了农村的消费市场。这些都为我国经济的发展、拉动国内生产总值的增长起到了积极的促进作用。不可否认，1998 年发行的 1 000 亿元国债，再加上银行的配套资金，对 1998 年国内生产总值增长率达到 7.8% 起到了重要作用。一年更比一年好。2000 年上半年，我国国民经济发展出现重要转机，国内生产总值达 39 491 亿元，按可比价格计算，比 1999 年同期增长 8.2%，增速比 1999 年同期增加 0.6 个百分点。

第二，出口下滑势头被阻止，对外贸易取得可喜成绩。由于受亚洲金融风暴的影响，我国和许多国家一样，出口贸易一度迅猛下滑。1998 年下半年实施积极财税政策后，全国出口实现了 0.5% 的增长。1999 年，我国出口形势虽然十分严峻，但由于政府及时调整了退税率，降低了出口商品成本，使出口商品的数量逐渐增长。1999 年 7 月，我国出口回升。2000 年上半年，我国出口总额达 1 145 亿美元，同比增长 38.3%；我国进口总额达 1 021 亿美元，同比增长 36.2%。进出相抵，我国贸易顺差达 124 亿美元，比 1999 年同期增加 44 亿美元。

第三，市场价格开始止降企稳，消费保持平稳增长势头。1999 年，全国消费品市场在 1998 年下半年回升的基础上继续平稳运行，全年社会消费品零售总额比 1998 年增长 7%，考虑物价因素，实际增长 7.8%。2000 年上半年，社会消费品零售总额为 16 248 亿元，同比增长 10.1%，增幅比 1999 年同期加快 3.7 个百分点。

第四，在经济增长加快的同时，经济运行质量继续提高。两年来，在中央扩大内需一系列宏观经济政策的持续作用下，国民经济发展出现重要转机，经济发展初步扭转了减速增长的趋势。2000 年 1~5 月，全国工业企业经济效益综合指数为 107.3，同比提高 16.4 点。企业盈亏状况进一步改善。2000 年 1~5 月，企业利润总额增长 130%，企业亏损额下降 7.7%。工业的产销衔接基本恢复到正常状态，工业产品销售率为 96.8%，同比提高 1.15 个百分点。国际收支状况良好。2000 年 5 月末，国家外汇储备达 1 580 亿美元，比 2000 年年初增加 33 亿美元。

三、积极财税政策实施中存在的问题与进一步扩大内需效果的设想

积极财税政策实施两年来，取得了良好的效果，但也存在一些问题，主要表现在政策措施显得单一，过分依赖国债，未能充分发挥税收的作用；投资拉动乏力，消费市场启动缓慢；出口形势仍然严峻，尚不容乐观；国企改革进展不快，经济效益还不理想，失业人员有增无减。

针对这些问题，我国需要认真总结经验，进一步采取积极措施，并加大实施力度，促进经济增长和经济效益提高。

（一）调整税制，充分发挥税收在启动内需中的积极作用

世界各国的经验表明，在经济萧条、需求不旺时期，采用的财税手段通常是增支和减税。从我国情况看，税率本来就不高，总体税负并不重，减税空间不大。要充分发挥税收的调节作用，我国就应深化税制改革，对

现行税制做进一步的完善。调整税制的指导思想是要适应培育和发展社会主义市场经济体制的客观要求。

第一，完善增值税。我国现行的增值税属于"生产型"增值税，即不允许抵扣购入固定资产所含进项税金，这就在一定程度上制约了企业设备投资和技术改造投资的积极性，遏制了市场对投资的需求，同时也阻碍了企业设备更新和技术进步。由此可见，对现行增值税进行改革十分必要。考虑到对财政收入的影响，我国可以先将增值税改为"收入型"增值税，允许在销项税额中抵扣或按某一比例抵扣固定资产折旧，以减轻增值税对企业投资的不良影响。

第二，改革消费税。消费税是我国现行税制中对消费的调节效应最强的税种之一。在1994年实施新税制时，此税种调节的目的主要是限制某些应税消费品的消费。与1994年前后比，目前我国的经济形势已经发生了一些变化，通货紧缩、需求不足成为近期经济运行的主要特点。因此，我国有必要对现行消费税进行适当调整，调整的重点可以放在降低税率和调整征税范围两个方面。

第三，深化所得税改革。对企业所得税本身的改革，一是要进一步规范税制，尽快实现内外资企业所得税的统一，促进内外资企业的平等竞争，以适应我国加入世界贸易组织的新形势；二是实行累进税率，控制税收优惠，强化企业所得税组织财政收入和经济调节功能；三是搞好企业所得税的配套改革，特别是企业财务制度、会计制度的规范化，从而确保计税依据的准确性，保证《中华人民共和国会计法》的顺畅实施；四是为适应目前世界各国都有进一步降低企业所得税税率趋势的国际形势的新变化，我国也应考虑在条件允许的情况下，适当降低企业所得税税率。

第四，完善个人所得税。个人所得税是我国税制结构中潜力巨大的税种之一。随着我国人均国民收入水平的提高，居民个人的纳税能力将普遍增强。另外，先富起来的高收入阶层和广大中等收入阶层也将为个人所得税提供丰富的税源。为适应这种形势发展的需要，我国应建立综合的个人所得税制，对个人各种所得综合征税，即只规定一个基本的免征额，采用累进征收，方便征管和缴纳；调节高收入阶层的收入，增强个人所得税汲取财政收入的能力。

第五，尽快开征社会保险税。从我国目前的情况来看，即从需要与可能两个方面研究，建立规范化的社会保险税的条件已经成熟。我国应抓住时机，借鉴国际上通行的方法，尽快开征社会保险税，并使其成为我国税制结构中的一个重要税种。

第六，开征遗产税和赠予税。我国即期消费不足、储蓄降不下来，主要有两个重要原因：一是没有完整的社会保障体系，国民为了保证基本生活不受影响而被迫储蓄；二是民众为了给后代留下一些财产，以免后代生活困难。若开征遗产税和赠予税，人们将不再热衷于为下一代储蓄，会直接增加投资和即期消费。同时，遗产税和赠予税的征收对象主要是高收入者，有利于平衡社会成员的财富差距，防止"食利阶层"的涌现。

（二）增加政府支出，进一步刺激民间投资

自1998年实施积极财税政策以来，政府加大了对基础设施等公共项目的投资力度，但政府投资的大幅增长并没有带动民间投资的相应增长。资料显示，1981—1996年，国有投资年均增长率为20%，而非国有投资年均增长率为29.9%。近两年来，非国有投资的增幅明显回落。1997年增长8.6%，1998年增长8%，1999年的增长情况也不理想，大大低于国有单位投资的增长速度。由此可见，政府投资必须重视启动民间投资。

第一，为民间投资创造宽松的环境和良好的条件。我国应通过健全投资法律法规，减少对民间投资的限制和歧视，规范税费征收，减轻投资者的负担，确保投资者的权益。

第二，采取财税手段以降低民间投资的风险。我国应通过税收优惠、财政贴息、财政参股、财政担保等财税手段，降低民间投资的风险，提高民间投资的积极性。这样，既可以扩大就业，增加有效需求，又可以改善供给，为经济持续增长创造条件。

（三）增加农民收入，减轻农民负担

扩大内需、启动消费，不仅要启动城镇居民的消费，还要想方设法启动8亿多农民的消费。随着城镇低收入群体实际收入的逐步提高和城镇居民消费的稳步增长，按理来说广大农民的生活也要同步得到改善，然而农民的实际收入并未同步提高。这一问题的解决，除了大力发展农村商品经济以外，还需要政府的投资与政策。目前，我国应进一步加大对农村公路、电网、水利等基础设施的财政投资力度，切实敞开收购农民的粮食，以优惠政策扶持乡镇企业的发展。我国可以从利息税收入中拿出一部分来补偿农民。同时，我国应清理农村不合理收费，切实减轻农民负担。

（四）管好、用好国债资金，充分发挥资金使用效益

发行国债是有效的财政手段，运用起来却很不简单。各级财政部门在国债专项资金的使用过程中，一定要树立责任意识、风险意识和效益意识，切实管好、用好国债专项资金。国债转贷资金的安排要与地方偿还能力相适应，配套资金无法落实的地方，不能安排新的转贷项目。基础设施项目和补助资金要向中西部地区倾斜，补助标准也应高于沿海地区。在资金的安排使用上要注意与科教兴国战略、可持续发展战略以及产业结构升级结合起来。各级财政部门要积极参与财政投资项目的审核，切实加强对资金和项目的源头控制，督促落实配套资金，监督转贷资金的使用情况，以保证积极财税政策真正落到实处，充分发挥预期效果。

——原文载于《财经论丛》2000 年第 6 期

（原文题目：《实行积极财税政策 有效启动国内需求》，作者：汪孝德、梁华。原文略有修改。）

加入世界贸易组织与中国税制调整

　　世界贸易组织（WTO，下同）规则对各成员方来讲，都是一把"双刃剑"——既有利，又有弊；既是机遇，又是挑战——关键取决于我们的准备是否充分，应对措施是否积极有效。加入 WTO 后，我国经济与世界经济的联系更加紧密，互动效应更强，税收所受到的影响更大，情况也更为复杂。入世后我国的税收政策要受双重因素的制约，既要符合 WTO 的要求，又要符合我国经济的实际和宏观调控的需要。税收是调节经济的重要杠杆，一个国家税制的健全、完善与否直接影响到经济发展的好坏。

一、入世对我国税制的影响

　　WTO 的宗旨是消除国与国之间的贸易壁垒，促进资源在全球范围的自由流动，以实现资源的最优配置。围绕这一宗旨，世贸组织制定了一系列贸易原则，如最惠国待遇原则，国民待遇原则，反倾销、反补贴原则，透明度原则等。入世后，我国成为 WTO 正式成员方，在国际经济活动中必须遵守 WTO 规则。因此，入世将给我国的政治、经济带来巨大影响，其中税收作为一项重要的经济制度也必将受到巨大的影响。

　　（一）对税收收入总量和结构的影响

　　加入 WTO 后，我国税源结构将会做出调整。由于关税税率的降低及部分产品进口配额的取消，大量国外商品涌入国内，尤其会造成对汽车、重型化工、石油等行业的强大冲击，来源于这些行业的税收收入将会有所下降。为促进国内商品以不含税价格参与国际市场的竞争，商品出口退税额将增加，也会造成税收收入的部分减少。同时，入世后我国具有明显优势的纺织、轻工业产品的出口可能会大幅增加，因此来源于这些行业的税收收入增幅会较大。另外，由于金融、电信等第三产业开放程度的加大，营业税的收入也会有显著的增加。

从中长期来看，自加入 WTO 后，我国可以获得多边无条件最惠国待遇，以发展中国家的身份获得普遍最惠国待遇，这有利于我国对外贸易的发展，从而拉动经济的快速增长。入世后，市场竞争将不仅限于国内。由于贸易壁垒的减少，国内企业将更加广泛地加入国际市场的竞争中去。在新一轮的"优胜劣汰"中，效益低的企业将被淘汰，效益高的企业将得到发展，总的经济运行质量将得到提升，税收总量也会相应增加。根据有关专家的测算，我国国内生产总值因入世将增长 2.94%，在国内生产总值与税收增长弹性为 1∶0.8 的条件下，税收总量将会增长 2.4%左右。

（二）对税收立法和执法程序的影响

根据透明性原则，世贸组织成员方的一切影响经济活动的政策和措施都必须及时公开，以便于每个成员方的政府和企业了解和熟悉，而且各国贸易政策必须具有多边贸易体制的稳定性和可预见性。我国现行税法大量使用授权立法，大规模、长时间的授权法会导致行政与立法界限的模糊，加大行政无限扩张的可能性，还会导致税收法规之间以及税收法规和其他法律法规之间的相互抵触，因此税收立法的透明性较差。自加入 WTO 后，我国应根据 WTO 的多边贸易原则，结合我国经济的实际情况制定出更合理、更完善的税收法律体系，对那些不符合 WTO 规则的税收法规要尽快清理，加快制定税收基本法进程，有效解决各单行法之间的冲突和矛盾，协调各税种规定之间的冲击和矛盾，规范税收立法行为，建立税收公告制度。同时，我国应加强税收执法的统一性，提高税收执法的规范性，加大税收执法力度，堵塞税收征管漏洞。

（三）对税制调整的影响

在 WTO 多边贸易规则的约束下，各国的税制调整更加趋同，如降低税率、减少优惠、扩大税基和严格管理等。这种趋同也表现在国际上税率差别的缩小以及贸易壁垒的逐步消除。入世后，我国的税制调整也必然受这一趋同化的影响。在未来的四五年间我国的整体税率水平将逐步降低以接近世界平均水平，开征在世界范围内已普遍推行的遗产税与赠与税。入世后我国的产业结构将发生重大变化，第一产业和第二产业比重将有所下降，第三产业的比重将有所提高。税收作为国家调控宏观经济的杠杆，必然相应地做出结构性的调整，以保证与国家整体产业结构相协调。在设立新税种、制定税收优惠条件时，税法应向国家重点扶持的产业倾斜。入世后，旅游业是国家重点发展的行业之一，国家对旅游业的相关企业应给予更多的营业税、所得税方面的优惠政策，以促进旅游业的快速发展。

二、我国现行税制存在的问题

我国现行税制是 1994 年推行的新税制和分税制改革确定的，在改革初期取得了较为显著的成效，中央财政收入大幅度提高，保证了中央的宏观调控能力，转移支付力度也得到了加大。随着时间的推移以及社会主义市场经济体制的逐步发展与完善，新税制和分税制也暴露出许多不足之处。这些不足直接影响到中国入世后与其他成员方的贸易交往。这些不足之处主要表现在以下几个方面：

（一）内外税制不统一

WTO 的基本原则之一是国民待遇原则，该原则要求投资者应享有与国内企业同等待遇的权利。改革开放初期，我国为吸引外资制定了不少的税收优惠政策，虽然在一些行业和领域还未完全向外商开放，但在涉外税法领域所涉及的外资企业享受了比内资企业更多的优惠。

目前，我国有两部企业所得税法，即适用于内资企业的《中华人民共和国企业所得税法》和适用于外资企业的《中华人民共和国外商投资企业和外国企业所得税法》。从立法层次看，前者属授权立法，后者以国家法律的形式颁布实施，显然后者的立法层次高于前者。

费用列支标准、税前扣除法以及资产的税务处理的规定不同，如坏账准备计提比例，业务招待费的计税依据，工资、福利费的计税标准，坏账损失确认年限，固定资产净残值率的规定，股息收入是否征税的规定等不同。

优惠政策设计不一致。在《中华人民共和国外商投资企业和外国企业所得税法》中"税收优惠"这一节的内容尤为明显。例如，外资企业可以获得的税收优惠的地区优惠，在经济特区设立的外资企业所得税为15%；产业优惠，对于在能源、交通等重要项目投资的外资企业给予"五免五减半"的优惠政策；此外，还有定期优惠、行业优惠、再投资退税优惠等。由于对外资企业实行全面的税收优惠办法，这使得外资企业所得税实际税负相当低，一般为 7%～8%，仅相当于内资企业实际税收负担的1/4～1/2。内外税制的不统一，必然会造成内外资企业的不公平竞争，还会给投机分子提供可乘之机，严重影响正常的市场经济秩序。

（二）内资企业税负较重，不利于我国产品参与国际市场的竞争

由于我国的大部分产品技术含量、科技成分不高，长期以来只能凭借价格的低廉在国际市场竞争中占有一席之地，而且提高产品的技术含量需要一段较长的时间，其中要包括新技术的开发、技术转换和运用等过程。因此，当前我们要设法减轻企业的负担，尤其是来自税收方面的负担，以鼓励和促进我国产品的出口，提高其在国际市场中的竞争能力。

目前，我国企业过重的税负主要来自以下两个方面：

1. 企业所得税的税负较重

目前，我国的企业所得税税率为 33%，较国外的税率更高一些。同时，企业在缴纳所得税后，还要负担各种行政收费。有关资料显示，企业承担的各种收费，基本与企业缴纳的所得税相当。税后利润的减少，直接影响企业的技术更新和新产品的开发，严重影响企业的进一步发展。

2. 增值税的税负较重

目前，我国采用的仍是"生产型"增值税，即购进固定资产的进项

税额不允许抵扣。这就直接加重了企业的负担，抑制了企业的投资积极性，特别是影响了企业向资本密集型和技术密集型产业以及基础产业投资的积极性，从而直接影响到新技术的采用和经济结构的调整。同时，对出口企业而言，由于退税额中没有包括外购部分已缴纳的税金，这导致出口产品成本过高，进而抑制了产品的出口。虽然从理论上讲增值税可以转嫁，但是最终能转嫁多少，还必须取决于市场的供求关系和产品的需求弹性。

（三）出口退税政策仍然存在问题

我国自加入世贸组织后，国家鼓励出口的许多优惠政策将被取消，出口补贴将不再适用，而出口退税政策按国际惯例不属于出口补贴范围。因此，我国自入世后，出口退税政策将成为国家鼓励出口的主要的外贸支持手段。但是，我国的出口退税政策中尚有一些不足之处。例如，退税不彻底，没有完全剔除出口产品的含税因素，出口产品含税参与国际市场竞争，大大降低了出口产品的国际竞争力；出口退税资金严重不足，使得大量的应退税额得不到足额退税；征管过程存在漏洞，对于出口退税，眼下尚无一套完整的体系，少数不法分子利用征管中的漏洞，大肆骗取国家的出口退税额，加剧了出口退税资金的不足，等等。

（四）关税水平仍然偏高

高关税是阻止和限制外国商品输入的一项措施，目的是削弱外国商品的竞争能力，以保护本国商品的竞争优势。WTO 的宗旨就是削减关税、减少贸易壁垒，以便产品及服务能更自由地在各成员方之间流动。我国从 1996 年开始大幅降低关税税率，从 1995 年的 35.9% 降到 23%，1997 年继续下调至 17%。即使如此，我国的关税税率仍然偏高。有关资料显示，WTO 全部成员方已于 1998 年年底达到了乌拉圭回合中发达国家成员 3.5%、发展中国家成员 12.3% 的工业品关税减让要求。目前，我国的关税水平在发展中国家中高居第 6 位。高关税严重阻碍了我国和世界其他各国的自由贸易往来，也与 WTO 的有关规定不相符合，因此继续降低关税是我国入世后的必然发展方向。

（五）税收立法和税收执法缺乏规范性与统一性

税收立法层次低。目前，我国税收立法中大量采取的形式是授权立法，直接以国家法律形式立法的仅有两部所得税法和一部征管法，降低了税法的法律级次和法律效力，从而引起税法的多变和不稳定，法律虚置问题严重，难以保证执法的统一性。由于多种原因造成已经出台的有些法律制度在执行中形同虚设，严重偏离了设立时的目标。纳税人的权利没有得到应有的重视，难以保证执法中的公正与合理。征管法中纳税人的义务多于权利，而税务机关的权利却多于义务。

三、我国税制的调整方向

我国自成为 WTO 的正式成员后，要求国内的政策和法规均要与 WTO 成员方的身份相适合。目前，我国的现行税制与 WTO 对其成员的要求尚有一定距离。因此，调整现行税制，继续深化税制改革，以适应我国自入世后的新形势，更好地开展国际贸易往来，就显得十分重要。

（一）农业税制的调整

关于我国的农业，一方面，其在国民经济中处于基础地位，政府历来重视农业的投入和发展；另一方面，在全球范围内，我国的农业实属弱势产业，我国的主要农业产品价格已经高于国际市场价格。面对这种状况，如何应对国际市场的挑战，大力调整农村产业结构和种植结构；如何减轻农民负担，增加农民收入；如何充分利用 WTO 所允许的 12 大项"绿箱"政策，对农业生产进行必要的扶持，等等，就成为一个个十分严峻的问题。这就要求政府采取有效的应对措施，其中自然也包括农业税制的调整问题。

在我国，农业税虽然不是主体税种，在税收总量中所占比例较低，却是占中国多数人口的农民的负担的重要组成部分。目前，农业税是基层政府正常运转的重要收入来源，但由于农业税总量较低，根本不能满足基层政府履行职能的支出需要，因此不少的基层政府不得不在农业税之外加收各种规费，如土地承包费、车船养路费、教育集资等。由于这部分规费的收取缺乏严格的法规和政府规范，势必在收取过程中出现诸多漏洞。同时，我国自入世后要取消对进口农产品的配额限制，这也势必会对国内农业造成很大冲击。改革农业税制迫在眉睫，为此我国可以考虑从以下几个方面入手：

1. 充分利用"黄箱"政策，对国内农业进行必要的补贴

利用 WTO 农业协议，不仅是中国农业如何应对冲击和挑战的问题，而且还应该将它放在国民经济发展的全局中来考虑。通过国家投资扶持农业发展，可以直接增加农民收入，提高中国农产品的国际竞争力，拉动国内需求。

2. 实行大幅度和大面积的农业税减免

具体内容如下：

（1）对西部地区和粮食主产区等地域减免农业税，此项措施将为农民减负 200 多亿元。

（2）借鉴国际经验，完善农业科技税收的优惠政策。

（3）对农村教师等原来由农民负担的部分，最好由中央财政予以支持。

3. 继续推进农村税费改革

我国应将目前的收费和基金中具有强制性、无偿性和固定性特征的征收项目转化为税收，使其成为规范的财政收入形式，由税务机关集中征收管理，以降低征收成本。另外，对不合理的政府收费，我国应进行彻底清理。

4. 理顺农业税管理体制

目前，农业税仍然是按传统方式由财政统管，这不符合财权与税权分离的原则，影响了税收执法。理顺农业税收管理体制后，地税部门依据征管法管理农业税收，可以进一步增强执法刚性，强化地税部门职能，服务地方经济。

（二）工商税制的调整

工商税制的调整涉及的内容不少，既涉及调整问题，又涉及进一步深化税制改革的问题。

1. 增值税的调整与改革

一方面，由于生产型增值税会加重企业负担，抑制企业投资需求，我国必须对其进行改革，即将生产型增值税改为消费税，使企业购进的固定资产进项税额允许抵扣。这将使中断的增值税抵扣"链条"重新接起来。另一方面，我国应扩大增值税的征税范围，将交通业、建筑业纳入增值税的征税范围，因为交通业、建筑业与第一产业和第二产业关系密切，改征增值税的条件更加成熟。此外，我国应允许对高科技企业的开发费用和技术转让费用等无形资产投入进行适度的进项抵扣。我国还可以考虑对高科技新产品实行增值税优惠或减免税的政策。

2. 统一内外资企业所得税制

所得税的统一包括税率的统一、税前扣除标准的统一以及税收优惠政策的统一。在统一内外资企业所得税时，必须符合三个原则：一是国民待遇原则，二是税负公平与经济效益原则，三是充分体现国家产业政策的原则。统一内外资企业所得税制可以考虑分成三步走：第一步，扩大并完善涉外所得税体系；第二步，内外两套所得税统一立法；第三步，逐步向国际惯例靠拢。同时，我国应立足国情制定新的公司所得税法，最终使我国所得税税法完善、公平、有效。

3. 改革个人所得税制

我国现行的个人所得税也存在一些问题，不符合新形势的要求，自然还需要进一步改革，使之更加完善。改革思路如下：

（1）在考虑地区差异的条件下，有区别地提高个人所得税的免征额，沿海发达地区可提高到 1 500 元，西部地区可提高到 1 000 元。

（2）建立科学的税费扣除标准，充分考虑纳税人的婚姻状况、家庭总收入和家庭人口负担状况，确定合理的费用扣除标准。

（3）逐步统一中国公民与外籍人员的费用扣除标准，体现公平税负。

（4）在个人所得税中给予科技工作者（包括从事社科工作的人员）更多优惠。

（5）随着征管环境的改善和征管手段的现代化，逐步实现分类所得税制转向分类综合所得税制，最终向综合所得税制过渡。

4. 实行有差别的消费税税率

消费税是我国现行税制中对消费调节效应最强的税种之一。在 1994 年实施新税制时，该税种调节的目的主要是限制某些应税消费品的消费。与 1994 年前后比，目前我国的经济形势已经发生了一些变化，通货紧缩、需求不足成为近期经济运行的主要特点。因此，我国有必要对现行消费税进行适当调整，调整的重点可以放在降低税率和调整征税范围上，这是问题的一个方面。问题的另一个方面就是实行有差别的消费税率。对国内供应能力不足，且不具有国际竞争力的非生活必需品和国内有开发潜力但没有实际生产能力的产品，如大排气量轿车、部分汽车配件、数字化产品等，我国可以考虑实行较高的消费税税率；反之，则实行较低的消费税率，以便对国内产品实行隐蔽的差别保护。

（三）调整关税，完善出口退税政策

自加入 WTO 后，一方面，随着进口关税税率的降低，我国关税收入将会有所减少，这将会影响我国财政收入的增长；另一方面，我国要进一步完善退税机制，实行彻底的退税办法。

1. 自加入 WTO 后，我国现有的关税总体水平必然会下降

根据规定，2002 年我国关税总体水平（最惠国税率的算术平均水平）由 15.6%降低到 12%。在农业方面，我国承诺在 2004 年前将美国优先农产品关税水平降至 14.5%~15%；在汽车行业方面，2006 年汽车进口关税由目前的 80%~100%降至 25%。关税总体税率约束在 9%~9.5%。同时，我国还应根据国民经济的发展状况适时调整不同产业的关税税率结构。在调整过程中，我国应遵循 WTO 规则关于允许保护国内幼稚产业的例外条款，税率调整幅度可按"最终产品→中间产品→初级产品"逐级降低，以体现对不同产业的不同保护，使国内产业在激烈的国际竞争中健康发

展，从而有利于更好地充分利用国内国外两种资源，在国家的比较优势中分享国际分工的利益。

2. 清理整顿和削减关税的减免优惠政策，统一关税的名义税率和实际税率

乍一看，我国的名义税率有些偏高，但同时又给予进口产品许多关税优惠政策，因此实际的税率并不高。今后，我国应将关税优惠政策集中到国家重点扶持的支柱产业上来，并注意内资与外资企业税收政策的平等。

3. 完善出口退税机制，实行彻底的退税办法

具体措施主要如下：

（1）针对目前出口退税资金的不足，中央财政应给予高度重视并及时解决这一问题，保证符合条件的企业得到足额退税款，充分利用 WTO 中允许出口退税的条款，对出口产品彻底退税。

（2）进一步提高退税率，由现行的平均 15% 提高到 17%。

（3）扩大出口退税的范围。目前，我国出口退税的税种只限于增值税和消费税，WTO 规定凡间接税都可以退税，据此我国出口退税的税种范围应扩大到营业税、印花税等，同时也可考虑将城市维护建设税、教育费附加等附加税纳入退税范围。

（4）加大对出口骗税的打击力度，严格出口退税的管理，对出口退税的每一环节严格把关，建立健全海关内部的监督和约束机制。

（四）规范税收执法，加强税收征管

这包括两个方面的问题：一方面，纳税方依法纳税，征税方依法征税；另一方面，纳税方诚信纳税，征税方诚信征税。

1. 规范、统一税收立法和执法行为

我国应提高税收的立法层次，主要税种的立法权归全国人民代表大会及其常务委员会，以保证税法的权威性，避免任何部门对税法进行随意改动，特别是税收优惠政策的制定。一些非主要税种或有较强地域性的税种，应将税权下放到省、自治区、直辖市的权力机关，以更合理和有效地发挥这些税种的积极作用。另外，我国在制定税收征管法时，不仅要加大

税务机关的执法权力，重视对纳税人权利的尊重与保护，还要有监督和制约税务机关的机制和措施。

2. 提高税务工作者的综合素质，培养和造就一大批高素质的税务干部

一方面，税务工作者要加强政治素质的培训，提高文明执法的力度；另一方面，税务工作者要促使业务素质的提高，以适应入世后更加复杂、多变的税务执法工作。

——原文载于王国清、陈顺刚、朱明熙等主编的《新形势下财税理论与改革研究》（西南财经大学出版社，2002 年出版，原文题目：《加入WTO 与中国税制调整》，作者：汪孝德、姜莉。原文略有修改。）

第五篇 "税制模式"问题探析

税制模式论

税制模式是一个国家在一定时期内税收制度改革的基本方向和所要达到的基本格局，也就是税制的总体结构。对税制模式的研究，既要涉及税收的基本理论问题，也要涉及税收制度的改革与发展问题。

（一）

社会主义初级阶段的经济特征决定税制结构的总体特征。社会主义初级阶段是一个比较长的历史时期，在社会主义初级阶段，由于生产力水平和国民收入水平不高，以公有制为主体的多种经济成分长期并存，以按劳分配为主体的多种分配形式长期并存，需要税收在促进改革开放、保证国民经济的持续协调发展等诸多方面发挥更加积极有效的作用。

生产力和国民收入水平不高与我国税制所形成的总体税负不能过低的矛盾性，决定了在一定时期内适当提高总体税负水平，以保证财政收入在国民生产总值和国民收入中的合理比重，将是贯穿在整个社会主义初级阶段的首要问题。

以公有制为主体，多种经济成分并存；以按劳分配为主体，多种分配形式并存，由此产生的收入及分配的复杂性，决定了我国复税制存在的长期性。在社会主义市场经济条件下，我国鼓励公平竞争，正确引导多种经济成分、多种经营方式沿着社会主义市场经济轨道运行，必将针对收入来源渠道和分配形式复杂多样的特点，采取多层次、多税种、多环节课征的复税制，增强国家的宏观调控能力，促进社会主义市场经济的健康发展。

社会主义国家的双重身份和职能，决定了税利并存的长期必然性。税收和利润是两个不同的经济范畴。在国有企业利润的分配问题上，一方面，国家以社会管理者的身份，采用所得税形式参与企业利润的分配；另一方面，国家又以生产资料所有者的身份，用"分红"的形式参与所得税后利润的分配。社会主义国家既是行使政治权力治理国家的社会管理者，又是生产资料所有者，具有双重职能。这就要求根据国家与国有企业的分配关系，采取与之相适应的分配方式——税利并存，以充分发挥税收和利润各自的独立作用。

社会主义市场经济形成的渐近性，决定了我国税制模式演变的阶段性。建立和完善社会主义市场经济体制，是一个长期发展的过程，是一项艰巨复杂的社会系统工程。同时，选择和确立税制模式的首要条件是生产力的发展水平和国民收入的增长水平。与此相适应，在我国以所得税为主体税种的税制模式只能是目标模式，在短期内不可能实现。

社会主义市场经济的开放性，决定了税收分配关系的国际性。社会化的大生产不仅需要利用国内资源，而且需要利用国际资源；不仅需要依靠国内市场，而且需要依靠国际市场。与此相适应，我国应发挥税收在对外经济交往中的积极作用，在维护国家主权的前提下，按照平等互利的原则，建立一套符合我国国情的涉外税制，适应对外开放的需要。这将是在整个社会主义初级阶段的一项重要任务。

（二）

税收作为以国家为主体的分配活动，与其他一切经济活动一样，具有其确定的运行目标。

税收的运行目标是税收制度的灵魂，决定税制模式的建立。

第一，社会主义初级阶段的税收制度应以效率优先为主并适当注意公平为税收目标。一般来说，一个国家税收运行的目标具有两个方面的内容：一方面是效率，即对经济活动中的人力、物力、财力资源的最佳配置和充分利用；另一方面是公平，即社会成员在国民收入分配中的贫富差距不宜过大。在效率与公平之间存在着一种互为转换的替代效应，或者是提高效率而牺牲一些公平，或者是为了增进公平而牺牲一些效率，难以两全其美。对效率的追逐，往往损害公平；而一味追求公平，势必损伤人们追逐效率的积极性，从而有损经济的发展。以效率优先还是以公平优先，这不仅是个排序问题，而且是关系到税收目标的战略选择问题。在经济欠发达的国家，税收目标的选择多为效率优先，只有这样，才能促进经济的快速增长。可以断言，无论我国经济体制如何改革，生产资料公有制都是必须要坚持的。在生产资料公有制条件下，消费资料在社会成员中的分配不可能产生过大的差别。因此，适合我国社会主义初级阶段的税收制度应是以效率优先为主并适当注意公平为税收目标。

第二，必须坚持中性的税收原则。以效率优先作为税收运行目标，一般应遵循中性原则。所谓中性原则，是指税收不使商品生产经营者以及商品消费者的决策受影响，不使非公共部分的资源配置受干扰。随着社会主义市场经济的不断发展和社会主义市场经济运行机制的逐步建立，资源的市场配置方式将会取代传统的高度集中的计划配置方式，在市场配置方式下，税收的中性原则尤为重要，否则将会妨碍资源最优配置的实现。当然，中性原则也不是绝对的，有时对中性原则的适度背离也有其合理性。税收制度牵涉面广，渗透到社会经济的各个领域。但是，总体来说，为了保证资源的有效配置，我国必须坚持中性的税收原则。

（三）

税制模式的选择和确定，要受生产力发展水平、社会经济结构、经济管理体制、经营管理水平和税收征管水平等因素的制约，这些制约因素构成税制模式所依存的社会经济条件。在这诸多因素中，生产力的发展水平和国民收入的增长水平是选择和确定税制模式的首要条件。

税收是国家集中占有的一部分国民收入。税收收入占国民收入比重的高低直接受生产力水平的高低和国民收入增长快慢的影响。生产力水平高，国民收入增长快，国家就可以通过税收多集中占有一部分国民收入，税收收入占国民收入的比重就可以高些。

自党的十一届三中全会之后，我国制定了大力发展生产力、加速经济建设步伐的"三段式"战略目标，从我国生产力发展水平和国民收入的增长水平来考察，我国税制模式很有可能也有一个"三段式"的演变过程。

第一，我国社会主义初级阶段的税制模式可以分为近期模式、中期模式和目标模式。20世纪后期的税制模式可以称为近期模式，以流转税为主、所得税为辅，其他各税为补充。从20世纪末至21世纪20年代的税制模式可以称为中期模式，以流转税和所得税并重，其他各税为补充。从21世纪20年代至21世纪中叶的税制模式可以称为目标模式，以所得税为主、流转税为辅，其他各税为补充。

第二，在我国，以所得税为主体的税制模式只能作为目标模式，在短期内不可能实现。我国是社会主义国家，这就决定了我国的所得税是以企业所得税为主、个人所得税为辅的结构。从我国生产力发展水平和国民收入状况来考察，在短期内不可能实现以所得税为主体的税制模式。

第三，从国外情况来看，目前，采用所得税为主体税类的国家，绝大多数是生产力比较发达、人均国民收入较高、个人所得税占整个所得税比重较高的发达国家。单就个人所得税占整个所得税的比重来看，美国大约占52%，英国大约占85%，日本大约占56%。大多数发展中国家由于生产力发展水平较低，人均国民收入水平不高，国民收入大部分要用于满足个人生活消费需要，个人所得税税源有限，因此在一定时期内只能实行以流转税为主体税类的税制模式。

（四）

社会经济结构和经济管理体制是选择和确定税制模式的必要条件。一定历史发展阶段的经济制度，即生产关系的总和，构成了社会的经济结构。任何一个国家的税制模式的选择和确定，无一不受社会经济结构，特别是受社会经济制度的制约。根据马克思主义关于生产资料所有制是生产关系的决定性要素的基本原理，所有制结构对税制结构的决定作用表现在不同社会的税制结构上。资本主义社会和社会主义社会虽然都是商品经济，但税制结构不可能相同。建立在生产资料私有制基础上的资本主义商品经济，决定了社会生产的无政府状态以及价值规律的自发性。在这种情况下，税制模式如何选择、税种如何设置，更多是考虑如何对资产阶级有利以及如何保证政府的财政收入，而不是考虑如何对生产方向和经济运行实行调控。建立在生产资料公有制基础上的社会主义市场经济，是通过少量的国家指令性计划和指导性计划以及大量的市场调节，自觉运用价值规律和供需规律，对国民经济进行调控。因此，在社会主义条件下，税制模式的选择以及税种的设置不仅是为了保证国家的财政收入，同时还必须考虑如何对社会生产和消费进行有效调节，促进国民经济这个庞大的机器有节奏的运转。

经济管理体制对税制模式的选择和确定也有决定作用。在所有制因素既定的前提下，调整生产关系，促进生产力发展，主要是通过对经济管理体制的调整来实现的，其中对分配关系方面管理体制的调整又居于关键的地位。因此，作为分配手段的税制结构不能不受经济管理体制，特别是分配关系的管理体制所制约。就我国而言，在改革前的高度集中管理体制下，企业一切收入上交国家，一切支出由国家拨款解决，企业经济效益的好坏、成本的高低、利润的多少与企业自身利益不发生联系。在这种情况下，税收的调控功能得不到发掘，调控作用实际上是不存在的。与此相适应的税制结构必然是一种税种很少、税制单一的结构，更无主体税种、辅助税种以及补充税种之分。自党的十一届三中全会之后，我国经济管理体制逐步进行了改革。在这种情况下，过去那种简化的税制结构已不能适应新的经济管理体制的要求，这就必然以多层次、多税种、多环节调节的复合税制结构取代单一的旧税制。经过十几年的税制改革，在我国业已形成了一个多层次、多税种、多环节调节的复合税制结构。新税制基本上与经济体制改革的新形势相适应，这也是经济体制改革带来的一项丰硕的成果。

（五）

选择主体税种是确立税制模式的主要问题，直接涉及我国税制改革的方向，还直接作用于税收运动的方位和力度，进而对整个经济产生巨大的影响。

经过近几年的研究，学术界关于我国税制模式应以什么税种为主体税种，主要有以下五种意见：

第一，以流转税为主体税种的税制模式。

第二，以所得税为主体税种的税制模式。

第三，以资源税为主体税种的税制模式。

第四，以流转税、所得税和资源税"三足鼎立"的税制模式。

第五，以流转税和所得税并重的双主体税制模式。

上述五种观点各有所长，争论相持不下。其中，以流转税和所得税并重的双主体税制模式的赞同者居多。随着我国生产力的不断发展、人均国民收入水平的提升以及税利分流的全面实施，我国税制改革和税制建设正创造条件，由近期以流转税为主体逐步朝着以流转税和所得税并重的双主体目标靠近，进而实现以所得税为主体的目标模式。

需要指出的是，充当主体税种的标准主要取决于两个因素：一是该税种的收入在整个财政收入中的地位，即在整个财政收入中所占比重的大小；二是该税种在整个国民经济运行中所处的地位，即对经济调节作用的大小。经过开征国有企业所得税的改革，从我国目前情况看，流转税占财政收入的比重大约为60%，所得税占财政收入的比重大约为31%。在今后的一段时期内，选择以流转税和所得税并重的双主体税制模式，比较符合我国国情。

（六）

我国在20世纪90年代的税制模式，即近期模式，应以流转税为主、所得税为辅，其他各税为补充。选择这种模式，符合我国国情，基本上能适应我国现阶段社会主义市场经济的客观要求。

第一，流转税的特殊功能决定了它还要在我国税制的总体结构中继续扮演主体税类的重要角色。目前，流转税类包括增值税、产品税、营业税和工商统一税等税种。流转税作为价内税，在保证国家财政收入的稳定增长、促进国民经济健康运行等方面，均具有其特殊功能。首先，流转税类一般不受成本变化的影响，不论纳税人的成本高低，利润盈亏，只要取得销售收入或业务收入就必须依法纳税。随着生产的不断发展和商品流通的不断扩大，流转税课税额也将随之不断增加。20 世纪 90 年代，我国财政收支的尖锐矛盾将会继续存在，这就需要选择一个"税基"宽厚的流转税类来解决这个矛盾。其次，从宏观调控角度讲，国家需要更巧妙地运用税收杠杆和价格杠杆，灵活地对社会再生产进行引导，促进国民经济有计划、按比例的发展。特别是在深化企业改革，转换经营机制，把企业推向市场的新形势下，国家应充分运用税收杠杆，将税收杠杆和价格杠杆更巧妙地结合运用。

第二，20 世纪 90 年代，随着"八五"计划和十年发展规划的确定与实施，特别是在加快改革开放步伐的新形势下，国家不仅决定了税收在今后一个时期的发展规模和增长速度，而且排除了所得税在这个时期上升为主体税类的现实性。其一，与流转税相比较，所得税在调节产业结构和产品结构合理化方面的功能较为逊色。其二，社会主义市场经济体系尚未完全建立，企业人为减少利润的现象还比较突出。在 20 世纪 90 年代，为了减少企业利润的不真实度，确认所得税作为主体税类的客观条件显然不成熟。其三，我国所得税是以企业所得税为主、个人所得税为辅的结构。一方面，国家以双重身份参与国有企业利润的分配，除征收所得税外还要参与企业税后利润的分配。20 世纪 90 年代，随着税利分流的普遍推行，国有企业向国家缴纳的所得税相应减少。另一方面，西方国家的个人所得税中，主要税源是股息、红利等。在我国实行按劳分配原则条件下，短期内不可能指望个人所得税的税源会有很大的增加。

第三，流转税、所得税与若干配套税种的优化组合，可以形成一个优化的税收调控体系。从十余年来我国税制改革的经验看，对配套税种的考虑，必须注意三个问题：一是必须重视税制的整体功能。经过十余年的税制改革，我国虽然已经建立了一个包括 30 多个税种的工商税收复合调控体系，但不可否认，我国现行的某些税种的设置与开征还存在着一定的短期效应。因此，在考虑单个税种的设置时，我国必须考虑整个税制的总体功能，尽量克服"头痛医头、脚痛医脚"的片面做法。二是配套税种的设置要得当，开征要慎重。从数量上来讲，我国不能认为税种越多越好；从范围上看，税收不可能面面俱到，我国要克服"税收万能"的旧观念。三是对单个税种的设置与开征，我国要吸取经验教训，尽量减少征管工作中的繁琐事务，不宜把某个税种的开征作为临时的应急措施。

——原文载于《天府新论》1993 年第 5 期

（原文题目：《税制模式论》，作者：汪孝德。原文略有修改。）

"双主体" 税制模式之我见

　　税制模式就是一个国家在一定时期内税收制度改革的基本方向和所要达到的基本格局，也就是税制的总体结构。它包括体系和结构两层含义。体系，即主体税种和配套税种的选择；结构，即税种、税目和税率结构。税制模式的选择应以一定的社会经济条件为基础，从效率原则出发，兼顾公平需要，考虑一个国家生产力水平和经济结构及税收征管水平，以达到既能增加财政收入，又能提高税收效率，还能达到发挥税收调控作用的目的。

　　长期以来，我国的税制模式是以流转税为主体的。据统计，新中国成立初期到1983年利改税以前，流转税占税收收入的比重达到90%左右。当然，这种税制模式在当时特定的计划经济体制下，起到了配合价格杠杆调节生产和消费、增加财政收入的作用。但是，目前，随着我国社会主义市场经济体制的建立和逐步完善，我国的经济已处于从长期实行计划体制向市场经济体制转换的过程中，市场经济体制要求让市场在国家宏观调控中对资源配置起基础性作用。因此，税制模式的建立，必须坚持税收中性原则，讲究税收效率，同时又要强调税收的宏观调控的作用。那么，在我国目前的社会经济条件下，应选择怎样的税制模式呢？那就是建立以流转税和所得税并重的双主体税种，以财产税、资源税、保险税等为辅助税种的广税基、低税率的税制模式。

一、从税收效率考察

税收效率，原意是指行政效率，即以尽量少的征收成本获得更多的税收收入。现代的税收效率的概念，除行政效率外，更强调税收的经济和社会效率，即课税不应妨碍或应有助于社会经济效率的提高和资源的优化配置。这包含两层含义：第一，当市场运行被认为有效率时，就应减少税收对市场的干预（坚持税收中性原则）；第二，当市场运行处于低效率时，就应对其进行有效的调控，以提高经济效率。因此，主体税种的确立，应着重考虑其经济效率，从这一角度对流转税和所得税进行比较是非常重要的。

经济效率又包含微观效率和宏观效率。从微观效率看，以产品税为中心的流转税由于存在"超额负担"而成为低效率的（见图1）。

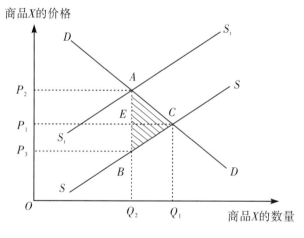

图 1 "超额负担"

在市场正常运行条件下，图 1 中 SS 代表商品供给钱，DD 代表需求线，供需均衡点数量为 Q_1，价格为 P_1。假定对商品 X 征税 t（不考虑税负转嫁），则商品 X 的生产成本提高 t，供给线上移为 S_tS_t，市场价格提高到 P_2，但生产者价格降为 P_3，均衡点数量降到 Q_2。此时，政府税收收入为 P_3P_2AB 所围成部分，即 t 与商品数量的乘积。其中，消费者受价格上涨

境况变坏的程度为 P_2P_1AC 部分。两者的差额就是消费者剩余的净损失，即图 1 中阴影 AEC 部分。同样，生产者剩余净损失为图 1 中阴影 ECB 部分，两者之和即为税收的超额负担，即图 1 中阴影 ABC 部分。"超额负担"的存在会干扰市场机制而造成资源配置的低效率。现代税收理论研究还进一步表明，税收"超额负担"的大小与税率的平方呈同方向变化关系。因此，我们应降低流转税的"霸主地位"和税负水平。

所得税对微观效率的影响，主要是对劳动和闲暇选择的影响，即对劳动努力程度的影响。这种影响程度的大小，主要取决于劳动力的供给状况，不同的劳动力供给状况，其影响是显著不同的，如图 2 和图 3 所示的两种情况。

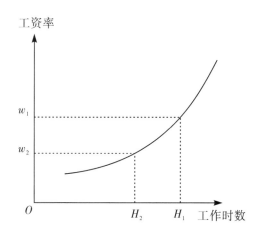

图 2 上扬的劳动力供给曲线

图 2 表明，若劳动力供给曲线是上扬的，即劳动努力程度是随收入（工资率）上升而增长的，则所得税会使劳动者减少工作时数。

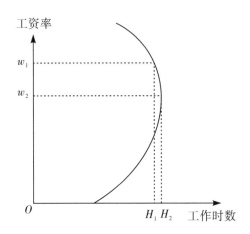

图 3　后曲的劳动力供给曲线

图 3 表明，若劳动力供给曲线是向后弯曲的，则在一定工资率上，课税使劳动力的工资率下降，劳动者为保证同样的收入，就会增加劳动时间。

在我国，目前的所得税主要是企业所得税，其次才是个人所得税，而个人所得税的主要对象是高收入阶层（尤指个体户）。虽然多数职工不缴纳所得税，但由于其工资收入与企业效益直接挂钩，而企业效益又受到税负水平的影响，因此企业所得税对劳动努力程度的影响也可以被认为类似于个人所得税的影响。这样影响程度是很小的，这在很多经济学家的实证分析中都已有定论。实际上。我国的情况是，作为发展中国家，劳动力资源丰富甚至存在过剩状况，人均工资收入水平较低，劳动者工作的主要目标是获得较高的收入，即使高收入阶层的税后收入远高于一般水平。因此，我国的劳动力供给曲线是后曲的，所得税实际上对劳动努力程度起正向的影响，有助于经济效率提高。我国应扩大所得税的征收范围和提高总体税负水平，使所得税占有其应有的主体地位。

二、从税收作用考察

（一）税收的宏观调节作用

随我国社会主义市场经济体制的建立和逐步完善，市场对资源配置将起积极的作用。随着价格改革的推进，价格将逐步放开，价格将随课税变化而变化。价格的变化也会导致需求的变化，引起资源的重新配置。在这种客观经济条件下，我们可以通过商品课税实行差别比例税率，引导和调节产业结构和产品结构，使国民经济结构合理化。具体来说，就是采用较低的流转税率促进"短线"产品生产，而用高税率限制"长线"产品生产。这样就可以缓解瓶颈效应，减少资源浪费，提高资源的利用效率。因此，流转税也是国家进行宏观调控的有效手段，是应有其主体地位的。

同时，在市场机制运行过程中，由于投资主体的分散性和盲目性，容易出现经济的较大波动。对于这种波动，政府靠调整税种、税目进行调节。由于在新税种设置、废弃旧税种到贯彻实施有一个时间过程，存在调节作用的"时滞性"问题，因此就要求有一种能自动起调节作用的税制。所得税就具有这种"内在稳定器"的功能，尤其是累进的所得税制。在经济过热、出现通货膨胀时，所得税税基扩大和适用税率较高，能抑制企业的投资需求和个人消费需求，缓解经济膨胀的压力；反之，在经济萧条时，所得税能刺激需求扩大，促进生产和消费，推动经济增长。所得税的这种稳定经济的作用有助于资源的优化配置，具有显著的宏观经济效率。此外，所得税还能起到调节收入分配、体现公平原则的作用。由于高收入者适用税率较高，所纳税收较低收入者更多，因此所得税能起到调节和缩小收入差距的作用，有助于实现共同富裕的目标。因此，所得税应与流转税具有相同的主体调节地位。

（二）税收的财政收入作用

从税收的财政收入功能角度比较，流转税具有普遍性、及时性和稳定性的特点。具体来说，流转税的税基是对商品和非商品流转额进行征税。

只要存在生产和销售，就有征税的可能。税源遍及整个生产和流通领域，而且一旦生产和销售行为发生，就产生了纳税义务，税收就能及时入库，而不必考虑其成本核算。因此，流转税具有稳定保证财政收入的功能。在现阶段税制改革中，为保证财政收入的稳定性，流转税是有其主体地位的。与此相比较，所得税的财政收入功能则具有较强的弹性。所得税的税收收入随社会产品中纯收入的增长而增长，随纯收入的降低而降低，其增减变化受成本因素影响较大，其收入变化具有波动性。一般说来，随着我国经济体制改革的深入和市场运行机制的完善，社会产品中纯收入是不断增长的。因此，所得税的收入也是随之增长的，即所得税具有保证财政收入随经济增长而增长的功能。因此，我国要确立双主体的税制模式，从财政目的看，就是要使流转税具有稳定财政收入的功能，同时发挥所得税税收收入增长的功能。

三、从税收征管水平考察

对于主体税种的选择，税收征管水平是一个重要的制约因素。毋庸置疑的是，流转税对征管水平的要求比所得税要低。所得税对征纳双方都有较高的要求。首先，对企业所得税来说，一方面要求纳税人有健全的财务会计制度（这点我国正在逐步完善），另一方面要求税收征管人员有较高业务水平。其次，对于个人所得税来说，其要求有完善的个人收入和申报资料。对于这一问题，作为发展中国家，我国拥有特别优厚的条件，因为我国有比较完整的户籍管理制度，对于个人收入和行踪的资料比较详实，因此普遍征收个人所得税具有一定的基础。考虑我国的客观情况和征管水平，我国应在强调流转税的征收管理的同时，通过完善所得税税法和财务会计管理制度，提高税务人员业务水平，强化所得税的征收管理工作，使我国的征管水平与税制要求相适应，而不能由于征管水平的差距否定所得税的主体地位。

综上所述，在社会主义市场经济条件下，税制模式的选择，首先要考虑其经济效益、财政收入与经济调节功能；其次要考虑具体的征管水平。在我国目前的情况下，选择以流转税和所得税并重的双主体税制模式，进行税制改革，应主要从以下几个方面着手。

第一，我国应统一企业所得税和个人所得税，降低企业所得税税率，统一税率为33%。我国应统一税前列支标准，减少各种优惠政策并严格控制，实行税后还贷。我国应统一个人所得税，降低所得税起征点，实行累进税制，确定合理的扣除标准，同时广泛宣传税法，增强居民的纳税意识。

第二，我国应改革流转税制，将现行的产品税根据国家产业政策和宏观调控需要，进行清理简化，实行以增值税为主的流转税制结构，以国际通行的两档税率为标准，进行规范统一。

第三，我国应进一步完善各辅助税种，如扩大财产税类和资源税类的征收范围，开征社会保险税和遗产税、赠与税等，以扩大税基。

第四，我国应强化税收管理，提高税务人员业务水平，严格控制各种政策优惠和减免，杜绝越权减免和违背国家政策的减免，减少各种优惠项目，以求公平税负，减少税收流失。

——原文载于《财贸经济》1994年第1期

（原文题目：《双主体税制模式之我见》，作者：汪孝德、刘勇。原文略有修改。）

我国税制模式演变预测

在不同的历史时期会有不同的税制模式。税制模式包括两层含义：第一层含义是指体系，包括正确选择主体税类（种）和基本配套税种两个方面的内容。主体税类（种）和若干配套税种的优化组合，即形成一个有效的调控体系。第二层含义是指结构，包括税种结构、税率结构等内容。税种结构和税率结构的优化组合，即构成一个优化的结构层次。税制模式中的体系是结构的先导，结构是体系的体现。前者是研究税制模式必须首先考虑的问题，后者是税制模式中的另一个重要层次。

在市场经济发展的初期，税制结构表现为以流转税为单主体的税制模式；在市场经济有了一定发展后，税制结构表现为以流转税和所得税并重的双主体的税制模式；在比较发达的市场经济条件下，税制结构表现为以所得税为单主体的税制模式。尽管世界各国的国情差异较大，但税制模式演变的这种规律性是大体相同的。

在我国，以所得税为单主体的税制模式只能作为目标模式，从我国生产力发展水平及国民收入状况来考察，在短期内不可能实现以所得税为主体税类的税制模式。

一、继续维护流转税的主体地位

改革开放后经过第一步利改税、第二步利改税、1984 年工商税制全面改革以及 1994 年税制的结构性大改革，我国税制结构中流转税的主体税地位已经形成。

选择和确立流转税为主体税类（其中增值税为主体税种）的税制模式，能适应我国现阶段生产力发展水平和国民收入增长水平的客观状况，能适应发展社会主义市场经济的客观要求，能适应扩大对外开放和与国际惯例主动衔接的客观需要。

第一，流转税的特殊功能决定了它在我国税收制度中继续扮演主体税类的重要角色。流转税在保证国家财政收入稳定增长、促进国民经济健康运行等方面具有特殊作用。首先，流转税类一般不受成本变化和盈亏与否的影响，不论纳税人产品成本高低、利润盈亏，只要取得销售收入或业务收入，就必须依法纳税。随着生产的不断发展和商品流通的不断扩大，流转税课税额也将随之不断增加。20世纪末期，我国财政收支存在尖锐矛盾，赤字居高不下，这就需要政府选择一个税基宽厚的流转税来解决这一问题。其次，从宏观调控角度讲，在政府已基本放开价格的情况下，国家需要更巧妙地运用税收杠杆和价格杠杆，灵活地对社会再生产进行调节，促进社会主义市场经济的正常发育，促进国民经济的持续快速发展。特别是在转换国有企业经营机制、建立现代企业制度的新形势下，充分运用税收杠杆，将税收杠杆和价格杠杆更巧妙地结合运用，显得尤其重要。

第二，20世纪后期，随着我国"八五"计划的提前完成和"九五"计划的全面实施，特别是在加快改革开放的新形势下，不仅决定了所得税的规模和增长速度，而且排除了其在这一时期上升为主体税类的现实性。这是因为，与流转税比较，所得税在调节产业结构和产品结构合理化方面的功能较为逊色。同时，在社会主义市场经济的初始阶段，由于多方面的原因，企业人为减少利润的现象还比较突出，企业利润的真实程度大多无法确定，确认所得税作为主体税类的客观条件并不成熟。

第三，由于增值税仅对商品流转额增值的部分课税，能较好地解决重复课税问题，有利于促进我国经济建设和对外开放，保证进出口商品税负平衡，并可以通过独特的税收抵扣制度，阻止税款流失。增值税是当今世界公认的最能体现税收中性原则的税种，在维护市场运行、保证财政收入稳定增长等方面的作用不可替代。

二、流转税与市场经济体制的不适应性

然而，我们也要看到，流转税与社会主义市场经济体制的要求有显著差距，主要表现在以下两个方面：

第一，流转税存在税负转嫁问题，这与社会主义市场经济体制和运行机制不适应。在市场经济条件下，价格变化遵循市场竞争规律和价值规律，由市场确定。价格管理由政府直接定价转为政府间接指导。企业为追求自身利益，必然要采用各种方式转嫁税负，从而造成税负不公，不利于公平竞争，影响社会主义市场的发育和市场机制的有序运行。因此，我国必须及时科学地调整税制结构，使我国的税制模式逐渐走向以收益课税为主体的税制模式。只有这样，才有利于减缓税负转嫁和归宿变化对市场价格和商品供求的影响，有效发挥市场对资源配置的基础性作用，减少税收对市场价格的扭曲，促进公平竞争。

第二，以流转税为单主体的税制模式不适应市场经济条件下国民收入分配格局的变化。在计划经济体制下，对国民收入的分配是采取"先扣除，后分配"的分配模式，通过商品税把企业创造的剩余产品价值的绝大部分集中起来，实行利润上缴制度和统一拨款制度，对企业职工实行统一的工资标准，采取低工资、低价格、高补贴的分配制度。这种"先扣后分"的分配顺序，从总体上看是与当时的经济特征相适应的，但不利于提高劳动者的积极性，不利于拉开消费档次，使市场活动范围狭窄，群众缺乏主人翁责任感，纳税意识淡薄。在市场经济条件下，随着国民收入水平和经济结构的变化，必然引起国民收入分配格局的变化，经济管理体制中的分配体制要从以计划分配为主向以市场分配为主转换。市场作为配置资源的基本手段，首先要对国民收入进行市场化的经济性分配，先按照产权（或出资）的多少和劳动付出量，在各种经济形式和利益主体之间进行分配。这样在建立现代企业制度，转换企业经营机制，深化企业股份制改革，实行混合经济的时期，既能确保国有资产的保值和增值，又能确保企业作为法人产权代表的地位和主体利益，极大地调动企业和职工的积极性，促进企业经济效益的提高和国民收入的增长。然而，这种分配形式又

会使企业之间的利润水平以及个人与个人之间的收入差距拉大，不利于实现社会公平。对此，国家可以通过企业所得税和个人所得税，进行收入的再分配，以适当缩小收入差距，正确处理国家、企业和个人之间的分配关系。这就是说，在市场经济条件下，国民收入的分配应采取"先分配，后扣除"的分配方式，使国民收入的初次分配向企业和个人倾斜。在这种分配格局下，我国必须强化所得税的主体地位，使其发挥保证财政收入，调节国家、企业和个人之间分配关系的独特功能，以促进社会主义市场经济条件下分配管理体制的发展与完善。

三、确立所得税的主体地位

（一）所得税将成为中国税制结构中的主体税类

能否有资格充当主体税类（种），必须同时具备两个条件：一是该税类（种）的收入在整个财政收入中的地位，即在整个财政收入中所占比重的大小；二是在整个国民经济运行中所处的地位，即对经济调节作用的大小。从我国目前的情况来看，流转税占财政收入的比重大约在60%，所得税占财政收入的比重大约在16%。在今后的一段时间内，选择并确立以流转税和所得税并重的双主体税制模式，比较符合我国国情。

我国所得税体系的建立，是改革开放后随着个人所得税、中外合资经营企业所得税、外国企业所得税以及国有企业所得税等税种的开征而建立和发展起来的。我国所得税课税制度的改革和完善，是社会主义市场经济不断发展和改革开放不断深化的客观要求。今后，随着社会主义市场经济的不断发展，所得税在我国税制结构中，将由重要地位向主体地位转化。所得税属于终端税种，它具有以下特点和作用：

第一，所得税税额的大小和纳税人所得的多少是相适应的，所得多的多征，所得少的少征，无所得的不征，能较好地体现合理负担的原则。

第二，所得税的纳税人和实际负担人是一致的，可以直接调节纳税人的收入，发挥调节经济的杠杆作用。一方面，国家从企业实现利润中集中一部分资金投向重点建设领域；另一方面，国家通过减征免征，鼓励急需发展的产业，限制盲目发展的产业，有利于促进国家产业政策的落实。国家对个人收入的减征和加征，则可以调节社会收入分配。

第三，所得税税源分布在社会再生产的分配环节，作为所得税课税对象的可以是企业或个人实现的各种收益或所得，税源十分广阔。生产力发展水平和人均国民收入水平越高，所得税组织财政收入的功能就越强。

第四，所得税直接参与国民收入的分配和再分配，调节社会供求总量的平衡。在西方经济发达国家，所得税被誉为经济发展的"内在稳定器"，即当需求过旺、经济过热时，随国民收入的增加，所得税以更快的速度增加，从而减少需求，抑制经济过热和通货膨胀；当经济衰退、需求不足时，随国民收入增长减慢，所得税以更快的速度下降，从而增加供给，刺激需求，促进经济回升。

第五，所得税的计算涉及纳税人经济活动的各个方面，能促使纳税人建立健全财务会计和经营管理制度，有利于国家通过税款的征收，强化税务监督。

由此可见，从收入功能和调节功能来看，所得税具备充当主体税类（种）的条件。

（二）对所得税主体地位的确认要持乐观态度

第一，国有企业处境困难，亏损额和亏损面不小，这是近几年所得税占整个税收收入比重急剧下降的主要原因。应该说这是经济转型期间遇到的困难。随着国有企业经营机制的转换和现代企业制度的建立以及产权主体的进一步明确和有关配套改革的进一步深化，国有企业将摆脱困境，为社会创造更多的剩余产品价值，为国家提供更多的财政收入。届时所得税占整个税收收入的比重将急剧上升，估计能占到25%以上。对此，我们应该充满信心。

第二，个人所得税是对公民个人的所得征税，是各国普遍征收的一种税。在我国，个人所得税的前景被十分看好。随着我国经济的持续发展和人均国民收入的增长，随着"以按劳分配为主体，多种分配方式并存"原则的落实和居民个人收入水平的提高以及对外不断开放和国际交往不断增多，个人所得税的税源将不断扩展。

（三） 为目标模式的实现创造条件

我国要实现以所得税为"单主体"的目标模式，大致还需要 20～30 年的时间。但是，从现在起，我们应该为这一目标的实现积极创造条件。

第一，我国应大力发展生产力，提高经济效益，促进国民收入增长；理顺国民收入分配关系，实行"先分配，后扣除"的分配方式，形成合理的分配格局，扩大所得税的税基。

第二，我国应建立现代企业制度，实现政企分开，严格界定企业与政府间的利益边界，使企业真正成为独立的法人实体和纳税人，确保所得税的及时足额征收。

第三，我国应出台统一的企业所得税法和完善个人所得税法，并大力宣传，以增强企业和居民的纳税观念。

第四，我国应建立和实施较为完善的财务会计管理制度，这是征收企业所得税的前提，也是确保计税依据准确、"税基"不受侵蚀的前提条件。

第五，我国应加强税收征管，建立税收申报制度和税务代理制度，不断提高税务人员的业务水平，以适应所得税征收对税收征管水平的较高要求。

四、21 世纪前 10 年税制改革的设想

21 世纪前 10 年是我国国民经济发展的关键 10 年，是关系到我国国民经济发展的第三步战略目标顺利实现的 10 年。随着社会主义市场经济的进一步完善，税制改革应在确立流转税和所得税"双主体"税制模式的基础上，进一步改革和完善流转税制度、所得税制度以及社会保险制度，进一步提高所得税在税制结构中的地位，建立中性化、规范化的增值税。

首先，我国应逐步建立健全规范化的流转税体系。流转税体系改革的重点仍是增值税，其改革的目标是规范化、中性化。一方面，我国应逐步扩大增值税的征收范围，直至扩大到一切商品和非商品的生产与流通的各

个环节，使之覆盖社会经济的各个领域，同时取消营业税；另一方面，我国应减少和合并增值税税率，最终形成一档税率，并根据财政状况和市场经济发展的要求，逐步降低增值税税率，使之与国际增值税制接轨。在全面推行增值税的基础上，我国应调整消费税的征收范围和税率，弱化消费税组织财政收入的功能，强化消费税调节经济和贯彻经济政策的功能。经过这样的改革，流转税收入占税收总收入的比重会呈现下降趋势，其调节面和调节力度会受到一定的限制，这是与市场经济发展的要求相吻合的，也是流转税发展的必然趋势。由于流转税功能的下降，其在税制结构中的地位也将呈下降态势，将逐渐由主体税类变成辅助税类。

其次，我国应深化所得税体系的改革。就企业所得税而言，随着经济的迅速发展和国有企业经营状况的改善，其蕴藏的巨大潜能会迅速释放出来，来自所得税的收入无论是绝对数还是相对数，都会以较快的速度增长。因此，深化企业所得税的改革就显得更加重要。我国对企业所得税的改革，一是进一步规范税制，二是实行累进税率，控制税收优惠，强化企业所得税组织收入和经济调节功能。同时，我国还要做好企业所得税的配套改革，特别是企业财务制度、会计制度的规范化，从而确保计税依据的准确性。在重视企业所得税在我国一定时期内巨大潜力的同时，我国也应看到企业所得税的发展并非无限的。因为世界各国为了增强本国企业的竞争力和经济发展的后劲，都有进一步降低企业所得税税率的趋势。为适应这一国际形势的变化，我国也应考虑在条件允许的情况下，适当降低企业所得税税率。

对于个人所得税来说，它是我国税制结构中潜力巨大的税种之一。随着我国人均国民收入水平提高，居民个人的纳税能力将普遍增强。另外，先富起来的高收入阶层和广大中等收入阶层也将为个人所得税提供丰富的税源。为适应这种形势发展的需要，我国应建立综合的个人所得税制，对个人各种所得综合征收，即只规定一个基本的免征额，采用累进征收以方便征管和缴纳；调节高收入阶层的收入，增强个人所得税汲取财政收入的能力。

最后，我国应尽快开征社会保险税。随着国民经济的迅速发展，建立规范化的社会保险税的条件将更加成熟。我国应抓住时机，借鉴国际上通行的做法，尽快开征社会保险税，并使其成为我国税制结构中的一个重要税种。

——原文载于《经济学家》1999年第4期

（原文题目：《我国税制模式演变预测》，作者：汪孝德。原文略有修改。）

略论我国税制模式的演变规律

税制改革的核心问题是如何正确选择和确定税制模式。所谓税制模式，是指一个国家在一定时期内税收制度发展的基本方向和所要实现的基本格局，也就是税制的总体结构。在不同的生产力发展水平、不同的国民收入状况和不同的经济运行机制等因素决定的不同的历史阶段，税制模式的表现也不同。随着我国社会生产力的不断发展，国民收入的不断增加，经济运行机制的不断完善，在社会主义初级阶段这个历史时期内，我国税制可以分为近期模式、中期模式和目标模式。

一、我国税制模式的"三段式"演变预测

税制模式的选择和确定，要受生产力发展水平、国民收入增长水平、社会经济结构、经济管理体制、经营管理水平和税收征管水平等因素的制约。在这诸多因素中，生产力发展水平和国民收入增长水平是选择与确定税制模式的首要条件。

自党的十一届三中全会之后，我国制定了大力发展生产力，加速经济建设步伐的"三段式"战略目标。从我国生产力发展水平和国民收入的增长水平来考察，我国税制模式也将形成一个"三段式"的演变过程，如图1所示。

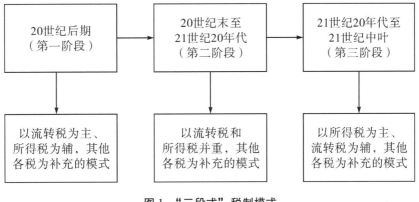

图 1　"三段式"税制模式

第一，我国社会主义初级阶段的税制模式可以分为近期模式、中期模式和目标模式。图 1 中第一阶段可以称为近期模式，第二阶段可以称为中期模式，第三阶段可以称为目标模式。

第二，在我国，以所得税为主体的税制模式只能作为目标模式，但在短期内不可能实现。我国是社会主义国家，这就决定了我国的所得税是以企业所得税为主、个人所得税为辅的结构。从我国生产力发展水平和国民收入状况来考察，在短期内不可能实现以所得税为主体的税制模式。

第三，从国外情况看，目前，采用所得税为主体税类的国家，绝大多数是生产力比较发达，人均国民收入较高，个人所得税占整个所得税比重较高的国家。单就个人所得税占整个所得税的比重来看，美国大约占52%，英国大约占85%，日本大约占56%。大多数发展中国家由于生产力发展水平较低，人均国民收入水平不高，国民收入大部分要用于满足个人生活消费需要，个人所得税税源有限，因此在一定时期内只能实行以流转税为主体税类的税制模式。

二、20 世纪 90 年代我国税制模式的明智选择

举世瞩目的中国税制结构性大变革已经初战告捷。各项税制改革已基本到位，半年多来新税制的运行大体平稳，社会各界反应良好。推行以增值税为主体的流转税制度，对少数商品征收消费税，对大部分非商品经营

继续征收营业税，这是新税制的重要内容之一。新税制的全面实施，表明了流转税的科学体系已经形成，也表明了流转税在我国税制总体结构中的主体地位在整个 20 世纪 90 年代继续得以维持，并将进一步发挥其特殊功能。

我国在 20 世纪 90 年代的税制模式，可以称为近期模式。选择流转税为主体税类的税制模式，能适应我国现阶段生产力发展水平和国民收入增长水平的客观状况，能适应培育和发展社会主义市场经济的客观要求，能适应扩大对外开放和主动衔接国际惯例的客观需要。

第一，流转税的特殊功能决定了它还要在我国税制的总体结构中继续扮演主体税类的重要角色。流转税在保证国家财政收入的稳定增长、促进国民经济健康运行等方面，具有特殊作用。首先，流转税类一般不受成本变化和经营状况的影响，不论纳税人的成本高低，利润盈亏，只要取得销售收入或业务收入都必须依法纳税。随着生产的不断发展和商品流通的不断扩大，流转税课税额也将随之不断增加。20 世纪 90 年代，我国财政收支的尖锐矛盾仍将继续存在，这就需要选择一个"税基"宽厚的流转税来解决这个矛盾。其次，从宏观调控角度讲，在政府已基本放开价格的情况下，国家需要更巧妙地运用税收杠杆和价格杠杆，灵活地对社会再生产进行引导，促进社会主义市场经济的正常发育，促进国民经济的健康发展。特别是在转换国有企业经营机制、建立现代企业制度的新形势下，国家应充分运用税收杠杆，将税收杠杆和价格杠杆更巧妙地结合运用。

第二。关于"两步设想"的经济发展战略与所得税的非主体性。20世纪 90 年代，随着"八五"计划和十年发展规划的全面实施与提前完成，特别是在加快改革开放步伐的新形势下，国家不仅决定了税收在今后一个时期的发展规模和增长速度。而且排除了所得税在这一时期上升为主体税类的现实性。这是因为：其一，与流转税相比较，所得税在调节产业结构和产品结构合理化方面的功能较为逊色。其二，在社会主义市场形成的初始阶段，由于多种原因所致的企业人为减少利润的现象还比较突出。在 20 世纪 90 年代，企业利润的真实程度大多无法确定，因此确认所得税作为主体税类的客观条件显然不成熟。其三，我国所得税是以企业所得税为主、个人所得税为辅的结构。一方面，国家以所有者和管理者的双重身份参与国有企业的利润分配，除征收所得税外，还要分享企业税后利润。20世纪90年代，随着税制分流的普遍推行，国有企业向国家缴纳的所得税要相应减少。另一方面，西方发达国家的个人所得税中，主要税源是股息、红利等，而在我国，目前实行以"按劳分配"为主体的条件下，短期内不可能指望个人所得税的税源会有很大增加。

第三，全面推行增值税、建立以增值税为中心的流转税体系。由于增值税仅对商品流转额增值的部分课税，因此它能够较好地解决重复课税问题，有利于促进我国经济建设和对外开放；保证进出口商品税负平衡，并可以通过独特的税收抵扣制度阻止税款流失。增值税是当今世界上公认的最遵循税收中性原则的税种，它在维护市场运行、保证财政收入稳定增长等方面的作用不可替代。

三、为目标模式的实现创造条件

税收作为以国家为主体的分配活动，必须具有明确的运行目标。我国的税制模式，由近期模式向中期模式演变，之后再向目标模式转化。这是我国税制模式演变的客观规律。前面我们在讲20世纪90年代我国税制模式的明智选择时，着重强调了流转税的独特功能。同时，我们也应看到，流转税与社会主义市场经济的要求有显著差距，主要表现在以下两个方面：

第一，由于商品供给和需求弹性的存在，流转税存在税负转嫁问题。这与社会主义市场经济管理体制和运行机制不适应。在市场经济条件下，价格变化遵循市场竞争规律和价值规律，由市场确定。价格管理由政府直接定价转化为政府间接指导。企业为追求自身利益，必然会采用各种方式转嫁税负，从而引起商品供求变化和价格上涨甚至通货膨胀，造成税负不公，不利于公平竞争，进而影响社会主义市场经济的稳定和市场机制的有序运行。因此，我们应清楚地意识到这一情况的变化，及时科学地改变税制结构，使我国的税制模式逐渐走向以收益课税为主的税制模式。这样有利于减缓税负转嫁和归宿变化对市场价格与商品供求的影响，有利于有效发挥市场对资源配置的基础作用，减少税收对市场价格的扭曲，促进公平竞争。

第二，以流转税为主体的税制不适应市场经济条件下国民收入分配格局的变化。在计划经济体制下，我国对国民收入的分配采取"先扣除，后分配"的分配模式，通过商品税把企业创造的国民收入的绝大部分集中起来，实行利润上缴制度和统一拨款制度。我国对企业职工实行统一的工资标准，采取低工资、低价格、高补贴的分配制度。这种"先扣后分"的分配顺序从总体上看是与当时的经济特征相适应的，但不利于提高劳动者的积极性，不利于拉开消费档次，使市场活动范围狭窄，群众缺乏主人翁责任感，纳税意识淡薄。在市场经济条件下，随着国民收入水平和经济结构的变化，必然引起国民收入分配格局的变化。经济管理体制中的分配体制要从以计划分配为主向以市场分配为主转换。市场作为配置资源的基本手段，首先要对国民收入进行市场化的经济性分配，先按照产权（或出资）的多少和劳动付出量，在各种经济形式和利益主体及职工个人之间进行分配。这样在建立现代企业制度、转换企业经营机制、深化企业股份制改革的时期，我国既能确保国有资产保值增值，又能确保企业作为法人产权代表的地位和主体利益，极大地调动了企业和职工的积极性，促进了企业经济效益的提高和国民收入的增长。然而，这种分配形式又会使企业之间的利润水平及个人与个人之间的收入差距增大，不利于实现"公平"。对此，我们可以通过国家以企业所得税和个人所得税的形式，进行收入再分配，以适当缩小收入差距，正确处理国家、企业和个人之间的分配关系。这就是说，国民收入的分配应采取"先分配，后扣除"的分配方式使国民收入的初次分配向企业和个人倾斜。在这种分配格局下，我国必须强化所得税的主体地位，使其发挥保证财政收入和调节国家、企业、个人之间分配关系的功能，促进社会主义市场经济条件下分配管理体制的发展与完善。

随着中国社会主义市场经济的发展与完善，其发展趋势必将是以所得税为主体税种的税制模式。该模式的实现可能还需要约 30 年的时间。从现在起，我们就应该为所得税主体税种目标模式的实现准备和创造以下条件：

第一，我国应大力发展生产力，提高经济效益，促进国民收入增长；理顺国民收入分配关系，实行"先分配，后扣除"的分配方式，形成合理的分配格局，扩大所得税的税基。

第二，我国应建立现代企业制度，使政府和企业真正分开，严格界定企业与政府间的利益边界，使企业真正成为独立的法人实体和纳税人，使企业所得税免受政府部门的干扰，确保所得税的及时足额征收。

第三，我国应出台统一的企业所得税法和完善个人所得税法，并大力宣传，以增强企业和居民的纳税观念。

第四，我国应建立和实施较为完善的财务会计管理制度，这是征收企业所得税的前提，也是确保计税依据准确、"税基"不受侵蚀的前提条件。

第五，我国应加强税收征管，建立税收申报制度和税务代理制度，不断提高税务人员的业务水平，以适应所得税征收对税收征管水平的较高要求。

——原文载于《当代财经》1994年第10期

（原文题目：《略论我国税制模式的演变规律》，作者：汪孝德。原文略有修改。）

再论我国税制模式的演变规律

税制模式是个动态概念。对我国税制模式的研究，如果将它置于社会主义初级阶段来考察，不仅有助于我国税制改革的进一步深化和完善，还有助于从深层次上认识和掌握我国税制模式的演变规律。

一、社会主义初级阶段的经济特征决定税制结构的总体特征

税制模式是指一个国家在一定时期内税收制度改革的基本方向和所要达到的基本格局，也就是税制的总体结构。社会主义初级阶段是一个比较长的历史时期。在社会主义初级阶段这个历史时期内，我国税制模式可以分为近期模式、中期模式和目标模式。

税制的总体结构包括两个层次的含义。第一层含义是体系，它包括正确选择主体税种及其若干配套税种两个方面的内容。主体税种和若干配套税种的优化组合，即形成一个有效的优化调控体系。配套税种由辅助税种和补充税种组成。第二层含义是结构，它包括税种结构和税率结构等内容。税种结构和税率结构的优化组合，即构成一个优化的结构层次。

在社会主义初级阶段，由于生产力水平和国民收入水平不高，以公有制为主体的多种经济成分长期并存，以按劳分配为主体的多种分配形式长期并存等经济特征，要求税制结构与之相适应，并需要税收在促进改革开放、保证国民经济的持续协调发展等方面发挥更加积极的作用。

第一，生产力和国民收入水平不高的客观性与我国税制所形成的总体税负不能过低的矛盾性，决定了在一定时期内适当提高总体税负水平的必

要性，以保证国家财政收入在国民生产总值和国民收入中的合理比重。这将是贯穿整个社会主义初级阶段的重要问题。

第二，以公有制为主体，多种经济成分并存；以按劳分配为主体，多种分配形式并存，由此产生的收入及分配的复杂性，决定了我国复税制存在的长期性。社会主义市场经济鼓励公平竞争。为正确引导多种经济成分、多种经营方式沿着社会主义市场经济轨道运行，国家必将针对收入来源渠道和分配形式复杂多样的特点，采取多层次、多税种、多环节课征的复税制，增强国家的宏观调控能力，促进社会主义市场经济的健康发展。

第三，社会主义国家的双重身份和职能，决定了税利并存的长期必然性。税收和利润是两个不同的经济范畴。在国有企业利润的分配问题上，一方面，国家以社会管理者的身份，采用所得税形式参与企业利润的分配；另一方面，国家以生产资料所有者的身份，用"分红"的形式参与所得税后利润的分配。社会主义国家既是行使政治权力治理国家的社会管理者，又是生产资料所有者，具有双重职能。这就要求理顺国家与国有企业的分配关系，采取与之相适应的分配方式——税利并存，以充分发挥税收和利润各自的独特功能。

第四，社会主义市场经济的渐进性，决定了我国税制模式演变的阶段性。建立和完善社会主义市场经济体制，是一个长期发展的过程，是一项艰巨复杂的社会系统工程。同时，更重要的是，选择和确立税制模式的首要条件是生产力的发展水平和国民收入的增长水平。与此相适应，在我国，以所得税为主体税类的税制模式只能是目标模式，在短期内不可能实现。

第五，社会主义市场经济的开放性决定了税收分配关系的国际性。社会化的大生产不仅需要利用国内资源，而且需要利用国际资源；不仅需要依靠国内市场，而且需要依靠国际市场。与此相适应，国家应发挥税收在对外经济交往中的积极作用，在维护国家主权的前提下，按照平等互利的原则，建立一套符合我国国情的涉外税制。适应对外开放的需要，这也将是整个社会主义初级阶段的一项重要任务。

二、税制模式依存的社会经济条件

税制模式的选择和确定，要受生产力发展水平、社会经济结构、经济管理体制、经营管理水平和税收征管水平等因素的制约。这些制约因素构成税制模式所依存的社会经济条件。

（一）生产力的发展水平和国民收入的增长水平是选择和确定税制模式的首要条件

税收是国家集中占有的一部分国民收入，税收收入占国民收入比重的高低，直接受生产力水平的高低和国民收入增长快慢的影响。生产力水平高，国民收入增长快，国家就可以通过税收多集中占有一部分国民收入，税收收入占国民收入的比重就可以高些。

自党的十一届三中全会之后，我国制定了大力发展生产力，加速经济建设步伐的"三段式"战略目标。从我国生产力发展水平和国民收入增长水平来考察，我国税制模式也将形成一个"三段式"的演变过程，如图1所示。

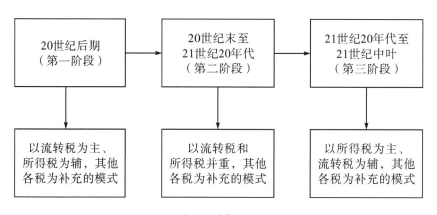

图1 "三段式"税制模式

第一，我国社会主义初级阶段的税制模式可以分为近期模式、中期模式和目标模式。图1中的第一阶段可以称为近期模式，第二阶段可以称为中期模式，第三阶段可以称为目标模式。

第二，在我国以所得税为主体税类的税制模式只能作为目标模式，但在短期内不可能实现。我国是社会主义国家，以生产资料公有制和按劳分配为主体的经济特征，决定了我国的所得税是以企业所得税为主、个人所得税为辅的结构。从我国生产力发展水平和国民收入状况来考察，在短期内不可能实现以所得税为主体的税制模式。

第三，从国外情况看，目前，采用所得税为主体税类的国家，绝大多数是生产力比较发达，人均国民收入较高，个人所得税占整个所得税比重较大的国家。单就个人所得税占整个所得税的比重来看，美国大约占52%，英国大约占85%，日本大约占56%。大多数发展中国家由于生产力发展水平较低，人均国民收入水平不高，国民收入大部分要用于满足个人生活消费需要，个人所得税税源有限。因此，在一定时期内（20 世纪 90年代）只能实行以流转税为主体税类的税制模式。

（二）社会经济结构和经济管理体制是选择和确定税制模式的必要条件

一定历史发展阶段的经济制度，即生产关系的总和，就构成了社会的经济结构。任何一个国家税制模式的选择和确定，无一不受社会经济结构，特别是社会经济制度的制约。根据马克思主义关于生产资料所有制是生产关系的决定性要素的基本原理，所有制结构对税制结构的决定作用表现在不同社会的税制结构上。资本主义社会和社会主义社会虽然都是商品经济，但税制结构不可能相同。在资本主义条件下，税制模式如何选择、税种如何设置，更多是考虑如何对资产阶级有利以及如何保证政府的财政收入，而不是考虑如何对生产方向和经济运行实行调控。建立在生产资料公有制基础上的社会主义市场经济，是通过少量的国家指令性计划和更多的指导性计划以及大量的市场调节手段，自觉运用价值规律和供求规律，对国民经济实行宏观调控。因此，在社会主义条件下，税制模式的选择以及税种的设置，不仅是为了保证国家的财政收入，同时还必须考虑如何对社会生产和消费进行有效调控，促进国民经济有节奏地健康运转。

经济管理体制对税制模式的选择和确定也有决定作用。在所有制因素既定的前提下，调整生产关系，促进生产力发展，主要是通过对经济管理体制的调整来实现的，其中对分配关系方面管理体制的调整又居于关键的地位。因此，作为分配手段的税制结构不能不受经济管理体制，特别是分配关系的管理体制所制约。就我国而言，在改革前的高度集中管理体制下，企业一切收入上交国家，一切支出由国家拨款解决，企业经济效益的好坏、成本的高低、利润的多少与企业自身利益不发生联系。在这种情况下，税收的调控功能得不到发挥，调控作用实际上是不存在的。与此相适应的税制结构必然是一种税种很少、税制单一的结构，更无主体税种、辅助税种以及补充税种之分。自党的十一届三中全会之后，我国经济管理体制逐步进行了改革，过去那种过分简化的税制结构已不能适应新的经济管理体制的要求，这就必然以多层次、多税种、多环节调节的复合税制取代单一的传统税制。经过十几年的税制改革，特别是 1994 年 1 月 1 日全面实施的新税制，在我国业已形成了一个更加科学和规范的多层次、多税种、多环节调节的复合税制结构。新税制基本上与社会主义市场经济体制改革的新形势相适应，这也是我国经济体制改革深化带来的一项丰硕成果。

（三）经营管理水平和税收征管水平是选择和确定税制模式的重要条件

税制模式的选择与确定取决于一个国家的经营管理水平和税收征管水平。一般来说，不同的税种，其征收管理的复杂程度是不同的。相比较而言，所得税（特别是企业所得税和公司所得税）是一个十分复杂的税种，它对征纳双方都有严格的要求，一方面要求纳税人（企业或公司）具有比较健全的财务会计制度，具有较高的经营管理水平；另一方面要求征管人员具有多种知识和业务技能，具有较高的税收征管水平。这样才具备以所得税为主体税类的条件。目前，发展中国家多采用以流转税为主体的税制模式，除了受其生产力发展水平、社会经济结构等因素的制约外，同其经营管理水平以及税收征管水平是具有直接联系的。

此外，税制模式的选择与确定还要考虑纳税人的纳税能力、纳税习惯以及居民对税收的心理感应和承受能力等因素。

三、为目标模式的实现创造条件

税收作为以国家为主体的分配，必须具有明确的运行目标。我国的税制模式，从动态概念考察，即由近期模式向中期模式演变，之后再向目标模式转化。我国税制的目标模式——21 世纪 20 年代后第三阶段的模式，即以所得税为主、流转税为辅，其他各税为补充的模式。前文我们提出的从现在到 20 世纪末作为我国税制模式演变规律的第一阶段（近期模式），着重强调了流转税的特殊功能。同时，我们也要看到，流转税与社会主义市场经济体制的要求有显著差距，主要表现在以下两个方面：

第一，由于商品供给和需求弹性的存在，流转税存在税负转嫁问题。这与社会主义市场经济体制和运行机制不适应。在市场经济条件下，价格变化遵循市场竞争规律和价值规律，价格变化由市场确定。价格管理由政府直接定价转化为政府间接指导。企业为追求自身利益，必然会采用各种方式转嫁税负，从而引起商品供求变化和价格上涨甚至通货膨胀，造成税负不公，不利于公平竞争，进而影响社会主义市场的发育和市场机制的有序运行。因此，我们应清楚地意识到这一情况的变化，及时、科学地改变税制结构，使我国的税制模式逐渐走向以收益课税为主的税制模式。这样才有利于减缓税负转嫁和归宿变化对市场价格与商品供求的影响，有效发挥市场对资源配置的基础性作用，减少税收对市场价格的扭曲，促进公平竞争。

第二，以流转税为主体的税制模式不适应市场经济条件下国民收入分配格局的变化。在计划经济体制下，国家对国民收入的分配是采取"先扣除，后分配"的分配模式，通过商品税把企业创造的绝大部分收益集中起来，实行利润上缴制度和统一拨款制度，对企业职工实行统一的工资标准，采取低工资、低价格、高补贴的分配制度。这种"先扣后分"的分配顺序，从总体上看是与当时的经济特征相适应的，但不利于提高劳动者的积极性，不利于拉开消费档次，使市场活动范围狭窄，群众缺乏主人翁责任感，并且纳税意识淡薄。在市场经济条件下，随着国民收入水平和经济结构的变化，必然引起国民收入分配格局的变化。经济管理体制中的分配体制要从以计划分配为主向以市场分配为主转换。市场作为配置资源的基本手段，首先要对国民收入进行市场化的经济性分配，先按照产权（或出资）的多少和劳动付出量，在各种经济形式和利益主体以及职工个人之间进行分配。这样在建立现代企业制度、转换企业经营机制、深化企业股份制改革的时期，既能确保国有资产的保值和增值，又能确保企业作为法人产权代表的地位和主体利益，极大地调动企业和职工的积极性，促进企业经济效益的提高和国民收入的增长。然而，这种分配形式又会使企业之间的利润水平及个人与个人之间的收入差距拉大，不利于实现社会公平。对此，我们可以通过国家以企业所得税和个人所得税的形式，进行收入的再分配，以适当缩小收入差距，正确处理国家、企业和个人之间的分配关系。这就是说，国民收入的分配应采取"先分配，后扣除"的分配方式，使国民收入的初次分配向企业和个人倾斜。在这种分配格局下，我们必须强化所得税的主体地位，使其发挥保证财政收入和调节国家、企业、个人之间分配关系的独特功能，促进社会主义市场经济条件下分配管理体制的发展与完善。

随着中国社会主义市场经济的发展与完善，其发展趋势必将是确立以所得税为主体税种的税制模式。该模式的实现可能还需要约 30 年的时间。从现在起，我们就应该为所得税主体税种目标模式的实现准备和创造以下条件：

其一，我国应大力发展生产力，提高经济效益，促进国民收入增长，理顺国民收入分配关系，实行"先分配，后扣除"的分配方式，形成合理的分配格局，扩大所得税的税基。

其二，我国应建立现代企业制度，使政府和企业真正分开，严格界定企业与政府间的利益边界，使企业真正成为独立的法人实体和纳税人，使企业所得税免受政府部门的干扰，确保所得税的及时足额征收。

其三，我国应出台统一的企业所得税法和完善个人所得税法，并大力宣传，以增强企业和居民的纳税观念。

其四，我国应建立和实施较完善的财务会计管理制度，这是征收企业所得税的前提，也是确保计税依据准确、"税基"不受侵蚀的前提条件。

其五，我国应加强税收征管，建立税收申报制度和税务代理制度，不断提高税务人员的业务水平，以适应所得税征收对税收征管水平的较高要求。

——原文载于《内蒙古财经学院学报》1995 年第 2 期

（原文题目：《再论我国税制模式的演变规律》，作者：汪孝德。原文略有修改。）

税收政策目标与税制结构优化

税收政策目标，即税收作为以国家为主体参与国民收入分配和再分配过程中所要达到的目的，是建立税收制度、优化税制结构的理论前提，而税制结构中主体税种的选择、配套税种的组成和税率确立所构成的税制总体格局，则是税收政策目标实现的手段和具体途径。税制结构的优化要以税收政策目标为指南，讲究税制的总体功能配合，体现税收政策目标的要求。

一、税收政策目标的选择

在一定的社会经济条件和经济运行机制的制约下，税收政策目标的选择要有利于生产力的发展和社会主义市场经济运行机制的完善。一方面，作为财政收入主要来源的税收，其税收目标选择既要立足于促进生产力的发展，又要考虑我国财政的承受能力及纳税人的应税能力；既不能片面强调"保税"，加重税负，又不能不顾国家财力，片面"减税"，而应在促进经济效益提高和经济发展的基础上，保证国家必需的财政收入，实现国家职能的需要，增强国家的宏观调控能力。另一方面，税收政策目标的选择，要有利于建立社会主义市场经济运行机制。作为税收政策目标的选择，要尊重市场经济运行规律，坚持税收中性原则，针对市场机制的缺陷、市场配置资源的负效应加以强有力的调节。因此，税收政策目标应选择财政收入、经济效率和公平分配三大目标。其具体内容如下：

第一，财政收入目标。现阶段，我国的财政收入主要来自税收，税收收入的多少直接影响到财政收入的多少，关系到国家职能的实现与否和国家宏观调控能力的强弱。因此，财政收入目标应是税收政策的基本目标。

第二，经济效率目标。目前，我国正处于由有计划的商品经济向市场经济转轨的时期，在这一特定的条件下，税收政策目标要有利于促进社会主义市场经济机制的正常运行，促进市场机制下国民经济高速发展。因此，税收政策目标必须坚持经济效率优先的目标。这一目标包含两重含义：一是中性目标，即当社会经济运行已被证明是高效率的，税收应尽量减少对经济活动的干预；二是调节目标，即当经济运行被证明是低效率或无效率时，税收应对此加以积极的调节。针对宏观经济运行的调控，其目标包括两个方面：一方面，税收对总量失衡的调节，即对社会总供给和总需求的调节。总量失衡存在于任何市场经济中，我国改革开放以来也出现了几次大的总量失衡。税收作为国家所掌握的宏观经济调节手段之一，通过税种、税目、税率的优化组合，起到对经济的调节作用，适时地起到抑制需求、增加供给的作用。另一方面，税收对结构失衡的调节。就国民经济整体结构而言，税收对结构失衡的调节主要是对产业结构的调节，而产业结构的形成，取决于投资方向的选择，投资方向又受利益机制的引导。税收可以通过税种、税目、税率的选择，调节投资预期利润率，从而调节投资方向，对长线产业加以限制、对短线产业予以优惠，从而促进产业结构的均衡和优化，促进国民经济均衡、协调、高效发展。

第三，公平分配目标。市场经济运行机制在配置资源的过程中，虽然能以其效率原则而促进生产力发展、刺激经济增长，但与此同时，会由于市场参与分配过程中的诸多因素而造成收入的过分悬殊，形成严重的社会分配不公，影响企业和个人的积极性。因此，通过确定合理的税收负担，调节企业间的利益差异，以累进的所得税税制调节个人收入的过分悬殊，以促进平等竞争，充分调动企业和个人的积极性，促进公平分配，是税收政策的目标之一。

二、税制结构的优化

税制结构的优化，能更好地实现税收的收入、效率、公平三大政策目标，促进社会主义经济协调、高效发展。从我国税制建设的实践来分析，税制结构优化应依据以下几个方面：

第一，主体税种的选择与改革。根据我国的实际情况，我国应首先保证财政收入功能，其次才是效率和公平。从这一点出发，单选哪一种税作为主体税种都不符合我国的现实情况。从理论上来讲，流转税具有及时、稳定的特点，是财政收入作用较好的税种。素有"内在稳定器"之称的所得税有较大的弹性，具有财政收入随经济增长而增长的功能。流转税具有较强的产业结构调节功能，所得税有较强的公平分配功能。因此，流转税和所得税并重的双主体税制模式是符合当前实际的明智选择，是优化税制结构的首要条件。从实际来看，我国的流转税和所得税的财政收入功能还不尽如人意，其税收弹性值偏低，有待进一步完善。统计资料表明，1985—1990 年，我国工业总产值年均增长 21.3%，而同期流转税和工商统一税的年平均增长率为 7.7%左右，其税收弹性仅为 0.35，而企业所得税的情况更令人担忧。在此期间，企业收入年平均增长近 20%，而同期企业所得税却年平均下降近 5%，其弹性为-0.25[①]。这些情况表明，我国的流转税和所得税亟待改革。造成这种现象的原因，就流转税而言，主要在于各种优惠减免。据统计，1987—1991 年，流转税的各种减税就达 630 多亿元，加上税前还贷 280 多亿元，总计近 1 000 亿元[②]。因此，流转税的改革趋势应在取消产品税、开征消费税、扩大增值税征收范围的同时，重点强化流转税金的征收管理措施，规范统一税收发票管理办法，严格税收优惠减免措施，以保证流转税的及时足额征收。就所得税而言，一方面，税制不统一，不同所有制企业的税负不同。另一方面，承包制和税前还贷使税基受到了侵蚀，减少了所得税的征收额度。因此，所得税的改革就要一方面尽快统一企业所得税（包含适时地统一内外资企业所得税），实行统一的征收标准；另一方面，要普遍推行"税利分流"，严格财会管理制度，实行统一的扣除标准，杜绝越权减免行为，从而规范国家与企业的分配关系，促进公平竞争。

---

① 根据《中国统计年鉴（1991）》和《中国税务百科全书》数据测算。
② 邱华炳，刘磊. 税收弹性的理论与实证分析 [J]. 财政研究，1994（6）：8-14.

第二，配套税种的选择。税制结构的优化，要求税制具有内在的协调性，使税制结构的各税种间互相衔接、协调，达到有机结合，以发挥税制结构的整体效应。从课税对象来看，税制的税种配合不仅包括主体税种（流转税、所得税）内部的各税种之间的配合，还包括各辅助税种与主体税种功能的协调配合，以更好实施主体税种的功能。为此，我国应进行以下三个方面的改革：

一是为配合流转税对产业结构的特殊调节作用，我国应加强投资方向调节税的征收，以调节企业的投资预期利润率，加大国家宏观调控的力度。

二是为配合所得税的公平分配职能，我国应扩大资源税的征收范围，并对企业利用国家资源的级差收入进行调节，以利于市场经济条件下企业的公平竞争。同时，为缩小个人收入差距，我国应设立财产税、赠与税和遗产税配合个人所得税对收入的调节。

三是为促进市场机制的正常运行，促进劳动力资源市场化配置，我国应及时开征社会保险税，进一步促进社会保障体系的建立和完善。

第三，税率的确立与税率结构的选择。适度的税负水平的选择必须坚持效率优先、兼顾公平的原则。同时，针对课税对象的性质、特点及功能，我国应选择适度的税率结构与之相适应，实现税种、税目、税率三者之间的协调、配套，便于税制更好地实现其税收政策目标。

第四，税制结构与其他分配制度的协调和配合。税制结构的优化不仅取决于其整体的有效性和发展的适应性，而且还要同企业财务会计制度、财政体制衔接和配套。因为企业的财务会计制度是准确核定计税依据的基础和前提，关系到税款的足额、及时征收。税制结构的设计和税种的布局体现财政体制的改革方向，即实行分税制，通过税种合理划分中央税收入和地方税收入，有利于避免税收收入的流失，从而杜绝越权减免，对保证财政收入的及时实现具有重要意义。

——原文载于《新疆财经》1994 年第 6 期

（原文题目：《税收政策目标与税制结构优化》，作者：汪孝德、刘勇。原文略有修改。）

我们为什么要研究税制模式

《中国税制模式设计、预测与运行研究》（以下简称《税制模式研究》）一书在西南财经大学的关怀下，获得了学校"学术专著基金"的支持，算是与读者见面了。此书是四川省社科联"九五"社科研究课题的研究成果。早在 1992 年 9 月，由西南财经大学汪孝德、叶子荣、尹音频三位教师合作的《中国社会主义税制理论研究》①（以下简称《税制理论研究》）在多方的支持下就已问世，该书是四川省社科联"七五"社科研究课题的研究成果。《税制模式研究》可以视为《税制理论研究》的续篇或姊妹篇。

《税制理论研究》一书问世后，虽产生了较好的社会反响，还被国家教委有关部门列入"我国重大软科学优秀成果目录"，但它确实带有不少计划经济体制的色彩。例如，该书在论述国有企业地位与税收的关系时，认为在经济体制改革过程中国家对国有企业一味地减税让利，导致国家财力过分分散的原因之一是受到了"企业本位论"和国有企业"独立经济实体"地位等理论的影响。"企业本位论"是我国著名经济学家蒋一苇先生的一个重要理论，他为我国经济体制改革的进一步深化提供了一条重要理论依据。实践证明，蒋老前辈的理论是正确的。

1992 年春天，邓小平同志发表南方谈话后，党的十四大报告把我国经济体制改革的目标确定为建立社会主义市场经济体制，这是对我国改革开放实践经验的科学总结，是改革理论发展上的巨大飞跃，是对马克思主

---

① 汪孝德，叶子荣，尹音频. 中国社会主义税制理论研究［M］. 成都：成都科技大学出版社，1992.

义经济理论和科学社会主义理论的丰富和发展。科学的精辟理论给我们财税理论工作者提出了许多需要认真思考和深入研究的理论和实践问题。值此，西南财经大学汪孝德、尹音频、刘蓉三位教师达成共识，决定在原有对我国税制理论研究已取得一定成果的基础上，确定以税制模式问题为主线，继续展开研究，望能获得新的成果。

什么叫税制模式？我们在《税制理论研究》一书中将它定义为：税制模式是指一个国家在一定时期内税收制度改革的基本方向和所要构成的基本格局，也就是税制的总体结构。正确选择和确立税制模式是深化税制改革的核心问题。对我国税制模式问题进行深入的研究，不仅有助于我国税制改革的进一步深化和完善，还有助于从深层次上认识和掌握我国税制模式的演变规律。

《税制理论研究》一书与眼下的《税制模式研究》一书相比较，既有同一性的一面，又有差异性的一面。前者为后者做了一些理论铺垫，后者是前者的深化与发展；前者未涉及的内容，后者开辟专章予以补充介绍。前文提到的《税制模式研究》可以视为《税制理论研究》的续篇或姊妹篇，就是这个意思。

税制模式是个动态概念，在不同的历史时期，即在不同的生产力发展水平、不同的国民收入状况和不同的经济运行机制等因素决定的不同的历史阶段，表现为不同的税制模式。如果再将税制模式放入市场经济条件下去研究，同样显示出动态性特征，即在市场经济发展的初期，税制结构表现为流转税为"单主体"的税制模式；在市场经济有了一定发展后，税制结构表现为以流转税和所得税并重的"双主体"税制模式；在比较发达的市场经济条件下，税制结构表现为以所得税为"单主体"的税制模式。尽管世界各国的国情差异较大，但税制模式演变的这种规律性是大体相同的。

我们在《税制理论研究》一书中提出了税制模式的概念和内涵、"双主体"税制模式的理论观点以及"三段式"税制模式演变规律的预测等构想。尽管理论界的一些同仁对我们的某些观点提出了质疑，但我们坚信实践是检验真理的唯一标准，因此我们在这本《税制模式研究》中从总体上继续坚持了上述观点。当然，我们在某些具体问题上也进行了一些修正，还增添了一些新内容加以论证，力求有所发展，如对税制模式的定义就进行了新的概括等。

税制模式的含义之一是正确选择主体税类（种）及若干配套税种两个方面的内容，使其有效地优化组合，形成一个有效的调控体系。按此思路，我们在《税制模式研究》一书中增补了我国农业税制的反思与改革构想、证券税制的理论与实证研究等新内容，填补了《税制理论研究》一书的空白。此外，对增值税、企业所得税和个人所得税三个税种，我们在原有研究并取得一定成果的基础上，又进行了比较深入的研究。作者的新见解，是关于流转税和所得税并重的"双主体"税制模式理论观点的专论。

税收是国家凭借主权参与社会产品或国民收入分配与再分配的一种形式，税制是反映分配关系的上层建筑，而税制模式则是税制及税制改革的核心问题。对税制模式展开研究，必然涉及一系列理论问题，而税制模式理论的确立，自然也将丰富并发展税收理论。根据"经济－税收－经济"的原理，一方面，经济决定税收，生产的发展速度和经济效益水平决定税收收入的规模和增长速度；另一方面，税收影响经济，主要表现为税收收入的规模大小影响生产发展速度的快慢和经济效益水平的高低。我国税制改革的根本目的是要促进经济的发展和效益的提高，其中对税制模式的选择与确立的根本目的也是如此。

我们研究税制模式的指导思想是遵循理论联系实际，遵循科学研究面向经济建设主战场，遵循以科研成果服务于经济建设的原则，直接为政府制订税改方案以及如何深化税制改革提供一些理论依据，也为学科建设尽微薄之力。如果真能在这些方面起到一定的作用，我们将感到莫大的欣慰。

——原文载于汪孝德著《中国税制模式设计、预测与运行研究》（西南财经大学出版社，2000年第1版。原文略有修改。）

中国分税制改革的实践与走向

1994 年我国实施的分税制改革和工商税制的全面改革已经快六年了。近六年来的运行实践表明，这两项财税体制改革从总体上看运行基本顺利，获得了初步成功，基本上能适应培育和建立我国社会主义市场经济体制的要求。作为财税体制改革重要内容的中国分税制改革，在 1994 年工商税制全面改革的前提下，初步建立起了中国地方税体系的基本框架。这对于规范我国中央政府与地方政府的财政分配关系、调动地方组织收入的积极性、促进地方财政收入乃至整个国家财政收入的增长，有着重要的意义。但是，近六年来的运行实践也表明，现行分税制依然存在一些问题，还未达到规范的分税制财税体制的要求，还需从理论上进行探索和研究，从实践上进行改革和完善。

一、分税制改革在财税体制改革中的特殊地位

分税制，即按法律规定，以一定的方法将各个税种的归属权、管理权、立法权等划分给各级政府的一种财税管理体制。分税制一般包括四个方面的基本内涵：一是按法律规定，确立中央政府与地方政府各自的权利、责任和义务，以规范中央与地方的税收分配关系；二是归属权，即在税种的划分上，凡税源丰富，且税收收入占税收总收入比重大的税种以及对宏观调控与经济发展影响较大的税种，一般划为中央税或中央与地方共享税，其他税种划为地方税；三是管理权，即出于税收征管的需要，按税源的分布来设置机构，行政区划分离，以保证税收执法的独立、公正；四

是立法权，即在分税制下，税收立法权一般分为两种情况，税收立法权均集中于中央，中央税由中央立法，地方税由地方立法。

基本内涵的核心是按法律来规范中央与地方的税收分配关系。哪些税种的收入归属中央，哪些税种的收入归属地方，哪些税种的收入由中央和地方共享以及共享的比例是多少；税收征管机构设置的原则是什么以及应当如何设置；确立税收立法权的依据是什么以及如何确立，等等。所有这些都应当由国家最高权力机关根据国情制定法律，由中央政府和地方政府负责实施。

我国分税制财政改革和工商税制的全面改革之所以能在 1994 年开始同时推行、同步实施，其基本原因就在于这两项财税体制改革有着密不可分、相互依存、共同推进的内在联系。工商税制的全面改革，即 1994 年新税制的推行，表明一个能基本符合我国国情的多税种、多环节调节的复合税制体系的基本框架已经形成，国家财政收入的90%来源于税收已在我国成为事实。这是推行分税制的前提条件。分税制的实施，首先要"有税可分"，同时以税收形式取得的财政收入要能基本上满足政府履行社会管理职能的需要。

新税制的实施是推行分税制的前提条件，而分税制的实施则是推行新税制的必然结果，分税制改革在财税体制改革中具有特殊功能。

（一）分税制有利于社会主义市场经济体制的培育和发展

在市场经济条件下，税收是国家（政府）掌握的集法律、经济于一身的强有力的经济杠杆，在调节范围和调节对象的选择上，具有相当的广泛性、灵活性和针对性。一方面，经过 20 年的改革，国家（政府）正从过去的以行政手段为主的直接调控，转向以经济手段为主的间接调控。在这种条件下，国家（政府）正确运用税收杠杆就显得尤为重要。另一方面，实行分税制，各级政府按各自的权限管理税收，就能更有效地根据各个税种的不同功能在国民经济不同领域和层次发挥宏观调控的能动作用，促进社会主义市场经济体制健康有序运行。

（二）分税制有利于规范中央与地方的财政分配关系

按照分税制的要求，依据税种的不同，国家明确划分中央税、地方税、中央与地方共享税，进而把过去实行的一个税收体系改革为中央和地方两个税收体系。这种分级财政的实施也有利于改革中央政府与地方政府相互挤占财力的状况，以便合理安排各自的财政收支，克服财力分配上的短期行为，使财政体制趋于稳定和规范化。

（三）分税制有利于促进国家财政收入的稳定增长和强化财政的支出约束

分税制实施之后，一方面，可以稳定中央与地方财政的收入来源，明确中央预算和地方预算管理的职责权限，调动中央与地方组织收入的积极性，强化税收征管，改变过去财政收入流失严重的状况；另一方面，按照分税制的要求，界定中央政府与地方政府事权和支出的划分，有利于加强中央政府和地方政府的财政支出约束。

（四）分税制有利于依法治税

一方面，随着分税制的实施，中央政府和地方政府都有各自的税收收入和税收管理权限，体现了税收实行科学管理的要求；另一方面，把税收管理权限与中央政府和地方政府的利益结合起来，税收成为中央政府和地方政府的聚财与调节经济的一个重要手段，必然促使中央政府和地方政府加强税收征收管理，这就为实现依法治税提供了可能并创造了条件。

二、地方税制总量的优化是构建地方税收体系的必然要求

地方税收体系的构建与优化是实施分税制的基础，而地方税制总量的优化是构建地方税收体系的必然要求。地方税制的总量，即地方税种的数量，这是与分税制密切相关的问题。我们可以通过对国际上政府税收分享制以及我国现状的比较研究探寻优化我国地方税制总量的途径。

（一）政府间税收分享的一般形式

从世界各国的分税制来看，政府间税收分享的原则是各级政府分享的税收份额与其承担的职责相适应。从分享的形式来看，政府间税收分享的一般形式主要有以下三种形式：

1. 划分税种型

划分税种型是中央政府与地方政府根据各自的事权范围，按税种划分为中央财政收入与地方财政收入。它又可以分为以下两类：

（1）划分税种共享税型，即把所有的税种划分为中央税、地方税以及中央地方共享税。中央税归中央政府的财政收入，地方税属于地方政府的财政收入，中央和地方按税额共同分享共享税。在此基础上，各自谋求预算平衡。

（2）划分税种财政补助型，即中央政府与地方政府根据已经确定的事权范围，将税收划分为中央税和地方税，地方政府如发生收不抵支的问题时，由中央财政通过财政补助予以解决。

2. 划分税源型

划分税源型是中央政府与地方政府根据各自的事权范围，把国民经济中的税源按不同标准分别划归中央和地方政府。中央和地方政府分别在各自的划定范围内，以各自的税种征收税款。它主要有按行业划分、按企业隶属关系划分、按地域划分三种划分方式。

3. 划分税额型

划分税额型是中央政府与地方政府根据各自的事权范围，将全部税收收入总额按一定比例在中央与地方之间进行划分，其显著特征是"先税后分"。

比较政府间税收分享制的三种模式，从共性方面看，它们都使地方政府拥有一定的财力自主权，以利于地方经济的调节和发展。同时，它们都在不同程度上保证了中央政府的宏观调控权。地方政府仅拥有一部分收入作为相对稳定的基数，而作为政策变量的地方财政收支差额由中央财政补助或以共享税分成的形式给予补足。从个性方面看，三种模式划分收入的方法不同。从处理中央与地方财政分配关系的方式来看，划分税种共享税型的特点是通过共享税保留一定数量的财源能够在调动地方积极性的前提下，因地制宜地调剂中央与地方之间的收入关系，以满足各地区经济发展的需要，有利于连接中央与地方政府的利益关系，可以形成中央与地方相互依赖、相互支持的关系。划分税种财政补助型的特点在于中央政府具有较强的财力再分配权与调节主动权，可以根据地方需要和中央意图，有目的地分配资金，能够强化中央宏观调控经济的功能。划分税源型的特点是有利于分清各级政府之间的财力范围，使中央与地方各级政府各司其职，避免相互挤占，但是某些税源划分在技术上难度很大，而且过分强调税源划分还可能导致各级政府过分偏重本级税源，不利于经济的协调发展和综合效率的提高。划分税额型的特点在于财政较为集中，地方的自主权较小，地方对中央的依赖性较强，中央具有较强的调控能力。

（二）我国地方税种数量的优化

在分税制中，我国以税种为基础，对各税种在中央和地方之间进行了以下划分：

1. 中央固定收入

中央固定收入包括关税，海关代征的增值税和消费税，消费税（除海关代征的以外），中央企业所得税，地方银行、外资银行、非银行金融机构的企业所得税，铁道部门、各银行总行、各保险总公司集中缴纳的收入（含营业税、所得税、利润和城市维护建设税），中央企业上缴利润等。

2. 地方固定收入

地方固定收入包括营业税（不含铁道部门、各银行总行、各保险总公司等集中缴纳的营业税）、地方企业所得税（不含上述地方银行、外资银行、非银行金融机构的企业所得税）、地方企业上缴利润、个人所得税、城镇土地使用税、固定资产投资方向调节税、城市维护建设税（不含铁道部门、各银行总行、各保险总公司等集中缴纳的部分）、房产税、车船使用税、印花税、屠宰税、农牧业税、农业特产税、耕地占用税、契税、遗产税和赠予税①、土地增值税、国有土地有偿使用收入等。

3. 中央与地方共享收入

中央与地方共享收入包括增值税（不含海关代征部分）、资源税、证券交易税。其中，增值税中央分享75%，地方分享25%。资源税按不同的

---

① 遗产税和赠予税尚未开征。

资源品种划分，大部分资源税作为地方收入，海洋石油资源税作为中央收入。证券交易税由中央与地方各分享50%①。

可以看出，这种初步的分税制与规范彻底的分税制之间还有不小的距离，其带有"分税"与"包干"的双重性，还存在以下问题：

第一个问题是税种划分的标准不科学。现行分税制的划分标准杂乱无序，主要表现在以下三个方面：其一，既按税种划分又按企业级次划分，如企业所得税；其二，既按税种划分为地方固定收入，又将铁路部门、各银行总行、保险总公司集中缴纳的营业税和城建税划归中央；其三，既按企业级别划分，又按行业划分，如地方企业所得税划归地方固定收入，但又将地方银行、外资银行、非银行金融机构的企业所得税划归为中央收入。这样多方面的交叉重叠划分方法违背了国际分税制的规范要求，从理论上难以界定中央税与地方税的内涵和外延，在实际工作中也增加了国税与地税机构双方的征管难度，增大了征管成本，不利于中央与地方税收体系的完善。

第二个问题是地方税税种设置不健全。现行的地方税税种数量覆盖过小，主要表现在：其一，该开征的税尚未开征，如社会保险税、遗产税与赠予税、证券交易税等均未开征。其二，实行内外有别的两套地方税制，使外商投资企业的税种覆盖面更小。地方税税种数量的覆盖面过小，一方面制约了地方税收收入职能的发挥，难以保证地方政府在新形势下实现社会经济职能的资金需要；另一方面也制约了地方税调节作用的发挥，难以成为地方政府的调控手段。

针对我国地方税制总量方面的问题，借鉴国外分税制的经验，我们应该从深化分税制与税制改革入手，依据科学规范的税种划分标准，重组中央税收与地方税收体系。具体设想如下：

第一，中央税，包括关税、消费税、企业所得税、资源税、固定资产投资方向调节税。

第二，地方税，包括营业税、城市维护建设税、企业所得税、个人所得税、社会保险税、农牧业税、土地增值税、房地产税、遗产税与赠予

---

① 证券交易税尚未开征。

税、土地使用税、耕地占用税、屠宰税、印花税、契税、车船使用税、特别消费行为税等。

第三，共享税，包括增值税、证券交易税。

依据这一设想，首先，资源税划归中央税。资源税是对企业开采国有资源所获取的级差收入的调节，若划归地方税则会拉大有资源地区与无资源地区、资源丰富地区和资源贫瘠地区之间税收收入的差距。这种收入差距不是由主观努力所致而是客观地理条件所致，因此不符合税收的地区公平原则，应划归中央税。其次，固定资产投资方向调节税划归中央税。因为该税是对基建投资行为的调控，涉及对社会总供求宏观调控问题，所以应划为中央税以增强中央政府的宏观调控能力。再次，企业所得税改为中央政府与地方政府同源共征的税种。最后，增值税与证券交易税作为共享税，中央与地方分享的比例可以随经济发展状况及中央与地方的财力状况进行调整。

三、地方税制结构的优化是构建地方税收体系的重要内容

地方税收体系是指由各个地方税种相互搭配，各自发挥不同的功能，共同实现税收目的的税种总和。健全的地方税制，除了具备较宽覆盖面的税种外，还必须配置合理的税种结构。一般来说，地方税收体系由主体税种与辅助税种构成。

（一）主体税种的选择

地方主体税种是指在地方税收体系中处于主导地位，主要发挥着收入功能和调节功能的税种。它决定着地方税收体系的性质及税收的收入功能与调节功能的力度。主体税种的选择是构建地方税收体系的关键。影响主体税种选择的因素主要如下：

第一，经济发展水平。经济发展水平越低，人均国民收入越低，间接税的作用就越突出；反之，直接税的作用就越突出。

第二，社会政治经济制度。实行市场经济体制的国家多采用调节作用较强的直接税，实行计划经济体制的国家则更多地采用收入作用较强的间接税。

第三，税收征管水平。直接税的计征复杂，因此需要先进的征管水平；间接税的计征较为简单，因此对征管水平的要求就要低些。

一般来说，作为地方主体税种必须具备以下条件：

第一，税基坚实，税种的课征范围广泛，税源丰富，增长潜力大，能够保证税收的收入功能的发挥。

第二，具有目标集中的调节性。该税种的调节目标较为集中，如调节地区产业发展或均衡财富分配等。

第三，征管制度严密规范。

从国际的角度来考察，目前许多国家都以财产税作为地方税的主体税种。北爱尔兰税务专家詹姆士·丁·麦克卢斯先生认为，许多国家之所以选择财产税作为地方主体税的原因如下：

第一，财产有固定的坐落地，由地方政府就地课征较为方便。

第二，不论是企业还是个人的财产都可以从地方财政公共支付中得到利益，理应承担相应的纳税义务。

第三，税基稳定，不易发生税基的转移。

第四，纳税的覆盖面大，税源便于控管。

第五，计征的办法简单，有较高的透明度。

从我国的角度来考察，目前要将财产税选为地方主体税种，显然不具备可行性。那么，应该选择什么税种作为主体税种呢？我们的研究结果表明，地方主体税种的地位不应是绝对的、一成不变的，而应该依据经济发展水平和各税种的成长性分阶段、动态地确定地方主体税种。

第一，近期地方主体税种的确立。现阶段，由于我国税制尚未完善，税种还不健全，因此我们只能选择税源广泛、税基比较深厚、税制比较成熟规范的税种作为地方主体税种。据此，近期，我国应该选择营业税与企业所得税作为地方主体税种。从营业税看，我国营业税的主要税源是交通运输业、金融保险业、建筑安装业等第三产业。据此，各地应大力发展第三产业，拓宽税基，强化征管，巩固其主体地位。再从企业所得税来看，在统一了内外资企业所得税之后，中央政府与地方政府在统一的税基上，实行同源课征，地方企业所得税的税率可以为23%左右，中央企业所得税的税率可以为 10% 左右，以保证其能够发挥地方主体税的作用。

第二，中期地方主体税种的确定。在 2010 年以后，随着我国经济发展水平的提高及税种的健全与完善，我国可以考虑选择营业税与个人所得税作为地方主体税种，即以个人所得税替代企业所得税的主体税种的地位。这是因为随着我国经济发展水平的提高，个人所得税将具有充当主体税种的能力。首先，自 2010 年以后，我国人民的生活水平将达到或接近小康水平，人均国民收入将会有较大幅度的提高，从而为较广泛地课征个人所得税提供了坚实的税基。其次，个人所得税制及征管制度的日趋成熟，也为严密高效地课征个人所得税提供了可靠的保证。随着企业经济效益的提高，企业所得税收入的绝对量也将不断增长，但是为了兼顾中央与地方的财力需要，我国应改变初期那种由地方政府课征大头的同源共征比例，提高中央政府课征的比例（比如 20% 左右），降低地方政府课征的比例（比如 13% 左右），以促进整个国民经济协调发展。

第三，远期地方主体税种的确立。随着我国经济水平的进一步发展和提高，税收制度与税种的进一步健全和完善可以考虑选择个人所得税与财产税作为我国地方主体税种，即以财产税替代营业税的主体税种地位。因为到那一时期，随着人均国民收入的进一步增长，财产税的税基将拓宽。同时，财产税制的成熟也为较广泛地开征财产税提供了可靠的保证，从而推动我国地方税制的发展进入成熟阶段。

（二）辅助税种的配置

辅助税种是为补充主体税种的收入不足和调节不到的领域而开征的税种。辅助税种具有调节范围广、税负轻、税种多样以及征收方式灵活的特点。辅助税种最能体现地方的区域性、受益性的特色。这些税种的主要缺点在于税源分散、税收成本高、征管难度较大，因此如何加强征管的高效性与严密性，堵塞税源流失，同时又能及时准确地配合地方政府的经济政策是完善地方辅助税种建设的关键。

从我国现状来看，城建税、地方增值税、农业税、牧业税、农林特产税、房地产税、土地使用税、耕地占用税、屠宰税、印花税、车船使用税等都可以作为辅助税种。同时，我们也要清醒地看到，我国还需要进一步

完善地方辅助税种的建设。

第一，规范城市维护建设税。城市维护建设税是最能体现"受益性"的地方税，它是企业使用和享受公共设施而"付费"。但是，目前的城市维护建设税仍然是一个附属于增值税、消费税、营业税的附加费，当增值税等被减免时，城市维护建设税也自然被减免了，地方财力不能得到保证。因此，我国应将城市维护建设税改革为一个独立的税种，以各类企业的销售额和营业收入额为计税依据，凡是区域内的企业不论性质、行业、隶属关系如何，一律按率征收，其收入作为地方财政收入。

第二，完善农业税制。我国应将目前的农业税、牧业税、农林特产税合并为农牧业税，以农牧业总收入为计税依据进行计征。农业特产税的税率可以高于一般农作物的税率。

第三，适时开征一些新税种。随着社会主义市场经济的深入发展，开征社会保险税、遗产税与赠予税、证券交易税等势在必行，我国应该适时开征这些新税种。同时，地方可以根据本地区经济发展的需要，开征一些体现特定消费行为的税，如燃油特别税等，以健全地方辅助税种，推进地方税制建设。

——原文载于《财经科学》1999 年第 6 期

（原文题目：《分税制改革的实践与走向》，作者：汪孝德、尹音频。原文略有修改。）

附录

许廷星：
具有中国特色的社会主义税制理论（代序）

新中国成立以来，我国税制大体上可以划分为两个阶段。第一个阶段是新中国成立以来的前 30 年，第二个阶段是最近十余年。前一阶段是新中国成立以来对旧中国税制的社会主义改造和社会主义税制的建立与调整阶段。税收制度是财政制度的组成部分，财政制度和税收制度又是在经济制度的基础上建立起来的。新中国成立以来，旧中国的半殖民地半封建的社会经济制度经过社会主义改造，成为以生产资料公有制为基础的社会主义初级阶段的经济制度。旧的税收制度，也相应地进行了社会主义改造，并随着社会主义经济公有制单一化发展，税收制度也由复税制经过多次调整而发展为单一税制。后一阶段是对前一阶段单一税制的改革，是由单一税制再向复税制的改革和发展阶段。但现在的复税制并不是新中国成立初期旧中国遗留下来的复税制的简单重复，而是在社会主义改造后的单一税制基础上重新发展起来的。自党的十一届三中全会后，党明确指出社会主义还处于初级阶段，党提出了加强社会主义建设、实现社会主义四个现代化、大力发展社会生产力，提出了对经济体制改革的一系列方针政策，财政改革与税制改革也就随经济体制的改革而进入改革历程。社会主义初级阶段的经济是以生产资料公有制经济为基础（或主体），多种经济成分并存的经济。税制结构必须适应经济结构。以公有制经济为主体的多元化经济，客观上要求复税制的建立，并与之相适应。如果说第一阶段的税制是由旧中国遗留下来的复税制经过社会主义改造走向单一税制，则第二阶段的税制改革是由社会主义的单一税制向着社会主义初级阶段的复税制改革。

税收制度的建立、改革与发展，都是以一定的理论为根据的。根据马克思主义，税收是国家凭借主权参与社会产品或国民收入分配与再分配的一种形式，由此出现的一系列分配关系，关系到国家、企业、职工间，企事业单位与企事业单位间，居民与居民间以及社会各方的利益。税制是反映这一系列分配关系的上层建筑，研究税收制度，必然涉及一系列的理论问题。新中国成立以来，虽然有一部分研究税制的教材、讲义，但系统研究税制理论的著作尚属少见。近年来，汪孝德、叶予荣、尹音频三位同志在大学讲坛任课之时，悉心研究我国税制理论，写出了《中国社会主义税制理论研究》这本专著。该书体系新颖，结构谨严，内容观点有新意，具有基本理论与应用理论相结合的特点，是一本具有中国特色的社会主义税制理论专著。

《中国社会主义税制理论研究》这本专著共由九章组成。前三章——"我国税制改革的回顾与展望""社会主义初级阶段的治税思想""社会主义初级阶段的税制模式"，是全书总论，高度概括和分析了我国税制改革的经验、治税的思想、税制的模式，在理论上形成高屋建瓴之势。接着，该专著是对税制的各种专题的论证，如关于流转税的性质及其税种的配置问题，所得税的构造问题，涉外税收的理论问题，强化涉外税收的管理问题，建立分税制问题以及强化税务管理问题等，形成具有中国特色的社会主义税制理论体系，逻辑性和理论性都较强，这是本专著的一个特点。

在税制改革的理论研究方面，该专著有很多较新的观点和探索。关于税制模式问题，理论界意见充满分歧，但都不完全契合我国实际。因为税制模式的选择，关系到总体效应问题。税制总体效应是正还是负，关键在于主体税种与配套税种的选择，税种、税目、税率在经济结构上的合理组合。本书作者从我国生产力的发展水平和国民收入的增长水平考察，认为我国税制可能有一个"三段式"的演变过程。该书认为，第一阶段是从现在到20世纪末，是以流转税为主、所得税为辅，其他各税为补充的模式；第二阶段是从20世纪末到21世纪20年代，是以流转税和所得税并重，其他各税为补充的模式；第三阶段是从21世纪20年代到该世纪中叶，是以所得税为主、流转税为辅，其他各税为补充的模式。这是一个比较新颖的估计和观点。

关于流转税的问题，一般很少有系统的和较深入的专题研究。对理论界认为流转税只能来源于企业创造的纯收入的观点，本书作者提出了自己不同的意见。第一，作者认为产品产值中的国民收入部分，消费与积累之间，有时互相转化，不存在不可逾越的界限，因此认为流转税来自企业纯收入之说值得研究。第二，作者认为从流转税的具体征收过程来看，流转税不可能仅仅是企业创造的纯收入。作者还认为在现实生活中，我国对烟酒等商品，高价高税，其流转税基本上都是由消费者负担，这部分流转税并非来自企业纯收入，而是来自消费者的 V。作者对流转税的转嫁问题也有不同的看法。第一，作者对流转税是价值之外的一个增量、是商品价值之外的一个独立因素、税金由消费者负担、其来源主要是 V 的观点，也提出了自己的不同意见，认为流转税是社会总产品价值的一部分，不能认为是商品价值之外的增量。第二，作者不同意流转税完全是由消费者负担的观点。作者对这一观点的分析研究，说明了作者的观点具有理论上的新意。

在流转税的分析研究方面，作者认为流转税的来源既不可能仅仅是企业的纯收入 M，也不可能都是广大消费者收入的 V，而是来源于整个国民收入（V+M）。对于流转税的转嫁问题，作者在理论上也进行了较深入的分析研究。作者从流转税的转嫁与税负归宿的设计，流转税转嫁方式中的问题探讨，流转税转嫁的经济、社会后果，社会主义流转税的分配属性，不同社会制度下流转税分配属性作用的差异，我国现行流转税制的改革及税种的优化配置等方面，在理论上进行了较系统的探讨，最后作者提出了对流转税改革的思路。作者对流转税这一专题的深入研究，在理论界是不多见的。

在所得税制这一专题研究方面，该书也是具有特点的。作者从所得税的构造，谈到"两权"分离与利税分流的关系。在利税分流的研究中，作者主张企业实现的利润，先根据"两权"分配，即先根据国家产权与企业经营权分配后，再根据企业分得的利润课征所得税，这是作者在利税分配上，"先分利、后征税"的独特观点。

这本专著对建立分税制这一专题研究也具有特点。我国过去的预算管理体制一直是高度集中的预算管理体制。后来我国实行了"分灶吃饭"，改革的目标是实行"分税制"，但实行分税制必须具有一定的条件。作者对分税制进行了分析研究，提出"建立符合国情的适度多元型分税制模式"的主张。据此，作者提出了以下观点：第一，通过东西方两种预算收入分配体制，即"分利税制"与分税制的比较，揭示分税制的特性；第二，通过对国家分税制模式的比较研究，首次提出税收立法权的集中与分散程度的不同是分税制各种模式中最显著的差异的观点，并据此对国际上现行的分税制进行了分类；第三，借鉴国外的经验，结合我国的国情，阐明了我国分税制的建立与完善必须分为近期目标与远期目标，并逐步实现，还提出了作者认为是符合国情的适度多元型分税制模式。

综上和各专题研究独具的特点，《中国社会主义税制理论研究》作为一本专著，理论体系逻辑性强，从总论到各专论，观点新颖，分析研究深入，基本理论与应用理论结合，在我国目前税制理论研究中是一部具有中国特色的社会主义税制理论研究专著。

——1990 年 9 月

原文略有修改。

郭复初：税收调控论（序）

在社会主义市场经济条件下，市场对资源配置起基础性作用，必须以国家宏观调控为前提。国家宏观调控要求建立计划、金融、财政、保险、国家财务与社会保障之间相互配合和制约的机制，加强对经济运行的综合协调。财政调控机制包括税收调控机制、预算调控机制、国家信用调控机制等。因此，研究税收调控机制是建立和完善社会主义市场经济宏观调控体系的需要。汪孝德、刘家新、朱明熙等同志所著《税收调控论》，较为全面地回答了在社会主义市场经济条件下为什么要进行税收调控、如何进行税收调控和当前税收调控重点等带有根本性的问题，这对建立和完善税收调控体系，进而对建立和完善国民经济宏观调控体系都是有益的。

《税收调控论》以马克思社会再生产理论、税收理论和邓小平建设有中国特色的社会主义理论为指导，密切结合中国经济建设与改革开放实际，大胆借鉴西方经济学的有用成果，构建了一个具有中国特色的税收调控理论框架。该书在体系、内容和方法上均颇有新意。从体系上看，该书从分析市场、政府与税收调控的关系入手，论证了税收调控机制的结构，税收调控的目标、范围、原则、方式、途径和当前调控的重点等问题，体系比较完整，逻辑比较严密。从内容上看，该书关于税收调控的客观依据与理论依据的论述，关于税收调控多目标之间的联系、区别与冲突及其解决办法的论述，关于税收中性与税收调控对立统一的论述，关于税收调控以间接调控为主、辅以必要的直接调控的论述，关于税收调控中以社会经济效益为中心，兼顾公平与效率的论述，关于个人收入税收调控中正确处理工薪收入调控与资本利得调控关系的论述等方面，都有创新性的见解。

在方法上，该书采用了实证分析与定性分析相结合的分析方法，防止单纯采取某一种分析方法的片面性。

综观《税收调控论》全书，我认为该书内容丰富、观点新颖、逻辑严密、体系完整、理论联系实际，是在我国税收调控理论研究中尚不多见的专著，值得一读。

——1997 年 3 月

原文略有修改。

周克清：
汪孝德教授"税制模式论"学术思想评介[①]

内容提要：汪孝德教授是我国较早进行税制模式研究的学者，他在20世纪90年代对税制模式进行了长达十年的持续性跟踪研究，取得了较为丰硕的成果，在国内学界是较为少见的。他在三本著作和十余篇论文中，较为全面地阐释了税制模式的内涵与外延，分析了税制模式的选择及其影响因素，并进而提出了我国税制模式发展的"三段式"演变规律，明确提出了我国税制的近期模式、中期模式与目标模式，奠定了国内税制模式研究的基本框架。

关键词：税制模式；演变规律；双主体；主体税类；主体税种

自20世纪80年代以来，世界各国不断进行着此起彼伏的税制改革，其改革的重点主要是两个方面：一是降低宏观税负水平，二是完善税制模式，或曰优化税制结构。在改革开放以来的经济转轨时期，我国应当怎样设计税收制度、完善税制模式，从而准确有效地把握我国税制改革的基本路径，是由计划经济体制向市场经济体制转轨过程中必须解决的基本问题。西南财经大学汪孝德教授长期从事税制模式的研究，取得了较为丰硕的成果，本文就其理论进行简要的概括，以期能够对我国税制模式的转变或税制结构的优化有所助益。

---

① 本文系2013年度教育部人文社科研究规划基金项目"税制结构的收入分配效应研究"（项目编号：13YJA790165）的阶段性成果。

一、税制模式的内涵与外延

关于税制模式的研究，我国学界在 20 世纪 80 年代中期开始就有所涉及，但对税制模式的内涵与外延的研究相对较少。其中，马国强（1986）① 认为，税制模式是一个国家诸种税收之间相互关系的基本形式，包括税种的分布和各种税之间的关系两部分内容。邱华炳、童锦治（1988）② 认为，税制模式是指为了实现特定的调控目标而形成的税制结构的一般格局。陈大本、陈大为（1990）③ 认为，税制模式是指以某种（类）税为主体税种的税制体系。

在此基础上，汪孝德（1991）④ 将税制模式更是高度性地概括为"一个国家在一定时期内税收制度改革的基本方向和所要构成的基本格局，也就是税制的总体结构"。他认为，税制模式包括体系和结构两个层次的含义。税制模式的体系包括正确选择主体税种及其若干配套税种两个方面的内容；而税制模式的结构则包括税种结构、税目结构、税率结构等内容。

此后，学界围绕税制模式或税制结构的内涵与外延进行了更加深入的研究，但其基本逻辑则是在 20 世纪 80 年代至 20 世纪 90 年代初奠定的。

二、税制模式的选择及其影响因素

（一）税制模式的选择

关于税制模式的选择，学界最初是从经济特区的税制模式开始展开研究的。比如，房宝厦（1986）⑤ 认为，以所得税为主体税种，低税负的税

---

① 马国强. 论确立我国税制模式的客观依据 [J]. 财经问题研究，1986（6）：12-17.

② 邱华炳，童锦治. 论我国经济特区目标税制模式及其动态实现 [J]. 涉外税务，1988（3）：14-18.

③ 陈大本，陈大为. 从效率与公平的角度看特区税制模式的选择 [J]. 特区经济，1990（3）：22-23.

④ 汪孝德. 论社会主义初级阶段的税制模式 [J]. 税收纵横，1991（2）：1-6.

⑤ 房宝厦. 特区税制结构最佳模式的选择 [J]. 福建论坛（经济社会版），1986（10）：28-30.

制体系是特区税制的最佳模式；邱华炳、童锦治（1988）① 认为，经济特区应选择以所得税为主体税种的税制模式；陈大本、陈大为（1990）② 则认为，特区应选择以流转税为主体的税制模式。同期，周少云（1986）③ 认为，我国应建立以产品税为主体的税制模式；胡靖华（1987）④ 则对周少云的观点进行了正面的反驳，认为应逐步建立以所得税为主体的税制模式；高培勇（1988）⑤ 认为，以所得税为主体税种的模式是最佳的税制模式，而现实的社会经济条件决定了必须以流转税和所得税的"双主体"模式作为过渡模式；董庆铮（1989）⑥ 对"双主体"税制模式进行了质疑，认为应当建立以增值税为基础，以所得税为主导，其他税种相配套和补充的复税制体系；关棣尧（1990）⑦ 认为，在社会主义商品经济条件下，我国应当建立以所得税为主体税种的税制模式。

汪孝德等（1992）⑧ 总结了 20 世纪 80 年代及 20 世纪 90 年代我国税制模式研究的基本观点，认为学界逐渐形成了五种税制模式论，即以流转税为主体税类的税制模式，以所得税为主体税类的税制模式，以资源税为主体税类的税制模式，以流转税、所得税和资源税为主体税类的税制模式，以流转税和所得税并重的"双主体"税制模式。应当说，汪孝德教

---

① 邱华炳，童锦治. 论我国经济特区目标税制模式及其动态实现 ［J］. 涉外税务，1988（3）：14-18.

② 陈大本，陈大为. 从效率与公平的角度看特区税制模式的选择 ［J］. 特区经济，1990（3）：22-23.

③ 周少云. 论建立以产品税为主体的税制模式 ［J］. 江西财经学院学报，1986（5）：38-42.

④ 胡靖华. 应逐步建立以所得税为主体的税制模式：与周少云同志商榷 ［J］. 江西财经学院学报，1987（4）：81-84.

⑤ 高培勇. 社会主义初级阶段税制改革模式选择的思路 ［J］. 财贸经济，1988（11）：43-45.

⑥ 董庆铮. 对"双主体"税制模式的异议 ［J］. 中央财政金融学院学报，1989（2）：55-57.

⑦ 关棣尧. 从流转税与所得税比较看我国税制模式的选择 ［J］. 河北大学学报，1990（3）：128-131.

⑧ 汪孝德，叶子荣，尹音频. 中国社会主义税制理论研究 ［M］. 成都：成都科技大学出版社，1992：62-76.

授的总结代表了学界当时及之后的研究潮流，以至于现在税制模式或税制结构的研究依然基本在此框架下进行。

（二）主体税种的选择标准

税制模式的研究离不开主体税种的选择，无论是哪种税制模式均需要回答采用何种税或税类作为主体税种。汪孝德（1991）① 认为，主体税种（类）的选择取决于两个因素：一是该税种（类）在整个财政收入中的地位，二是该税种（类）在整个国民经济运行中所处的地位。

他认为，流转税的收入功能及其性质决定了其在我国现阶段税制模式中的主体地位，主要是因为流转税作为价内税，能有效地保证国家财政收入的稳定增长，能够在缓解财政收入和财政支出的尖锐矛盾中发挥十分重要的作用；能有效地调节商品的价格水平，形成国家宏观调控的税收杠杆。流转税在征收和监管环节便于操作，使其基本上能适应目前我国的经营管理水平和税务干部素质的客观状况。

从我国的税制改革历史来看，流转税基本上在量上占据主体地位，在计划经济体制时期与其客观经济社会条件是相适应的，但随着社会主义市场经济的逐步完善，对于主体税种（类）的选择应有所变化。流转税存在明显的税负转嫁问题。在市场经济条件下，企业为追求自身利益而进行的流转税负转嫁，容易造成税负不公，影响市场机制的有序运行。因此，这在客观上要求我们建立以所得课税为主的税制模式，充分发挥市场对于资源配置的基础性作用，促进公平竞争。从收入分配的角度来看，缩小收入差距、实现分配的"公平"也要求具有收入分配效应的税种发挥相应的作用，因此需要强化所得税的主体地位。

---

① 汪孝德. 论社会主义初级阶段的税制模式［J］. 税收纵横，1991（2）：1-6.

（三）税制模式选择的影响因素

一般认为，税制模式的选择和确立，要受到社会经济诸多因素的影响与制约。比如，汪孝德（1991）[①] 认为，税制模式的选择依存于不同历史阶段的不同社会经济条件。从经济条件的角度分析，在社会主义初级阶段，我国应该形成以效率优先为主并适当注意公平为税收目标的税制模式。从社会条件的角度来分析，税制模式的选择和确定要受生产力发展水平、社会经济结构、经济管理体制、经济管理水平和税收征管水平等因素的制约。此外，税制模式的选择与确定还要考虑纳税人的纳税能力、纳税习惯以及居民对税收的心理感应和承受能力等因素。为此，汪孝德教授将影响和决定税制模式的经济社会条件概述为三个方面，即生产力的发展水平和国民收入的增长水平、社会经济结构和经济管理体制、经营管理水平和税收征管水平。

此后，汪孝德（1993）[②] 对上述观点进行了更为精细化的阐释。汪孝德和刘勇（1994）[③] 认为，包括经济发展水平、国民经济结构和经济运行机制在内的经济特征、税收运行目标、国民收入水平和分配格局等都在不同程度上制约着税制模式的选择。汪孝德和刘勇（1994）[④] 进一步从税收政策的财政收入目标、经济效率目标和公平分配目标等方面阐释了税收政策目标影响税制模式选择的机制。汪孝德等（1997）[⑤] 从税收调控功能的角度阐释了其对税制结构（税制模式）选择的影响。

从现有的研究成果来看，大部分均没有超出以汪孝德等为代表的学界先贤在 20 世纪八九十年代的研究框架及水平。

[①] 汪孝德. 论社会主义初级阶段的税制模式 [J]. 税收纵横，1991（2）：1-6.
[②] 汪孝德. 税制模式论 [J]. 天府新论，1993（2）：27-30, 52.
[③] 汪孝德，刘勇. 市场经济与税制模式 [J]. 税务与经济，1994（5）：3-8.
[④] 汪孝德，刘勇. 税收政策目标与税制结构优化 [J]. 新疆财经，1994（6）：38-40.
[⑤] 汪孝德，刘家新，朱明熙. 税收调控论 [M]. 成都：西南财经大学出版社，1997：122-127.

三、我国税制模式演变规律预测

（一）税制模式演变的"三段式"规律

关于税制模式的选择，学界大部分学者均认为税制模式不是一成不变的，需要随着社会经济基础的变迁而相应变化。比如，高培勇、邢成（1987）[①] 认为，我国税制模式存在一个以流转税和所得税为"双主体"的过渡模式到以所得税为主体的目标模式的动态演变过程；姚朝智（1989）[②] 认为，税制模式的演变需要从以流转税、所得税和资源税三税并重的税制模式，逐步过渡到以所得税为主体的最佳税制模式。

汪孝德等（1992）[③] 在总结学界前期成果的基础上，认为在税制模式的研究呈现出"三段式"的演变规律：第一阶段，即改革开放 20 年为以流转税为主体的"单主体"的税制模式；第二阶段，即 20 世纪末至 21 世纪 20 年代开始向以流转税和所得税并重的"双主体"中期模式转化；第三阶段，即 21 世纪 20 年代至 21 世纪中叶则逐渐向以所得税为主体的"单主体"的目标模式演变。其后，汪孝德等（1994[④]、1995[⑤]、1995[⑥]、2000[⑦]）进一步完善了税制模式演变的"三段式"规律理论（见图 1）。

[①] 高培勇，邢成. 对我国税制改革目标模式的再思考 [J]. 现代财经，1987（3）：42-45，51.

[②] 姚朝智. 对现行税制的剖析及改革的几点思考 [J]. 经济问题探索，1989（7）：25-28.

[③] 汪孝德，叶子荣，尹音频. 中国社会主义税制理论研究 [M]. 成都：成都科技大学出版社，1992：62-76.

[④] 汪孝德. 略论我国税制模式的演变规律 [J]. 当代财经，1994（10）：32-34，36.

[⑤] 汪孝德. 再论我国税制模式的演变规律 [J]. 内蒙古财经学院学报，1995（2）：45-49.

[⑥] 汪孝德. 我国税制模式的几个理论与实践问题 [J]. 财经论丛，1995（5）：26-31，40.

[⑦] 汪孝德，尹音频，刘蓉. 中国税制模式设计、预测与运行研究 [M]. 成都：西南财经大学出版社，2000：11-12.

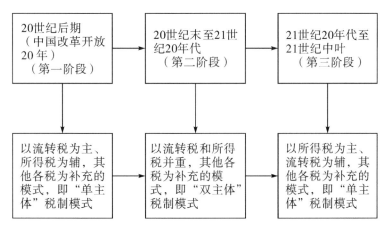

| 20世纪后期（中国改革开放20年）（第一阶段） | → | 20世纪末至21世纪20年代（第二阶段） | → | 21世纪20年代至21世纪中叶（第三阶段） |

↓ ↓ ↓

以流转税为主、所得税为辅，其他各税为补充的模式，即"单主体"税制模式 → 以流转税和所得税并重，其他各税为补充的模式，即"双主体"税制模式 → 以所得税为主、流转税为辅，其他各税为补充的模式，即"单主体"税制模式

图1 "三段式"税制模式

（二）"双主体"税制模式论

尽管以所得税为主体的税制模式具有非常多的优点，但汪孝德教授认为，在我国，以所得税为单主体的税制模式只能作为目标模式。他深入考察了我国当时的生产力发展水平和国民收入状况，认为在短期内不可能实现以所得税为主体税类的税制模式，故而主张在我国建立"双主体"税制模式。其间，汪孝德等（1992）① 提出了"以流转税和所得税并重"的"双主体"税制模式的概念。汪孝德等（1994②、1994③、1999④）先后三次系统地阐述了"双主体"税制模式理论。

其中，汪孝德等（1994）⑤ 认为，税制模式的建立既必须坚持税收中性原则，讲求税收效率，又必须重视税收的宏观调控作用。从税收效率考察，税收超额负担与税率的平方呈同向变化关系，故而要降低流转税的税负水平，逐步扩大所得税的征收范围和提高总体税负水平；从税收作用考察，流转税有助于优化资源配置，而所得税的宏观调控和收入分配作用更

---

　　① 汪孝德，叶子荣，尹音频. 中国社会主义税制理论研究［M］. 成都：成都科技大学出版社，1992：62-76.

　　② 汪孝德，刘勇. 双主体税制模式之我见［J］. 财贸经济，1994（1）：41-43.

　　③ 汪孝德，刘勇. 再论双主体税制模式［J］. 天府新论，1994（4）：25-29.

　　④ 汪孝德. 三论"双主体"税制模式［J］. 税务与经济，1999（3）：17-20.

　　⑤ 汪孝德，刘勇. 双主体税制模式之我见［J］. 财贸经济，1994（1）：41-43.

强，均需要在社会经济运行中加以有效发挥，而且两者都起着较强的财政收入作用；从征管水平考察，我国需要不断提高征管能力，加强对所得税的征管。总体来看，我国需要构建起流转税与所得税并重的"双主体"税制模式。

汪孝德（1999）① 进一步认为，既要继续维护流转税的主体地位，又要看到流转税与市场经济体制不相适应的一面，进而要求确立所得税的主体地位，从而建立起"双主体"税制模式。同时，汪孝德（1999）② 阐释了我国税制模式的演变规律，并重申了建立"双主体"税制模式的观点。

总体来说，汪孝德教授自 20 世纪 90 年代初期开始研究税制模式问题以来，不断深入对该问题的认识，发表了 10 余篇学术论文，出版了 3 部专著，对我国税制模式的选择及演变提出了非常独特的见解。他开创性地提出了税制模式的"三段式"演进规律，并主张我国在现阶段要建立"双主体"税制模式。该理论经过长期的实践证明是正确的，得到了理论界与实务界大多数同志的赞同。汪孝德教授非常重视税制模式运行研究的可行性，不仅注意税制模式的理论构架和逻辑推演，而且实证地分析了各主要税种运行情况，注意其设计的税制模式在实践和操作上的可行性。

当然，全面系统地研究税制模式问题，是一项非常艰巨的任务，仍需学界继续努力研究并共同推动我国税制目标模式的早日实现。

——原文载于《税收经济研究》2014 年第 2 期

原文略有修改。

---

① 汪孝德. 三论"双主体"税制模式 [J]. 税务与经济，1999（3）：17-20.
② 汪孝德. 我国税制模式演变模式 [J]. 经济学家，1999（4）：99-103.

王中举："忘年交"，到微醺

　　81 岁高龄的汪先生是财税专家、教授，见证着新中国 70 余载的壮阔历程，也一直马不停蹄投身于新中国轰轰烈烈的建设与发展之中。著书立说之余，他喜欢广交朋友，周游世界。我最初通过工作关系结识他，按理说，工作结束，关系也就戛然而止了。他比我父亲的年龄还大，隔代隔辈，彼此间该是"深沟高垒"，并无多少交集。

　　哪想到，后来我俩竟然成了"忘年交"，一来二去，相知相惜，"互通款曲"。

　　打动我的，是他那颗有趣的灵魂。

　　出门必定西装革履，一丝不苟，毫不含糊，走到哪，都是上下笔挺，精神饱满。我读出了他这一套"穿衣学问"的启发：做人要有所尊崇，认真严谨，讲求秩序，不马虎，更不要邋遢示人。

　　这些年，他做学问，出版个人文集，靠的是"深潜"和"坐冷板凳"，他骨子里有"冰冻三尺"的硬功夫。心有静气，便可抵御周遭的浮躁；一念既起，便要付诸执着的行动。就这样，他把苦短的人生过得绵长，"进一寸有进一寸的欢喜"。

　　他郑重邀请我去他家品鉴精美的瓷杯，不失优雅地给我泡盖碗儿茶，与我一道咂摸细瓷带给他的慢时光。他还几次相约去他家里喝小酒，虽至今尚未成行，但他聊起小酌的那个场景那份兴味，俨然是个已经陶醉了的南极仙翁。

　　他像一只候鸟，冷天栖息于城市的高楼大厦，热天跑到乡下，暂住宽敞凉快的川西民居；随身喜欢带一把折扇，时不时开开合合。这让他即使老了还有从前那种翩翩书生的风致。他是一个"川剧迷"，兴之所至，摇头晃脑，怡然自得，还要忘情地吼上几嗓子"高腔"。高兴时，他笑得眼睛眯成一条缝；不高兴时，他嘴唇吸得老长老长。无论高兴与不高兴，他都像个老小孩，率真、任性中还带有几分顽皮。

闲来无事，他也会信笔涂鸦，写旧体诗，写"心态未老人未老，少年稳重老来狂"的恣意与奔放，也写"龙马豪情风意发，菽稻盈仓乐元元"的富足与安康，还写"汉唐盛世留佳话，今朝奋发胜汉唐"的傲娇与豪气。

他写出来的每一个字，不是在电脑上敲出来的，是胸中的墨水经由大脑库区最后在纸上的自然流淌，那些手写体的汉字，歪歪扭扭，弯弯曲曲，颇有童稚的情态，像一只只细脚伶仃的小蚂蚁，带着他的温度他的情感在纸上忙碌爬行。

他的口头禅常常是：如果我汪某人怎么怎么的！说话掷地有声，他那"信誓旦旦"的模样儿，表明他不是闹着玩儿的，语气间还透露着他高度的自尊、自爱与自信。

记得"一带一路"倡议一提出，作为经济学理论家的他兴奋得无法入眠。于是，他铺开一张大纸，戴上老花眼镜，躬下腰身，像个孩子趴在书桌前，结合他长久的揣摩、酝酿和构思，用圆圈、实线、虚线、箭头、文字等元素，一笔一画，小心翼翼，心细如发，在纸上画出了一幅形象而直观的"一带一路"图示。地图中的实线，醒目地代表着丝绸之路经济带，虚线代表着21世纪海上丝绸之路，出发点呢，则醒目地标注上他本人所在地——"成都"。

蓝图绘就，老先生甚是欣慰，随即产生了一个更大胆的想法：他要到"一带一路"的终端——欧洲去实地游历，希望能做一番经济学意义上的踏访和考察。

后来的后来，他践行了自己的承诺，踏破铁鞋，遍访各国，并写下了大量访问笔记。我在浑浑噩噩过日子的时候，一个老头正在为他的宏伟计划满世界奔波，一想起这我就脸红耳热，深感羞愧。

尤为搞笑的是，我毕恭毕敬称呼他"老爷子"，他呢，诙谐幽默，管我这个小字辈叫"举哥"，他听别人"举哥举哥"地喊我，觉得挺好玩儿，也就这么跟着叫开了。每次他若有书赠我，上面必然认认真真亲笔题写："请举哥指正！"再潇洒地写下憨态可掬的三个字落款："老爷子"！

看着他那朴拙的笔迹，我忍不住笑起来。一个耄耋老人，怎么能够做到如此可爱、如此有趣，我简直对他"羡慕嫉妒恨"了！从他身上，丝毫看不出风烛残年的痕迹，因为他满身满心的可爱和有趣，像微光一样，照亮了他漫长的晚年，也慰藉着别人的人生。

"与善人居，如入芝兰之室，久而不闻其香，即与之化矣。"我和他之间的"忘年交"，犹如三杯两盏淡酒，于稀松平常中，慢慢互相浸润，刚好喝到微醺。

——原文载于《四川日报》2020 年 11 月 27 日第 12 版。原文略有修改。

后记

2014 年 12 月，《汪孝德文集》（以下简称《文集》）正式出版发行。2014 年，正逢小平同志诞辰 110 周年。我在《文集》前言中写了一段话："我的《文集》是送给小平同志的生日礼物。礼物虽小，感情纯真。正道是：'遮阴不忘植树者，饮水不忘挖井人。'"

我在《文集》中提到小平同志起码不下 20 处，包括图片和文字。自《文集》出版发行后，我特意将一本《文集》寄给四川广安"邓小平纪念馆"。2015 年秋天，我们一行四人去邓小平纪念馆参观。不巧，那天邓小平纪念馆休馆不接待参观者。门卫通报后，邓小平纪念馆负责人前来门口迎接我们去纪念馆办公室。我和他们就"小平"的话题随意聊了起来。他们说，翻阅汪教授的《文集》后，感到汪教授对小平同志是非常爱戴和敬仰的，希望汪教授能从经济学角度研究小平同志的经济思想。交谈后，该负责人陪我们参观了几处一般不对外开放的地方，其中包括复制的小平在北京会见外宾的贵宾厅。我们离开时，该负责人还送了我一套精美的影像资料。

对邓小平纪念馆的热情接待，我应当如何回敬他们？

我已经 81 岁了，眼下思路还清晰。在身体允许的条件下，我还想为社会再做点有益的事情。例如，梳理和总结改革开放以来中国税制改革的